POP BASEL

Für Dylan

«*Time takes a cigarette, puts it in your mouth.*
You pull on your finger, then another finger, then your cigarette.»
David Bowie, 1974

Rockförderverein der Region Basel (Hg.)

Christoph Merian Verlag

POPBASEL

MUSIK UND SUBKULTUR

Marc Krebs
unter Mitarbeit von
Andreas Schneitter

Pures Erstaunen war das, was ich empfand, als ich vom Land in die Stadt zog, damals, vor zwanzig Jahren oder mehr. Maisprach hiess der Ort, den ich verliess, um nach Basel zu ziehen – in eine Stadt, eine richtige Stadt, die mir damals gross und verlockend vorkam wie kaum etwas anderes. Es gab dort alles, was sich ein spätpubertäres Freilandei nur wünschen konnte: Es gab Mädchen mit komischen Haaren und noch komischeren Ideen; es gab Partys, die manchmal nicht aufhörten, und wenn sie doch aufhörten, dann fingen sie an einem anderen Ort wieder an; es gab Menschen, die zu Freunden wurden; es gab Klamottenläden, wo man Motocrossleibchen bekam; es gab Bret Easton Ellis im Buchladen; es gab Drogen und was zum Leben sonst noch dazugehörte. Und nebst all dem gab es noch etwas, nämlich das Wichtigste überhaupt: Musik.

Auf dem Land hatte ich bis dahin versucht, meine Pubertät so gut es ging anders zu gestalten, als es von mir erwartet wurde. Ein Dorf war definitiv keine gute Umgebung für einen kurzsichtigen, unsportlichen Jungen, der sich den letzten Ausläufern des New Wave hingab und mit dem Punk liebäugelte, auch wenn er ihn nicht verstand. Ich war ein Loser, alles, was ich hatte, war die Musik, die ich mir auf umständliche Weise beschaffen musste. Die Zeiten waren damals komplizierter. Wir wohnten in der Nähe des Sportplatzes, und ich stellte die Boxen auf Stühle vor die offenen Fenster, drehte den Lautstärkeregler meiner Stereoanlage voll auf und beschallte die kickenden Fussball-Idioten mit Dead Kennedys' ‹California Über Alles›; der Sound war so laut, dass ich es selbst nicht aushielt und mir die Ohren zuhalten musste, während ich mitbrüllte.

Ich hatte die Musik gefunden: Gemeinsam schafften wir es, die unerträgliche Grässlichkeit des Teenagerdaseins auf dem Dorf auszuhalten. Dann fing ich an, selber Musik zu machen, denn nichts war so cool, wie in einer Band zu sein. Mit meinem Schulfreund, dem Blauenstein Matthias aus dem Nachbardorf Buus, gründete ich eine Band nach der anderen. Wir hockten herum, rauchten Muratti, tranken Blue Curaçao mit Orangensaft und studierten das Englischwörterbuch, um darin einen möglichst superoiden Namen für unsere Band zu finden. Weil ich kein Instrument beherrschte, entschied ich, fortan als Sänger aufzutreten. Ich konnte zwar auch nicht singen, aber das war egal. Wir entwarfen die Cover für unsere ersten fünf Alben, suchten nach genialen Songtiteln, sprachen erregt darüber, in welchen Städten der Welt wir auftreten würden, und pilgerten zu diesem Laden mit Synthesizern, den es in Basel beim Bahnhof gab – er wurde unsere Kathedrale. Oh, wir konnten uns alles schon genau vorstellen: Der Erfolg würde über uns hereinbrechen und mit ihm ein Haufen von Groupies. Vorsorglich legten wir im Proberaum einen grösseren Vorrat an Kondomen an.

Die erste Band hiess Slow Motion, und wir schafften es – ich weiss nicht mehr, wie – an einem Festival in Sissach zu spielen. Das Konzert wurde von Radio Raurach live übertragen. Am nächsten Tag schmissen wir den behämmerten Gitarristen aus der Band, den Drummer auch, lösten uns auf und gründeten eine neue Formation. Solche Dinge gingen recht schnell, damals. Wir hiessen The Pyramids und dann BBGG (Basel Beat Geronto-Generation), und als Dr. Beischlaf und die 7 Samariter ergatterten wir ebenfalls einen Auftritt, am Rockfestival in Maisprach, in dessen Organisationskomitee ich zufälligerweise sass. Wir spielten in der Turnhalle nach dem Hauptact Bo Katzman Gang, die damals eben mit ihrem Song ‹I'm in Love with my Typewriter› auf Platz 27 in der Radiohitparade stand. Das war 1985, und wir waren fünfzehn Jahre alt. Wir waren bloss zu zweit und spielten halbplayback, auf einem Fernseher liefen endlos Motorsportunfälle, und spontan agierte der Bruder meiner damaligen Freundin aus Frenkendorf als Tänzer; irgendwo fanden wir Eisenketten, die er in der Hand hielt, während er auf der Bühne rumhoppelte – wir fanden, das sah irgendwie verdammt cool aus. Am Ende des Konzerts verbrannten wir öffentlich eine Platte von Modern Talking und tranken russischen Wodka aus der Flasche.

Was die Leute dachten, war uns egal. Denn es war nur das eine: im Moment das Richtige. Es war das Grösste überhaupt, in einer Band zu sein, denn nur wer in einer Band war, hatte eine Ahnung. Am Tag nach dem Konzert lösten wir Dr. Beischlaf und die 7 Samariter auf. Mein Freund und ich interessierten uns mehr und mehr für unterschiedliche Dinge. Ich entdeckte Andy Warhol und er Italo Disco. Wenig später hielt ich es auf dem Land nicht mehr aus und ging in die grosse Stadt, die so gross auch wieder nicht war, aber das merkte ich erst viel später.

Mein Kumpel zog die Musikerkarriere durch, richtete sich ein Aufnahmestudio mit motorisiertem Mischpult ein und wechselte von Muratti zu Marlboro Menthol. Ich hängte die Musik an den Nagel. Den Nagel der Erkenntnis, kein Talent zu besitzen, und noch schlimmer: keine Ausdauer, keine Geduld. Stattdessen wurde ich Journalist und wechselte die Seite: Ich wurde Kritiker, schrieb für die ‹Basler Zeitung› über Konzerte und Bands.

Es war also blankes Erstaunen, das ich empfand, als ich in die Stadt kam, blankes Erstaunen darüber, wie viele Bands es gab, was für eine Szene dort brodelte und auch: Wie gut die Musik war, manchmal.

Meine Lieblingsband war eine Band, die es nur für eine kurze Zeit gab. Nicht einmal eine Sekunde in der Geschichte der Menschheit dauerte sie. In diesem Buch kommt sie nicht vor. Ich weiss noch nicht einmal, ob sie eine Platte rausgebracht hat. Ein Demo-Cassettli sicher, das besitze ich noch. Die Band hiess Kitty Empire und machte einen von der Band Pussy Galore inspirierten Gravitations-Rock, und als ich sie zum Interview traf, da empfingen sie mich in einem Pornokino. Sie deckten mich mit Presseartikeln ein, die allesamt erfunden waren, und nicht nur ihre Musik war grossartig, auch die Texte waren es. (In einem ging es um die Parallelität von zwei auf den ersten Blick gänzlich unterschiedlichen Angelegenheiten, nämlich dem Cunnilingus einerseits und dem Hüten von Schafen andererseits – erst später merkte ich, dass es ein Joseph-Heller-Zitat war, und ich bin mir nicht mehr so sicher, ob der Song wirklich von Kitty Empire war, vielleicht war er auch von ihrem Seitenprojekt Mankind, Bands haben ja Tendenzen,

komplexere Strukturen zu generieren als Offshore-Handelsgesellschaften.)
Ich war ob so viel Genialität entzückt. Kitty Empire, da war ich mir sicher,
könnte eine grosse Band werden. Doch bald darauf passierte, was mit vielen
Bands passiert, eigentlich mit allen, früher oder später: Kitty Empire löste
sich auf.

«Basel: Ein Nährboden für Musikgewächse allerlei Art», schrieben wir Reporter von der ‹Basler Zeitung› in einem Artikel Mitte der 90er-Jahre. Wir
schrieben von einer Spezies, dem sogenannten «Rockus Basiliensis». Wir
schrieben: «Rostigalter Blues hat ebenso Platz wie chrompolierter Techno,
eisigkaltes Psychogedrille oder Zupfgeigenfolk und immer wieder Punk,
Punk, Punk.» Warum Basel ein so guter Nährboden für diese vielfältige
Szene war, darauf hatten wir keine Antwort. Und es schien uns auch gar
nicht nötig, es herauszufinden, denn Musik ist eine Kultur von Individuen, die entsteht, weil sie entstehen muss, weil sie einem dringenden und
drängenden Bedürfnis junger Menschen entspricht, die in den Proberäumen und auf den Konzertbühnen ihre Gitarren quälen, ihre Schlagzeuge
verprügeln und sich die Seele aus dem Leib schreien. Dass Träume damit
verbunden sind, das versteht sich ebenso wie der Umstand, dass sie nie in
Erfüllung gehen.

Es gab einen Ansatz für eine Erklärung, und er hatte mit der spezifischen
Grösse der Stadt zu tun. «Grosse Städte prägen Stile und haben berühmte
‹Szenen›, in kleineren Städten aber tönt es nicht minder laut – gerade Rock-
und Popmusiker können hier freier wirken.» Denn dort, so dachten wir,
gibt es weniger Stildiktat und Grössenwahn.

Hatte es damit zu tun? Und war dies auch mit ein Grund dafür, dass es zwar
viel Musik gab, aber niemand wirklich den grossen Erfolg ausserhalb der
Stadt fand? Weil ihn niemand suchte?

Alles war blankes Erstaunen, damals. Und nun gibt es dieses Buch von Marc
Krebs, der die Arbeit auf sich genommen hat, die Sache etwas genauer zu
betrachten und ein paar Geschichten zusammenzutragen, damit aus vielen
kleinen Geschichten ein Stück Geschichte wird.

Max Küng

→ 9-1 **Zum Kreischen.**
The Sevens versetzen Teenager in Ekstase.

8

01 Rock around the Block

Rock around the Block

Wie eine Hawaii-Band Schweizer Rock-Geschichte schrieb. Wie eine explosive Gruppe den ersten Charterfolg feierte. Und warum eine Zürcher Band schliesslich alle Basler Konkurrenten überholte.

10-1 Hula Hawaiians.
Pressefoto, ca. 1957.
Von links: Ruedi Kunz
(Ukulele, Gesang),
Walter Roost (Lapsteel-
Gitarre, Gesang),
Max Zimmerli (Leadgesang,
Ukulele, Gitarre),
Robert Felix (Kontrabass,
Gesang), Werner Kunz
(Leadgitarre, Gesang).

Als der Rock'n'Roll, diese neue, revolutionäre Subkultur aus den USA, 1955 eine gesamte Generation Jugendlicher elektrisierte, da stand auch ein achtzehnjähriger Basler unter Strom: Werner Kunz spielte E-Gitarre bei den Hula Hawaiians 10-1 – einem Unterhaltungsquintett, das 1945 vom exquisiten Lapsteel-Gitarristen Werner Roost ins Leben gerufen worden war und sich auf Hawaii- und Schlagerklassiker spezialisiert hatte. Eines Abends sah Kunz mit Bruder Ruedi (Ukulele) und Kumpel Robert Felix (Kontrabass) im Kino Royal ‹Blackboard Jungle›, den neuen Film mit Glenn Ford: «Zum Filmintro lief ein Song mit einem völlig neuen Sound. Mich hob es fast aus dem Sessel.» Die akustische Offenbarung hatte einen Namen: ‹Rock Around The Clock›. Urheber: Bill Haley & The Comets. Für den Gymnasiasten Werner Kunz war klar: Diese musikalische Energie galt es aufzugreifen. Zu Hause schrieb er ein Instrumentalstück, entlockte seiner ‹Epiphone›-Gitarre die neuen Töne. «Die Gitarre kostete mich 1900 Franken – ein Vermögen», erzählt er. «Leisten konnte ich sie mir nur, weil wir die Anschaffung von Instrumenten aus dem Gagen-Kässeli finanzierten.» Da die Hula Hawaiians damals zu den wenigen privilegierten Musikgruppen gehörten, die einen Plattenvertrag hatten, führte das Kinoerlebnis 1957 zur ersten Rock-'n'-Roll-Veröffentlichung in der Schweizer Musikgeschichte: ‹The Chimpanzee Rock›. Obschon beim renommierten Label ‹His Master's Voice› erschienen, schlug die EP keine hohen Wellen. Ihr historischer Wert wurde erst in jüngerer Zeit entdeckt – und das nicht nur in der Schweiz. So hielt das amerikanische ‹Vintage Guitar Magazine› im Jahr 2001 fest: «The Hula Hawaiians' music is a ton of fun, with plenty of fine playing.» Für Werner Kunz blieb der Ausflug ins Rockabilly-Genre eine einmalige Angelegenheit: «Wir waren eine Hawaii-Band und wollten dies auch bleiben, ungeachtet der neuen Trends.»

10-2 Robert Wittner.
Passfoto aus den späten
50er-Jahren.

So war es an der jüngeren Generation, den Rock'n'Roll in Basel zu installieren. Eine Pionierrolle nahm der Sänger und Gitarrist Robert Wittner 10-2 ein, der 1958 die Little Robin Band gründete. Die Gruppe probte im Saal des Kleinhüninger Restaurants Drei Könige und zog durch die Fenster neugierige Blicke anderer Teenager auf sich. Bald breitete sich das Rock-'n'-Roll-Fieber im Quartier aus, neue Bands formierten sich. Wittners Band blieb die explosivste und nannte sich ab 1959 The Red Dynamites. Protestkultur? Sicher, auch das. Vor allem aber trieb die Jugendlichen der Spass an – und die Hoffnung, wie Elvis Presley mit Coverversionen ein Star zu werden oder sich wenigstens ein Zubrot zu verdienen. Wie das funktionierte, machten die Red Dynamites vor: Mit einer ersten Rock-'n'-Roll-Veranstaltung füllte die Combo den Saal des Drei Könige, 1962 war die Safran Zunft

11-1 Les Pirates. 1964 vor ihrem Probelokal an der Alemannengasse in Basel. Pino Gasparini (Gesang, Gitarre), Nando Gasparini (Schlagzeug), Pierre Aebischer (Gesang, Gitarre), Michel Bovay (Bass, Gesang).

ausverkauft, und schliesslich hielt der Beat auch Einzug ins bürgerliche Stadtcasino. Tausend Zuschauer bejubelten den Auftritt der Band, die sich ab 1964 kurz und knackig The Dynamites nannte – und von der ‹Tribune de Genève› als «Le premier orchestre suisse dans le style Beat» gefeiert wurde.

Der Impuls, den Sie gaben, war einer der Gründe dafür, dass das Untere Kleinbasel erster Brennpunkt der frühen Schweizer Beat-Szene wurde, das Arbeitermilieu im Hafenquartier ein anderer. «Es waren die einfacheren Leute, die den Rock 'n' Roll so früh entdeckten», sagt Peter Brugger, der wie Wittner zu den ersten Basler Bandleadern zählte. 1959 hatte er im Alter von fünfzehn Jahren The Tornado's gegründet, die sich später The Blizzards nannten und 1965 als The Sheapes 13-1 ins Profilager wechselten. Sie waren nicht die Einzigen: Auch The Red Devils und The Sevens (zuvor: Les Pirates 11-1) wagten diesen Schritt. «Es hatte einfach zu viele Bands, die schossen wie Pilze aus dem Boden», wird der Schlagzeu-

ger Nando Gasparini in dem Buch ‹Als die Haare länger wurden› (Christoph Merian Verlag, Basel 2001) zitiert. «Man ging entweder unter oder musste Profi werden.» 1965 nahmen The Sevens als erste Schweizer Beat-Band eine komplette LP auf. Heute ist das Album ‹The Sevens› ein Sammlerstück, das in hochwertigem Zustand bei Internetauktionen für 3000 Dollar gehandelt wird und zudem als Raubkopie im Umlauf ist – allerdings in mangelhafter Qualität. Um das zu unterbinden, entschied sich der Basler Sixties-Fan Rolf Rieben 2005, das Sevens-Album auf seinem Retro-Label ‹Feathered Apple Records› neu herauszubringen. Was nicht nur hiesige Nostalgiker freute: «Ich bin mir sicher, dass diese Platte als Klassiker gewertet wird», freute sich Billy Miller im New Yorker Magazin ‹Kicks›.

Rieben lebt in Hafennähe, dort, wo alles begann und der Rhein Richtung Norden fliesst. In den Norden zog es Mitte der 6oer-Jahre auch mehrere Basler Bands: Sowohl The Red Devils als auch The

12-1 **The Countdowns.** Hans-Peter Börlin (Schlagzeug), Hanspeter Feuz (Bass), Claude Pfau (Gitarre, Gesang), Roger Vogel (Gitarre, Gesang), 1967.

Sheapes spielten im legendären Hamburger Star-Club. Und den Countdowns 12-1 gelang 1967 gar der vermeintlich grosse Coup, als ihr schlitzohriger Manager Werner Kestenholz in London eine Art Plattenvertrag für seine Protegés an Land zog. Als erste Schweizer Band überquerten die Countdowns den Ärmelkanal und nahmen in der britischen Hauptstadt mehrere Songs auf – wofür sie einige Tausend Franken auftreiben und schliesslich als Lehrgeld abschreiben mussten. Die Platte wurde nie veröffentlicht. «Dennoch behalte ich diese Reise in bester Erinnerung», schwärmt Gitarrist und Songwriter Claude Pfau. «Wir setzten uns in den Pub The Ship, gleich neben dem Marquee Club. Auf einmal kam einer rein und trank neben uns in aller Ruhe seinen Tee. Es war Paul McCartney. Wir waren wie versteinert, trauten uns nicht, ihn anzusprechen.» Heute würde er keine Sekunde zögern.

«Generell würde ich mehr Risiko eingehen», sagt Pfau, der wie der Grossteil der damaligen Szene Ende der 60er-Jahre einen «anständigen Beruf» erlernte und die Ambitionen als Musiker in den Hintergrund rückte. «Seit 1998 sind wir wieder zusammen und präsentieren ‹A History of Rock›, also uns selber, Archetypen einer Vorstadtband, die die Welt erobern wollte und es fast geschafft hätte», erzählt er lachend und fährt in ernstem Ton fort: «Ich bin jetzt sechzig und glaube im tiefsten Innern noch immer, dass der grösste Moment für mich als Musiker noch kommen wird.»

Bis dahin kann er vom Empfang nach der Londonreise zehren: Am Basler Flughafen wartete ein Kamerateam des Schweizer Fernsehens, Jugendliche jubelten, eine Band spielte, und der achtzehnjährige Claude Pfau wurde mit seinen Bandkumpels in Cadillac-Taxis zur Pressekonferenz ins Szenelokal Brandis chauffiert. Eine clevere Inszenierung, ein Vorläufer des Hypes. Wenige Monate später mussten die Countdowns wie alle anderen Bands mit ansehen, wie die Zürcher Sauterelles auf der Überholspur an ihnen vorbeizogen.

Und das, obwohl die Basler die druckvollste Szene in der Schweiz bildeten, wie der Berner Musikjournalist und Chronist Sam Mumenthaler bestätigt: «Die Basler waren musikalisch führend, international ausgerichtet, hatten die Nase immer im Wind. Aber Zürich war das Zentrum der Beat-Szene.» Tatsächlich: In der Limmatstadt waren die grossen Plattenfirmen zu Hause, dort fanden sich gewieftere Manager als am Rhein oder an der Aare, und mit der 1966 von Jürg Marquard lancierten Zeitschrift ‹Pop› hatten die Zürcher Bands, namentlich Les Sauterelles, auch einen medialen Fürsprecher. Dies führte dazu, dass manch talentierter und ambitionierter Basler Musiker in Zürich vorstellig wurde: allen voran Rolf Antener und Peter Rietmann von den Dynamites, die den Sauterelles beitraten. Antener gelang der Wechsel zum richtigen Zeitpunkt. Er schrieb 1968 gemeinsam mit Toni Vescoli das Lied ‹Heavenly Club›, sang es im Studio ein – und war die erste einheimische Stimme, die auf Platz 1 der Schweizer Hitparade zu hören war.

«Auf einmal kam einer rein und trank neben uns in aller Ruhe seinen Tee. Es war Paul McCartney.»
Claude Pfau

Am Ehrgeiz hatte es den Baslern nicht gemangelt. Bei Gastspielen der Kinks hatten sie im Gundeldinger Casino und im Kino Union hautnah erleben können, was eine der drei britischen Top-Bands auf der Bühne bot. Die Ambitionen waren vorhanden: Während eines vierzehntägigen Engagements auf der Insel Elba probten The Sheapes 9-1 tagsüber und gaben allabendlich ein Konzert, wie sich Peter Brugger erinnert. «Als unser Schlagzeuger eines Tages statt zu proben lieber tauchen wollte, schloss ich ihn im Zimmer ein. Ich fand, dass das einfach nicht drin lag.» Ebenso diszipliniert verhielt sich Robert Wittner: «In unseren besten Zeiten hatten wir ein Repertoire von über zweihundert Stücken», sagt der Kopf der Dynamites. «Statt stundenlang aufzutreten konzentrierten wir uns auf die absoluten Top-Hits, um anderen Bands eine Nasenlänge voraus zu sein.» In der Spitzenphase der Beat-Ära dürften es um die fünfzig Formationen gewesen sein, die in Basel um die Gunst des Publikums buhlten. Ein Dutzend schaffte den Sprung über die Kantons- und Landesgrenzen hinaus, aber nur The Sevens, The Red Devils und The Sheapes vermochten einige Zeit davon zu leben. «Das Problem lag darin, dass alle dieselben Idole kopierten», analysiert Peter Brugger. «Erst mit Grössen wie Jimi Hendrix begann sich auch in der Basler Szene eine gewisse Individualität durchzusetzen.»

Tatsächlich teilte sich die Szene in der zweiten Hälfte der 6oer-Jahre in zwei Lager auf. Wer nicht wie die Dynamites oder The Sheapes das Hand-

tuch warf, den zog es zum Soul und R&B (etwa Urs Fensters Band Barry Window And His Movements und Thomas Moeckels The Souldiers) oder stärker Richtung Psychedelik (für kurze Zeit etwa The Countdowns).

«Als unser Schlagzeuger eines Tages statt zu proben lieber tauchen wollte, schloss ich ihn im Zimmer ein.»
Peter Brugger

Peter Brugger entdeckte den Jazz und kehrte dem Rock den Rücken. «Ich machte eine Ausbildung zum Musiklehrer, begann mich für meine ‹Jugendsünde› zu schämen und entsorgte all meine Platten.» Darunter auch eine Liveaufnahme der Sheapes auf einer Compilation-LP des Hamburger Star-Club. Jahre später bereute er die Tat: «Ich versöhnte mich mit meiner Vergangenheit und schaffte mir einige der Platten wieder an. Für jene mit meiner eigenen Musik musste ich satte 500 Franken hinblättern, dermassen rar war ein solches Exemplar geworden.» Bruggers Rebellion gegen die Rebellion war bemerkenswert und nicht untypisch für die Basler Mentalität. Denn bei aller Wucht, mit der die Rock-Musik einschlug und die Masse fanatisierte, breitete sich die Gegenkultur hier doch in recht gepflegter Weise aus. «Als in den 8oer-Jahren Bands wie Metallica auftauchten, erinnerte mich das an uns selber», sagt Peter Brugger. «Sie verkörperten einen ähnlichen Widerspruch: Vordergründig rebellisch, steckte musikalisch enorm viel Disziplin dahinter.»

Bis zu seiner Pensionierung gab Brugger sein Wissen als Gitarrenlehrer weiter. So auch einem gewissen Jari Altermatt, der selbst einmal durch Deutschland touren würde, mit einer Band, die ebenfalls rebellierte: Navel aus ‹Arschwil›. Doch das ist ein anderes Kapitel in der Basler Musikgeschichte.

13-1 The Sheapes. Georges Laederich (Gitarre, Gesang), Peter Brugger (Gitarre, Gesang), Peter Gisske (Bass, Gesang), Jean-Luc Bourgeois (Schlagzeug).

Rock 'n' Roll und Monte Carlo

Pino Gasparini (*1946) spielte in einer der ersten
Basler Rock-Bands Gitarre und besang später
am ‹Concours Eurovision de la Chanson› die ‹Swiss
Lady›. Das Leben als Sänger und Entertainer ist
ihm Berufung und Beruf geworden.

Zu einer Zeit, als der ‹Eurovision Song Contest› noch ‹Concours› hiess und
die Vertreter der Schweiz noch keine Schande mit null Punkten einfuhren,
da sang auch Pino Gasparini ein erfolgreiches Lied: ‹Swiss Lady› hiess es. Mit
diesem Lied erreichte das Pepe Lienhard Sextett 1977 am ‹Concours Eurovision de la Chanson› in London den 6. Platz. Pino Gasparini war zu dieser
Zeit schon seit acht Jahren Sänger und Gitarrist in Lienhards Sextett. Aber
zuvor, in den 60er-Jahren, war er nahe dran gewesen, als der Rock 'n Roll
auch die Stadt Basel durchzuschütteln begann. Gasparini war ein junger
Mann, als er erstmals diese britischen Bands hörte, die Beatles, die Rolling
Stones, «und von da an hatte ich nur noch Musik im Kopf». Schon sein Vater
hatte Musik gemacht, mit einem italienischstämmigen Handorgelquartett,
und sein Onkel war Opernsänger, bevor er die Glacéfirma gründete, die den
Namen Gasparini bekannt machen sollte. Später, als Pino Gasparini mit seiner Band The Sevens Erfolg hatte, war auch sein Vater stolz auf ihn, aber zuerst hiess es: Lern was Rechtes. Pino lernte Goldschmied, sein Bruder Nando
Graveur, aber in ihrer Freizeit spielten sie Gitarre und Schlagzeug, «sodass
die Eltern fast durchgedreht sind wegen unseres Lärms».

15-1 **Gasparini live.**
Pino Gasparini als Gitarrist
und zweiter Sänger von
Les Pirates im Kongresssaal
Zürich, 1964.

In der Schweiz der frühen 60er-Jahre existierten einzelne Rock-Bands, in
Bern spielten die Morlocks, in Zürich die Baracudas und die Sauterelles und
in Basel die Red Dynamites und die Typhoons (später Countdowns). Pino
Gasparini besuchte bald die einschlägigen Basler Kneipen, das Café Oasis
in Kleinbasel, den Bierchäller und natürlich das Atlantis. 1962 gründeten
die Gasparini-Brüder ihre eigene Band, The Cannon Balls, die sich später in
Les Pirates und 1965 endgültig in The Sevens umtaufte. The Sevens spielten
Rock'n'Roll, wie sie ihn von ihren englischen Vorbildern kannten. Sie liessen sich die Haare wachsen, die Mutter half ihnen, Anzüge und Krawatten
zu schneidern, und schon bald schrieben sie ihre eigenen Songs. «Das unterschied uns von den anderen Schweizer Bands», so Gasparini, und auch
dank diesem Kreativvorteil wuchs der Erfolg von The Sevens. Sie erspielten
sich einen Ruf über die Nordwestschweiz hinaus: In Solothurn mussten sie
von der Feuerwehr ins Hotel begleitet werden, in Bern musste man die Bühne mit einem Vorhang vor dem Publikum schützen, in Norwegen hängten
ihnen die Groupies eindeutige Botschaften an den Tourbus.

1967, kurz vor dem Ende von The Sevens, spielten sie ein denkwürdiges
Konzert: als Vorband der Rolling Stones im Zürcher Hallenstadion. Zehntausend Menschen waren da, an diesem bisher grössten Rock-Konzert in

← 14-1 **Im Ballsaal.** Pino Gasparini,
Sänger, Entertainer, Bonvivant.

der Schweiz. «Es war ein völliges Chaos», erinnert sich Gasparini, die Technik war ungenügend, das Publikum schrie lauter als die Tonanlage, und als die Zuschauer anfingen, Stühle durch den Saal zu werfen, machten sich die Sicherheitsleute davon. «Die Stones waren damals gleichbedeutend mit Krawall», sagt Gasparini, «aber wir waren keine Rüpel. Zu uns passte das nicht. Wir haben keine Hotelzimmer zusammengeschlagen.» Dieser grosse Auftritt brachte The Sevens in den ‹Blick› und sogar in die ‹Tagesschau› des Schweizer Fernsehens. Aber ein Kontakt zu den Rolling Stones ergab sich daraus nicht. «Die waren damals schon Stars und wurden konsequent abgeschirmt. Während wir nach den Konzerten noch die Nacht genossen, sassen die bereits wieder im Flugzeug.»

Kurz nach diesem Auftritt haben sich The Sevens aufgelöst, unter anderem weil Pinos Bruder Nando Vater wurde. Die Musik änderte sich und das Nachtleben auch, «Dancing-Musiker haben die Rock-Bands etwas verdrängt». Die Luft war raus. Gasparini, der Blut geleckt hatte, wollte aber mit der Musik weitermachen und spielt bei einer Dancing-Band in der Freien Strasse. Dann rief Pepe Lienhard an.

Pepe Lienhard war in den späten 6oer-Jahren noch kein bekannter Musiker und kannte sich im Rock 'n' Roll kaum aus. Er leitete Jazz-Bands und suchte einen Sänger. Hazy Osterwald gab ihm den Tipp: Schau doch mal den Pino an. «So war das damals», lacht Gasparini, «wir kannten uns alle. Mit den Sauterelles spielten wir oft, auch mit Hardy Hepp», aber erst die Bekanntschaft mit Pepe Lienhard sollte ihm die Möglichkeit bieten, mit der Musik dauerhaft seinen Lebensunterhalt zu bestreiten.

16-1 **Andere Zeiten.** Pino Gasparini vor dem Lokal Africana in Winterthur. Les Pirates spielten dort 1964 wie damals üblich drei Sets nach dem sonntäglichen Mittagessen, unterbrochen durch ein Quiz.

16-2 **Aus der Familie.** Les Pirates auf der Basler Wettsteinbrücke mit Gasparini-Glacé aus der Firma des Onkels der beiden Brüder.

Zehn Jahre hielt das Pepe Lienhard Sextett. Pino Gasparini probte vor allem in den Anfangsjahren jeden Tag und spielte abends Konzerte, zweihundert pro Jahr, und langsam stieg der Bekanntheitsgrad. Der erste Hit war 1972 ‹Sheila Baby›. ‹Swiss Lady›, der Eurovisions-Song mit dem Alphorn von 1977, getextet von Peter Reber, kletterte in mehreren europäischen Ländern auf die Spitzenposition der Charts. Das Sextett trat im Fernsehen auf, in Spanien, Belgien, Luxemburg und schliesslich auch in der Sendung ‹Wetten, dass ...?›. Das Lied gehörte Pepe Lienhard, er war der Bandleader, aber gesungen hat es stets Pino Gasparini. Störte ihn das? «Nein», sagt er bestimmt. «Wenn Pepe Lienhard auftrat, dann wussten die Leute, der Gasparini ist auch dabei. Aber Pepe hat die Band aufgebaut, hat sich um alles gekümmert, er ist ein Macher. Das stimmte immer für mich.»

Pino Gasparini war da bereits Mitte dreissig und hatte einen realistischen Blick auf das Showbusiness entwickelt, «entweder will man ein geregeltes Einkommen haben, oder man versucht, ein Star zu werden, dann ist nichts mehr mit Tanzmusik und Showtime. Diesen Weg durch dick und dünn schaffen nur wenige, und ich merkte bald, dass ich ihn nicht gehen will.» Gasparini hatte seine funkelnden Momente im Showbusiness, später, in den 8oer-Jahren, trat er als Sänger des Orchesters von Pepe Lienhard regelmässig in Monte Carlo auf, am Rotkreuzball im Casino, eingeführt von der Fürstengattin Grace Kelly. Es war die Zeit der grossen Orchesterformationen. Pepe Lienhards Truppe begleitete Stars wie Whitney Houston, Joe Cocker, Frank Sinatra oder Sammy Davis Jr., und Gasparini sang manchmal Duette mit ihnen. Eines Abends holte sie der Waffenhändler Adnan Kashoggi für eine Privatshow auf die Terrasse seines Penthouses. «Für eine ganz normale Gage», erinnert sich Gasparini, «diese Superreichen geben ihr Geld doch lieber für Kaviar aus».

Zwei Sommer hindurch spielten sie in Monte Carlo, «abends haben wir gespielt, die restliche Zeit das Leben genossen. Danach wurden grosse ausländische Orchesterformationen sogar für Monaco zu teuer.»

Gasparini ist bei Pepe Lienhard und beim Singen geblieben, manchmal spielt er auch Solokonzerte an Privatveranstaltungen, und noch immer geht er einmal die Woche zum Gesangslehrer. «Ich bin ein Entertainer, der ein gutes Gespür dafür hat, was bei den Leuten ankommt, gerade jetzt wieder, in einer Krisenzeit.» Das Singen wie das Unterhalten sei seine Berufung, aber er hat es auch zu seinem Beruf gemacht. Er ist abgesichert als

selbstständiger Musiker, «ich habe immer meine AHV bezahlt». Aber seine grösste Sorge ist, dass ihm niemand sagen werde, wenn es genug sei für sein Alter. «Das trichtere ich meinen Freunden ein: Holt mich von der Bühne, bevor es peinlich wird.»

Das erste Album, das Sie sich gekauft haben?
Das weiss ich nicht mehr so genau. War es eine LP von Elvis Presley, den Beatles, den Rolling Stones? Aber ganz am Anfang stand die Single ‹Diana› von Paul Anka. Da war ich dreizehn.

Ihr erstes Konzert?
Das war 1960 mit meiner ersten Band, den Cannon Balls, am ‹Beggenabend›, ein Bäckereianlass im Basler Zolli.

Ihr grösstes Konzert?
Das waren zwei: 1967 mit The Sevens im Vorprogramm der Rolling Stones im ausverkauften Hallenstadion in Zürich und 1977 am ‹Concours Eurovision de la Chanson› in London. Ich sang mit dem Pepe Lienhard Sextett ‹Swiss Lady› vor einem Millionenpublikum vor den Fernsehern.

Die grösste Ernüchterung?
Mit dem Sextett spielten wir in den frühen 7oer-Jahren zum ersten Mal im Ausland, in Hamburg, in einem Dancing auf der Reeperbahn. Unsere Zuschauer waren ein paar Zuhälter und Prostituierte. Da dachten wir: Na toll, das ist jetzt das Showbusiness, das im Ausland auf uns wartet? Aber da muss man durch.

Ihr peinlichstes Erlebnis?
Während einer Show stand ich mal vorne am Bühnenrand, als jemand an meinem Hosenbein zupfte. Es war die Sängerin Caterina Valente, die mich begrüssen wollte. Ich war so überrumpelt, dass ich den Rest des Liedes nur noch stotterte. Ein ander Mal rutschte ich auf der Bühne aus und fiel hinunter auf einen Tisch, in die Mitte von vier schönen Frauen. Ich lachte, sie lachten, ich stand auf und sang weiter. The Show must go on.

Ihre höchste Konzertgage?
Die muss nur mein Steuerberater wissen.

18-1 **Auf Sendung.** The Sevens, nun zu fünft mit dem Organisten Markus Hungerbühler, 1965 im Studio des Schweizer Fernsehens bei der Probe für eine Musikshow.

«Wir hätten mit den Beatles auf Tour gehen können»
Der Sänger und Gitarrist Robert Wittner (*1942)
veröffentlichte mit seiner Band The Dynamites die erste
Schweizer Beat-Single, die es in die Top Ten schaffte.
1965 spielte er im Zürcher Hallenstadion vor Cliff Richard.
Als er 1966 in Paris sah, wie viele starke britische und
amerikanische Bands ebenfalls auf den Durchbruch
hofften, entschied er sich, die E-Gitarre für immer an den
Nagel zu hängen. Und er bereut es nicht.

**Robert Wittner, wie hat ein Kleinbasler Jugendlicher in den
50er-Jahren den Rock 'n' Roll entdeckt?**
Über Radio Luxemburg. Auf diesem Sender wurde nachts faszinierende
Musik gespielt, Songs von Gene Vincent oder Bill Haley. Ich nahm sie mit
meinem ‹Revox›-Tonbandgerät auf und versuchte, sie auf meiner Ukulele,
später auf der Gitarre nachzuspielen.

Konnten Sie sich als Kind schon eine Gitarre leisten?
Nein, aber ich hatte Glück im Spiel. Mit einigen Angestellten meines Paten-
onkels spielte ich einen Abend lang Poker und kaufte mir vom Gewinn eine
akustische Gitarre. Kurz darauf, mit vierzehn Jahren, riss ich nachts von zu
Hause aus und landete in Genf. Dort arbeitete ich schwarz auf einer Baustelle, bis ich eines Abends in einem Lokal nach ein paar Bier auf dem Tisch
stand und ein Rock-'n'-Roll-Stück zum Besten gab. Die Gäste waren begeistert, ebenso der Wirt. Er bot mir Kost, Logis und ein tägliches Taschengeld
von 20 Franken, wenn ich abends zwei Mal für eine Viertelstunde auftreten
würde. Das war für mich natürlich der absolute Hit.

So wurden Sie Profimusiker. Liessen Sie Ihre Eltern gewähren?
Leider nein. Sie übten Druck auf mich aus und holten mich schliesslich
nach Hause. Umgehend gründete ich mit Gleichgesinnten die Little Robin Band. Wir übten in öffentlichen Toiletten oder in Waschküchen, weil
es darin so schön hallte.

**Später wurden Sie elektrifiziert, nannten sich bald The Red
Dynamites. War der Rock 'n' Roll für Sie auch ein Mittel zur Revolte?**
Natürlich. Aber in erster Linie ging es mir um die Musik – und um eine
Karriere. Meine Eltern zwangen mich, eine Ausbildung zu machen. Ich
entschied mich für eine Verkäuferlehre im Musikgeschäft Ammann – und
kaufte mir eine erste elektrische Gitarre. Aber wir Musiker provozierten im
Grunde weniger als die Halbstarken, die es zur selben Zeit gab. Eine solche
Gruppe verpflichteten wir bald an unseren Konzerten, damit das Publikum
nicht zu ausfällig wurde.

← 20-1 **Im Spiegel der Zeit.** Robert Wittner, Schweizer Rock-'n'-Roll-Pionier.

22-1 **The Red Dynamites.** Sandro Bellafati (Gitarre), Fritz Arpagaus (Drums), Robert Sulzer (Piano, kniend), Rolf Antener (Gitarre, hinten), Robert Wittner (Gesang, Gitarre), 1962.

22-2 **The Dynamites.** Peter Rietmann (Gesang, Bass), Robert Wittner (Leadgesang, Gitarre, Mundharmonika), Peter Schäfer (Drums), Robert Sulzer (Keyboards, Gesang, kniend), Bernhard Spiess (Gitarre).

Was hätte denn passieren können?

Dass man die Bühne gestürmt hätte und Sachen beschädigt worden wären. An einem unserer Konzerte wurde eine Toilettenschüssel zertrümmert. Solche Zwischenfälle wollten wir verhindern, damit wir am Ende nicht noch dafür haften mussten.

Sie wurden zu Basels angesagtester Band und zogen in den frühen 60er-Jahren ins Ausland.

Das stimmt, ja. In Basel konnten wir uns rasch einen Namen machen, wir spielten in vielen Sälen, zum Beispiel im Musiksaal des Stadtcasinos vor tausend Leuten. Und, obschon wir alle arbeiteten, also Amateure waren, versuchten wir den Schritt ins Ausland. In den Sommerferien 1961 spielten wir zwei Wochen lang in Frankfurt, schliefen auf Luftmatratzen. Darauf folgte ein Engagement am Filmball in München. Das war ein wunderbarer Auftritt – und gute Werbung.

Dennoch blieben Sie Amateur. Warum?

Wir investierten zwar viel Zeit in die Musik, probten zweimal wöchentlich, nahmen Foto- und Pressetermine wahr und luden jedes Wochenende unseren VW-Bus, gaben Konzerte. Aber es reichte nicht, um davon leben zu können.

Obschon Sie für die damalige Zeit stattliche Gagen erhielten, bis zu 2000 Franken?

Einen Teil des Geldes investierten wir in Instrumente und Lautsprecher. Hinzu kam, dass uns womöglich der Mut fehlte, volles Risiko einzugehen.

Sie scheinen sehr pragmatisch gehandelt zu haben.

Das stimmt. Wenn jemand einige Male zu spät zu den Proben erschien, wurde ihm seine Gage beim nächsten Auftritt gekürzt. Ich fand es immer unfair den anderen gegenüber, wenn einer unpünktlich war.

Wie diszipliniert waren Sie in den anderen Bereichen, die zum Rock 'n 'Roll gehörten: Sex und Drugs?

Ich habe Haschisch und LSD ausprobiert, aber beides passte nicht zu meiner Person. Auf LSD war ich stundenlang ‹unterwegs› und sah alles Mögliche, meine Freundin als Schrumpfkopf zum Beispiel. Aber dass man unter diesem Einfluss so passiv war, störte mich, weshalb ich es nach wenigen Erfahrungen sein liess.

Und Sex?

Kam natürlich vor. Die Mädchen stürmten manchmal regelrecht zur Bühne, wenn der Vorhang fiel, und himmelten uns an. Aber ich drängte darauf, dass wir nach einem erfolgreichen Konzert woanders feiern gingen.

Warum?

Ich wollte die Illusion nicht zerstören. Solange uns die Mädchen nicht näher kannten, waren wir für sie die Könige.

Sie hatten durchschaut, dass sich ein Star rar machen musste?

Ja. Man muss aber auch sehen, dass der Fanatismus gross war. Alles war neu und aufregend. Dass es heute nicht mehr so euphorisch zu- und hergeht, liegt auch ein bisschen an den Bands, finde ich.

Interessant. Wie meinen Sie das?

Es fehlt am Kontakt zum Publikum, an der Show, am Willen, die Leute mitzureissen. Wenn ich perfekte Musik hören will, kann ich mir auch eine Platte kaufen.

Sie vereinten Perfektion und Show, was Ihnen auch Erfolge im Ausland bescherte.

Wir hiessen nur noch The Dynamites, als wir 1966 in Paris am internationalen Rock-'n'-Roll-Wettbewerb den 1. Platz belegten. Ein schöner Erfolg. Aber auch der Anfang vom Ende.

Warum?

In Paris sah ich Bands aus England und Amerika, die ebenso gut waren wie wir. Da stellte ich für mich fest: Der Markt ist übersättigt. Der ganze Aufwand nebst der Arbeit wurde mir langsam zu viel. So reifte der Gedanke, aufzuhören. Aus diesem Grund entschied ich mich auch gegen die Möglichkeit, mit den Beatles auf Tour zu gehen.

Wie bitte? Sie hätten mit den Beatles auf Tour gehen können?

Das teilte uns unser damaliger Manager Theo Pauli mit. Ich selber habe die Offerte nie gesehen.

Aber mal angenommen, das Angebot wäre seriös gewesen: Warum schlugen Sie es aus?

Ich war zu der Zeit Abteilungsleiter bei der ‹Union Trading Company›, hätte mich als Musiker für ein ganzes Jahr verpflichten müssen. Mein Chef sagte mir, er könne meine Stelle nicht so lange freihalten. Also musste ich mich entscheiden. Und weil ich nach Paris zu dem Schluss gekommen war, dass der Markt übersättigt war, entschied ich mich gegen das Risiko.

Das haben Sie nie bereut?

Nein. Ich glaube heute noch, dass das die richtige Entscheidung war. Wir hätten im besten Fall noch ein Jahr weitermachen können, aber dann wären wir am gleichen Punkt gewesen.

Und Ihre Bandmitglieder? Waren die nicht sauer?

Nein, ich glaube nicht. Zwei Musiker, Peter Rietmann und Rolf Antener, wechselten zu den Zürcher Sauterelles und erfuhren da, wie schwer man es in der Schweiz als Profimusiker hat.

Obschon Rolf Antener mit ‹Heavenly Club› der grösste Hit dieser Ära gelang.

Das stimmt, ja. Aber davon leben konnte er auch nur kurze Zeit. Wir hatten ja zuvor selber einen Hit: ‹Too Late› landete in der Deutschschweiz auf Platz 2 und gesamtschweizerisch auf Platz 7 in der Hitparade. Man sagte uns, dass sich die Single fünftausend Mal verkauft habe. Aber von der Plattenfirma sah ich nie Geld. Immerhin habe ich als Komponist noch bis vor zwei Jahren Urhebertantiemen erhalten.

Es scheint, als hätten Sie stets sehr vernunftorientiert gehandelt. Erstaunlich für einen Rock 'n' Roller.

Der kommerzielle Gedanke spielte immer eine Rolle. Nach acht Jahren wurde mir klar, dass ich so nicht ewig weiterleben konnte. 1966 verkaufte ich mein gesamtes Equipment, holte die Matur nach, absolvierte ein wirtschaftswissenschaftliches Studium und gründete bald auch eine Familie.

Und nahmen die Gitarre nie mehr in die Hand?

Höchst selten. Ich spielte hin und wieder Klavier und sang dazu. Aber auch das ist längst passé. Mein Sohn hat die Musik übernommen, er studierte Klavier und arbeitet heute als Musiklehrer.

Das erste Album, das Sie sich gekauft haben?

Weiss ich nicht mehr. Aber eine der ersten Singles, die ich mir kaufte, war ‹At The Hop› von Danny & The Juniors, 1958. Das spielten wir auch bei unseren ersten Auftritten mit der Little Robin Band.

Ihr erstes Konzert?

Da war ich zwölf, spielte Ukulele und gab im Restaurant Rheinhafen ein Lied zum Besten. Welches? Da bin ich überfragt.

Ihr grösstes Konzert?

Im Zürcher Hallenstadion, am 14. August 1965. Wir traten vor Cliff Richard auf, vor mehreren Tausend Leuten. Eine tolle Erfahrung.

Die grösste Ernüchterung?

Dass es englische Bands gab, die irrsinnig gut spielten und für ein Butterbrot auftraten.

Ihr peinlichstes Erlebnis?

Unser allerletztes Konzert. Wir hatten uns drei Monate lang nicht mehr gesehen und traten in Spiez auf. Das wurde zum musikalischen Fiasko. Ich schämte mich dermassen, dass ich mich während unseres Konzerts hinter dem Vorhang versteckte und dort weiterspielte.

Ihre höchste Konzertgage?

2000 Franken für einen Auftritt. Besonders abgeräumt haben wir in der Silvesternacht 1964, als wir an vier verschiedenen Orten auftraten: Um halb neun Uhr abends im Basler Volkshaus, von da fuhren wir nach Zürich, weiter nach Payerne und landeten schliesslich wieder in Basel, wo wir um drei Uhr morgens in der Mustermesse einen vierten Auftritt hinlegten. Ich weiss auch nicht, was uns da geritten hat. Aber immerhin verdienten wir so einige Tausend Franken.

→ 25-1 **Circus.** Sänger und Saxophonist Roli Frei, 1977.

02 Kopfreisen in Prog-Kreisen

Wie Doktor Hofmanns Erfindung auch Basler Musikern in den Kopf stieg. Wie das Bildungsbürgertum den Rock für sich entdeckte und an Gymnasien zahlreiche Bands gegründet wurden. Und warum einige Exoten den Blues hatten.

Auf den Beat der ‹Swinging Sixties› folgten die ‹Sophisticated Seventies›. Die Harmonielehre gewann bei Musikern grössere Bedeutung als der Hüftschwung, der Rock stieg in den Kopf, ebenso der Rauch. Stimulanzen dienten als Reiseleiter in tiefere Bewusstseinsschichten. Den Soundtrack dazu lieferten in Basel zunächst Bands wie Ertlif (aus den Formationen Egg & Bacon und The Countdowns hervorgegangen) und Brainticket. Mastermind der letzteren Gruppe war Joel Vandroogenbroeck. 1961 hatte ihn ein Engagement im Atlantis erstmals nach Basel geführt. Im Laufe der Jahre entdeckte der Jazzpianist die Beatles, Jimi Hendrix und Pink Floyd und wandte sich der Hammondorgel zu. «Dass ich Rock-Musiker wurde, goutierten die traditionellen Jazzer nicht», erzählt der Belgier. Sein Trio Third Eclipse stiess selbst bei Rock-Fans auf «Missverständnisse», wie er es nennt, und das psychedelische Folgeprojekt Brainticket 26-1 wurde anfänglich ebenso skeptisch empfangen. «Das Konzertpublikum verstand unsere Musik nicht», resümiert Vandroogenbroeck. Dennoch glaubte die Plattenfirma ‹Phonag› an den Erfolg, versah 1971 das Debütalbum ‹Cottonwoodhill› mit dem Aufruf: «Listen to the first recording of this LSD/Hashish/Fixy/Jointy Sound.» Cleveres Marketing, das zog und nicht ohne Grundlage war. Denn LSD, diese ‹Medizin für die Seele›, die Doktor Albert Hofmann 1943 in einem Labor der Chemiefirma Sandoz erstmals synthetisiert hatte, «hat unsere Plattenproduktion sicher mitbeeinflusst», sagt Vandroogenbroeck, dessen Name nach dieser Aussage noch kurioser wirkt.

Braintickets furiose Mischung aus wabernder Hammond, Querflöte, Frauenstimme, Dschungelschlagzeug, schneidender E-Gitarre und elektronischen Effekten suchte ihresgleichen und geniesst bis heute Kultstatus unter Psychedelik- und Krautrock-Fans. Das Internet-Musiklexikon ‹All Music Guide› feiert ihr Debütalbum gar als «eine der trippigsten Platten, die je produziert wurden». Sanieren konnte sich Vandroogenbroeck durch diesen Achtungserfolg allerdings nicht. «Leider», wie er anmerkt. «Ich habe gehört, dass sich das Album eine Million Mal verkauft haben soll. Reich wurde ich aber nicht.» Wann immer er die Plattenfirma wegen Tantiemen kontaktiert habe, sei er abgewimmelt worden. «Mir wird übel, wenn ich nur daran denke. Man hat uns regelrecht über den Tisch gezogen. Deshalb freut es mich, dass so viele Raubkopien im Umlauf sind.»

Vandroogenbroeck, der heute vor allem in Mexiko lebt und sich neben der Musik intensiv mit esoterischen Themen wie Tarotkarten oder Energiefeldern beschäftigt, veröffentlichte noch mehrere Brainticket-Alben, doch

26-1 **Brainticket:**
‹Cottonwoodhill›, 1971.
26-2 **Toad:** ‹Toad›, 1971.
26-3 **Circus:** ‹Circus›, 1976.

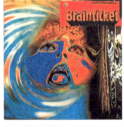

für den grossen Erfolg reichte es nie. «Wir hätten die Band in London starten sollen, dort wären die Chancen grösser gewesen», meint er rückblickend.

Zwei Mitglieder der Urformation von Brainticket haben diesen Schritt gewagt: Schlagzeuger Cosimo Lampis und Bassist Werner Fröhlich nahmen in der britischen Hauptstadt das erste Album von Toad 26-2/28-1 auf. Im Zentrum der in Basel stationierten Band stand Vic Vergeat, ein Gitarrenheld mit grossem Selbstvertrauen und dickem Schädel, wie er selbst zugibt. Vergeats Dominanz auf und neben der Bühne veranlasste Sänger Benjamin Jäger früh, die Band zu verlassen. Toad machten als Trio weiter, und es schien anfänglich, als könnten sie unter den Management-Fittichen des Radiomoderators Christoph Schwegler den internationalen Erfolg der Zürcher Band Krokodil egalisieren. Mit ihrer Single ‹Stay!›, einem hart rockenden Shuffle im Geiste von Deep Purple und Led Zeppelin, gelang ihnen 1971 ein Top-Ten-Hit in der Schweizer Hitparade. Es folgten Konzerte in Italien sowie in Frankreich (laut Vergeat unter anderem im Vorprogramm von Genesis). Doch mehr als Achtungserfolge waren dem Trio, das sich 1972 erstmals und 1977 endgültig auflöste, nicht beschieden.

«Circus lebten unseren Traum:
Sie wohnten gemeinsam in einem Haus,
widmeten sich intensiv ihrer Musik,
genossen die Freiheit.»
Olivier Truan

Von kurzer Dauer war auch Christoph Schweglers Ausflug in die Veranstaltungsbranche. 1970 hatte er gemeinsam mit dem Zürcher Peter Zumsteg ‹Good News› gegründet (die unter André Béchir die grösste Konzertagentur der Schweiz wurde). «Wir buchten Bands, die wir selber gerne hören wollten», erklärt Schwegler das ursprüngliche Prinzip. Als sich die Fragestellung änderte («Mit welcher Band können wir die Halle füllen?»), stieg der Basler aus. Die Grundlage für internationale Gastspiele, die über den Club-Rahmen hinausgingen, war jedoch geschaffen. Mit Gruppen wie Yes (in der Komödie des Theaters) oder Gentle Giant (im Hans-Huber-Saal des Stadtcasinos) füllte der kopflastige Kunst- und Progressive-Rock die Säle der Hochkultur. Deren Vertreter wiederum begrüssten die intellektuelle Strömung, in der Rock-Musik mit Jazz und Klassik zusammenfloss, und ihre Kinder spielten munter drauflos. So war mit dem stilistischen auch ein sozialer Wandel in der Basler Szene auszumachen: Stammten die ersten lokalen Rock'n'Roller noch mehrheitlich aus dem Arbeitermilieu, so wurde die Szene in den 70er-Jahren von Kindern des Bildungsbürgertums dominiert. Der Begriff ‹Gymnasial-Rock› machte die Runde, stand stellvertretend für die regionalen Epigonen angesagter britischer Gruppen wie Yes, Van der Graaf Generator oder Genesis.

Lokale Vorzeigeband für den genreübergreifenden Sound wurden Circus 26-3/30-1. 1972 gegründet, zeichneten sie sich durch die Individualität ihrer Mitglieder aus: Fritz Hauser streichelte sein Schlagzeug viel lieber, als dass er mit gängigen Grooves auf die Pauke haute, mit Marco Cerletti fand sich ein grosser Lyriker und zugleich geerdeter Derwisch am Bass, und Stephan Ammann durchströmte die Kompositionen mit seiner Hammond oder zerschnitt sie mit schreienden Clavinet-Sounds. Darüber tänzelten die klassischen Flötenklänge von Andreas Grieder und der Gesang von Roli Frei 25-1, der zudem akustische Gitarre und Saxofon spielte. Der versponnene kammermusikalische Stil von Circus war exemplarisch für die Weiterentwicklung des wilden, körperbetonten Rock'n'Roll. Nach Auftritten am ‹Jazz- und Rock-Festival Augst› – für junge Musiker damals der wichtigste Anlass in der Region – sowie dem ‹Jazzfestival Zürich› stiegen sie in die nationale Liga auf und wurden von der Berner Plattenfirma ‹Zytglogge› unter Vertrag genommen. «Wir hatten das Glück, dass ‹Zytglogge› Rumpelstilz und somit die Geburtsstunde des Mundartrock verpasst hatte», sagt Roli Frei und fügt lachend hinzu, dass «wir mit unserer komplexen Musik ihre Erwartungen kommerziell aber nicht erfüllen konnten. Sie sprachen von ‹Chansons› und meinten damit unsere fünfzehnminütigen Kompositionen.»

28-1 **Toad.** Werner Fröhlich (Bass), Cosimo Lampis (Schlagzeug), Vic Vergeat (Gitarre).

Aller Komplexität zum Trotz vermochten Circus einige Jahre von ihrer Musik zu leben, tourten durch die Schweiz, durch Deutschland. Ihre Heimspiele fanden stets in ausverkauften Häusern statt, sei es im Kino Capitol, im Stadtcasino oder im Stadttheater. Dass sich das Quintett aus der Basler Szene in ein altes Haus in Bättwil zurückzog, tat seiner Popularität keinen Abbruch. «Unsere Bewunderung nahm beinahe sektiererische Züge an», erzählt Olivier Truan, damals Keyboarder der Band Meridies 29-1. «Circus lebten unseren Traum: Sie wohnten gemeinsam in einem Haus, widmeten sich intensiv ihrer Musik, genossen die Freiheit.»

Truan war dreizehn, als er 1972 mit Dominique Alioth und Niki Reiser 29-2 eine erste Band gründete: Camels. Aus der Schülerformation gingen zum einen Meridies hervor, zum anderen Hamlet's Requiem. Zusammen mit den Gruppen Phallus (mit dem talentierten Gitarristen Eric Flückiger), Ephesus und Welcome trieben sie den progressi-

ven Rock in Basel weiter voran und versuchten – trotz ausgeprägtem Konkurrenzdenken –, einander auf Probleme aufmerksam zu machen, etwa darauf, dass ihnen Gleichaltrige Arroganz vorwarfen, wenn sie Eintritt für ihre Konzerte verlangten.

«Junge Bands haben es schwer», titelte die Wochenzeitung ‹Doppelstab› 1976 verständnisvoll und erwähnte, dass «es oft vier, fünf Jahre geht, bis eine Gruppe an Auftritte denken kann, wenn sie nicht schon vorher zermürbt aufgegeben hat», denn neben den hohen Kosten für Instrumente, Transport und Tonanlage bestünden auch Schwierigkeiten bei der Suche nach Auftrittsorten. «Kirchenvereine und Schulhausabwarte wehren sich oft mit Händen und Füssen gegen die Absicht der Gruppen, mit musikalischen Veranstaltungen die Leute von der Mattscheibe wegzulocken», war im ‹Doppelstab› zu erfahren. Tatsächlich hatten die Kirchen ein ambivalentes Verhältnis zur Rock-Szene. Zwar stellten sie Übungsräume und Auftrittsmöglichkeiten zur Verfügung und förderten so die Aktivitäten der Jugendlichen. Doch erinnert sich Marcel ‹Jimi› Aeby (More Experience), wie er in den frühen 70er-Jahren mit der Band Pearwood im Holeecenter Binningen probte, als auf einmal der entsetzte Pfarrer in der Tür stand: «Sie machen dämonische Musik!» Dennoch liess man sie gewähren. Wohl in der Hoffnung, dass die Jugendlichen so nicht in Versuchung kämen, in lokalen Kifferhöhlen wie dem Grossbasler Café Brandis oder dem Kleinbasler Café Oasis zu versumpfen. Als ob sich Drogen und Musik damals nicht auch ergänzt hätten. «Die Leute kamen auf Trips an unsere Konzerte», erinnert sich etwa Sänger Dave Muscheidt. Ephesus hiess seine erste Band. Die epischen Songs wurden von Farbprojektionen umrahmt, die Musiker wurden durch Dämpfe aus Trockeneis in Nebelschwaden gehüllt. «Darauf waren wir unheimlich stolz», sagt Muscheidt. «Aber im Grunde war es keine lustige Zeit. Auf dem Pausenplatz musste man, vergleichbar mit den Fussballerbildern von Panini, alle Namen der internationalen Prog- und Jazz-Rock-Helden kennen, sonst war man nicht dabei. Alle nahmen alles furchtbar ernst.»

29-1 / 29-2 **Meridies.** Olivier Truan (Keyboards), David Klein (Gitarre), Niki Reiser (Querflöte).

«Junge Bands haben es schwer.»
‹Doppelstab›, 1976

Zu ernst, wenn es nach den Vertretern der zweiten grossen Strömung in den 70er-Jahren ging: den Blues-Rockern. Die Black Cat Bone Blues Band aus Muttenz liess überregional aufhorchen, sie hatte mit Saxofonist Sam Burckhardt einen Musiker in ihren Reihen, der heute als Profi in Chicago lebt und arbeitet. Allen voran aber bot die Lazy Poker Blues Band dem kopflastigen Kunstrock die Stirn. Was kein Leichtes war, denn der Blues hatte in Basel eher Exotenstatus, der britisch orientierte Progressive-Rock war tonangebend. So hätten Lazy Poker stilistisch im Grunde eher nach Bern gepasst, orientierten sich die Musiker in der Landeshauptstadt doch stark an der Musik amerikanischer Prägung.

So war es denn auch Mundartrock-Pionier Polo Hofer, der dem jungen Bandleader Cla Nett 36-1 Mut machte. «Polo sah uns 1977 spielen, kam nach dem Gig auf uns zu und sagte: ‹Mached witer so, Giele!› Da wusste ich, dass wir auf dem richtigen Weg waren.»Tatsächlich setzten sie sich Ende der 70er-Jahre national durch, verkauften von ihren Alben nie weniger als 3500 Exemplare. Nach fünfunddreissig Jahren sind sie eine Institution in der Basler Musikgeschichte.

Im Unterschied zu den Rock-'n'-Roll-Pionieren machten einige Basler Musiker aus den 70er-Jahren Karriere: Ephesus' Keyboarder Mathias Steinauer ist heute Vorstandsmitglied der ‹Schweizerischen Gesellschaft für Neue Musik›. Welcome, die Band, in der Thomas Strebel als Schlagzeuger mitwirkte, erhielten einen Plattenvertrag, der sie für einige Monate in die USA führte. Nachdem sich jedoch nichts Konkretes ergab, liess sich Strebel zum Tonmeister ausbilden; seit knapp dreissig Jahren macht er nun schon Aufnahmen und führt Produktionen durch. Niki Reiser und Olivier Truan wandten sich dem Jazz zu. Sie studierten gemeinsam mit dem Gitarristen

30-1 Grosses Kino. Circus wussten ihre Konzerte zu inszenieren – das US-amerikanische Auto wurde am 16. Dezember 1977 eigens für dieses Bild vors Kino Capitol in die Steinenvorstadt gefahren.

David Klein 29-2 am Berklee College of Music in Boston und wurden durch die Klezmer-Formation Kolsimcha bekannt. Truan reist mit dieser Gruppe seit über zwanzig Jahren um die Welt. Reiser hat sich mittlerweile auf die Komposition von Filmmusik spezialisiert und wurde für seine Soundtracks zu Filmen von Dani Levy («Meschugge») oder Caroline Link («Nirgendwo in Afrika») mehrfach mit dem German Film Award ausgezeichnet. Die Filmmusik führte Reiser auch zurück zu seinen Wurzeln. «Nach einer Phase, in der ich mich wie ein Jazz-Snob verhielt, habe ich mich wieder mit Pop-Musik versöhnt», erzählt er. «Dieses pubertäre Lebensgefühl, die Aufbruchstimmung und Experimentierfreude, zapfe ich für meine Filmmusik wieder an.»

Angezapft werden auch die alten Tonkanäle: So handeln Sammler heute mit den vergriffenen Vinylplatten der beiden erfolgreichsten Basler Prog-Rock-Formationen, Circus und Welcome. Letztere konnten ihr 1976 erschienenes Debütalbum ‹Same› beim französischen Label ‹Musea› wiederveröffentlichen. Circus brachten ‹Movin' On› (1977) auf CD neu heraus und stellten in den letzten Jahren überraschend fest, dass ihre Musik als Raubkopien im CD-Handel erhältlich ist. Herkunftsland ist dabei nicht etwa die Schweiz, sondern Italien beziehungsweise Japan. Dass es Basler Musiker damals nicht in ferne Länder geschafft haben, hat mehrere Gründe: Es fehlte an professionell ausgerichteten Managements und internationalen Kontakten. Zudem kam der Boom der hiesigen Prog-Rock-Szene einen Moment zu spät: Während in Bern Gruppen wie Rumpelstilz oder Span den Mundartrock etablierten und in Solothurn mit Krokus zum richtigen Zeitpunkt ein AC/DC-Klon kreiert wurde, breitete sich von London herkommend die Punk-Bewegung aus und fegte in Zürich wie auch in Basel den Kunst-, Jazz- und Prog-Rock von den Bühnen. Dieses Genre galt fortan unter Musikern als altbacken und war verpönt. Dies mussten in den 90er-Jahren neuere Basler Vertreter dieser musikalischen Richtung wie Sapphire oder Yolk erfahren, die zwar den Geist der 70er-Jahre wieder belebten, dies aber zu einer Zeit, als die Generation von damals sich längst dem Jazz oder Pop zugewandt hatte.

Die Stimme von Roli Frei (*1953) ist eine der berührendsten, die die Basler, ja, die Schweizer Rock-Geschichte hervorgebracht hat. Mit Circus prägte er den progressiven Rock der 70er-Jahre, mit Lazy Poker sang er in Hallenstadien. Nach vierzig Jahren fand er zu seinen Anfängen als Singer-Songwriter zurück.

Roli Frei war siebzehn, ein junger Folkie, der Simon & Garfunkel mochte, die Beatles, aber auch Aretha Franklin und Wilson Pickett, als er mit seiner Gitarre die Bühne am Schulhausfest des Basler Mathematisch-Naturwissenschaftlichen Gymnasiums (MNG) enterte und sang. Nicht nur seine Mitschüler nahmen davon Notiz, sondern auch die regionalen Zeitungen. Der «Troubadour mit Anlagen zum Protestsänger» namens «Roger Frey» wurde als Entdeckung gehandelt. Troubadour? Roger Frey? Nun ja. Zwei Jahre und zwei Musikprojekte (Gospelchor, Rock-Band) zogen ins Land, bis ihm Journalisten erneut ihre Aufmerksamkeit schenkten. Diesmal aber schrieben sie seinen Namen richtig. Sie ahnten wohl, dass sie ihn sich merken sollten.

Circus hiess die Band, der Zufall war der Patenonkel. Roli Frei, Träumer und Sänger, fiel kurz vor der Matur durch, musste das Schuljahr wiederholen. «Gott sei Dank!», sagt er heute. «Denn durch den Klassenwechsel lernte ich den Organisten Stephan Ammann kennen, der mit dem Bassisten Marco Cerletti in der Pop-Band Breach spielte.» Diese planten 1972 zusammen mit dem Schlagzeuger Fritz Hauser, ein grosses lokales Spektakel auf die Beine zu stellen. Zehn Basler Musiker aus verschiedenen Bands, unter ihnen auch der Flötist Andreas Grieder, fanden sich zusammen. Der Name ‹Circus› war Programm. Zum Quintett geschrumpft machten sie ein Jahr später weiter und traten mit einer zwanzigminütigen Komposition am ‹Jazz- und Rock-Festival Augst› auf. Ihre Musik liess aufhorchen und sorgte bei der Bewertung für exzellente Noten. «Unser Grundprinzip war, dass jeder er selber blieb – ich etwa konnte am Gesang meine Soul- und Pop-Affinität ausleben und mit

meinen beschränkten Möglichkeiten akustische Gitarre spielen», erzählt Roli Frei.

Während die drei Gründer – Cerletti, Ammann und Hauser – mit der Matura im Sack ihr Lebensziel als Musiker anvisiert hatten, pendelte Roli Frei zwischen Biel und Basel hin und her, zwischen Primarlehrerausbildung (Vernunft) und Bandprobe (Leidenschaft). Und er zog mit seinen Mitmusikern aufs Land: zuerst auf einen Bergbauernhof oberhalb Balsthal, «wo wir einen Summer of Love durchlebten», sagt Frei lachend, später in ein altes Haus in Bättwil im Leimental. Ein Haufen Hippies in einer Kommune? Die Latzhosen, der Bart, die Wuschelfrisur, der farbige Bandbus sprechen dafür. Ebenso der Wille zur Selbstverwirklichung: Alles nahmen sie selbst in die Hand, vom Bau einer eigenen hochwertigen Tonanlage übers Management bis zur Gestaltung und zum Druck ihrer Plakate. «Für mich wars eine Zeit wie im Traum. Mein ursprüngliches Berufsziel, Agronomie-Ingenieur, war in weite Ferne gerückt», erzählt Roli Frei. Geld war knapp, aber auch nebensächlich. «Ich lebte recht unbedarft, blieb ein Träumer – und ein Unschuldslämmchen.» Drogen interessierten ihn nicht, seine Fantasie reichte ihm aus, um abzudriften.

Obwohl die Bandmitglieder unterschiedlicher sozialer und musikalischer Herkunft waren, lebte «die leiseste Schweizer Pop-Gruppe» (‹Landbote›, Winterthur, vom 9. September 1976) zusammen wie in einer Familie. «Und schliesslich brach diese aufgrund der Individualität jedes Einzelnen auseinander.» Zuerst stieg Fritz Hauser aus und schlug einen Weg als Solo-Perkussionist ein. Frei hatte Gastauftritte bei der Lazy Poker Blues Band

← 32-1 **Zurück zur Natur.**
Roli Frei, Singer-Songwriter.

34-1 **Zart besaitet.** Obacht, Verwechslungsgefahr mit Cat Stevens! Roli Frei bei einem Circus-Concert, ca. 1975.

und stieg dort voll ein, nachdem sich Circus 1982 nach zehn Jahren, vier Alben und vierhundert Konzerten aufgelöst hatten.

Die Musik liess ihn nie mehr los: Nach seiner Zeit bei der Lazy Poker Blues Band stiess der zweifache Vater in den frühen 90er-Jahren zu Bo Katzmans Soul Cats. Er hätte in diesem eher kommerziellen Umfeld erstmals Geld verdienen und seiner Familie ein sorgenfreies Leben ermöglichen können. «Ich erhielt zum Beispiel ein lukratives Angebot einer Werbeagentur. Als ich herausfand, dass ich meine Stimme für einen McDonald's-Song hätte hergeben müssen, lehnte ich ab.» Was seine beiden Söhne nicht verstanden. «Warum schreibst du keine Hits wie Del Amitris' ‹Driving With The Brakes On›?», wurde der Vater erwartungsvoll gefragt.

Roli Freis Antwort ist heute die gleiche wie damals: «Ich kanns nicht steuern.» Also verdiente er sich sein Geld mit Nachtjobs, später als Musiklehrer an der Sekundarschule. Und wenn er dort mit einer Schulklasse ein Musical erarbeitete, dann vermochte er leichte Pop-Songs zu schreiben, mit baseldeutschem Text gar. «Aber nur, weil ich es nicht für mich selber tat, es mir nicht entsprechen musste.» Man könnte ihm vorwerfen, dass er sich selbst blockierte. Sicher ist, dass Frei ebenso wie etwa der Rapper Black Tiger zu jenen talentierten Basler Musikern gehört, die es mit der Authentizität akribisch genau nehmen und nicht bereit sind, Kompromisse einzugehen, Musiker, die auf der Bühne grenzenlos musizieren und sich im Kämmerchen viele Gedanken machen. Vielleicht zu viele. «Das mag durchaus sein», gesteht Roli Frei und räumt ein, dass er sich wohl auch mit seiner Leidenschaft für Fusionen Steine in den Weg legte. Statt sich auf einen Stil zu fixieren, experimentierte er gerne. Zuletzt etwa am ‹Bscene›-Festival 2009, als er mit dem Rapper Pyro auftrat. «Ich, der Grossvater, war nervös wie verrückt», sagt er und lacht.

Lacht in einer Phase, in der es ihm unlängst oft auch zum Weinen war. Er verlor geliebte Menschen und die eigenen Kräfte. Dies führte zu einer musikalischen Reaktion oder manifestierte sich in totaler Leere.

Eine Zerreissprobe hatte er in den Jahren zuvor schon durchleben müssen. Die Dreifachbelastung Familie, Lehrtätigkeit und Musikerleben wurde zu viel. Was zunächst nach Midlife-Crisis aussah, machte ihn gesundheitlich – physisch wie psychisch – «kaputt», wie er sagt. Ein Herzinfarkt zwang ihn zur Reflexion, zum Sabbatical, führte zur Erkenntnis, dass er sich vom musikalischen Korsett und von Schuldgefühlen befreien musste. In diesem Zusammenhang löste er auch nach über fünfzehn Jahren sein letztes grosses Projekt auf: Soulful Desert, mit Robert Schweizer am Bass und Roland Fischer am Schlagzeug. Heute ist er wieder als Singer-Songwriter tätig, womit sich vierzig Jahre nach seinem ersten Auftritt der Kreis schliesst.

«Im Grunde gehts mir wahnsinnig gut – und wahnsinnig beschissen», sagt er. Beschissen, weil er finanziell weit unter dem Existenzminimum lebt, ihm in seiner lieb gewordenen 1,5-Zimmer-Wohnung manchmal die Decke auf den Kopf fällt. Dann zieht es ihn raus, wie in den 70er-Jahren, raus in die Natur. In einem kleinen Dorf auf der Insel Elba findet er die Ruhe, den Abstand, wenn ihm die bürgerlichen Pflichten über den Kopf zu wachsen drohen. Einige Wochen im Jahr hat er den Blick aufs Meer; die Gitarre in der Hand, den Notizblock griffbereit, lässt er sich treiben. Dann geht es ihm gut. Auch, weil er keine Kompromisse mehr eingehen mag und muss. Seine Stimme und seine Emotionen sind für Privatauftritte gefragt, er tritt aber nur noch unter der Bedingung auf, dass er seine Songs spielen kann. Gut geht es ihm zudem, weil es einen Gönnerverein gibt, Freunde und Familie ihn darin unterstützen, sich mit sechsundfünfzig Jahren wie zu Circus-Zeiten ganz seiner Musik zu widmen.

Ein Träumer ist er geblieben, doch fehlt ihm die Unbedarftheit von früher. «Auch wenn es im Kopf weiter surrt, diesen Spass, diese Leichtigkeit möchte ich zurückgewinnen», sagt er. «Und ich habe das Gefühl, ich bin auf dem besten Weg dahin.»

Das erste Album, das Sie sich gekauft haben?
‹Sgt. Pepper's Lonely Hearts Club Band› von den Beatles, 1967.

Ihr erstes Konzert?
1970, als Folk-Sänger am Gymfest im MNG.

Ihr grösstes Konzert?
1984, mit Lazy Poker, am ‹Concert for Europe› im Olympiastadion Berlin. Wir als ‹Nichteuropäer› sollten das Festival eröffnen! Es war ein Konzert des Zwiespalts. So musste ich als Sänger für ein Funkmikrofon vor Ort 50 D-Mark bezahlen, und kurz vor Beginn eröffneten uns die Veranstalter, dass die als Gage versprochene TV-Übertragung sowie das Interview nicht stattfinden würden. Es wurde ein sehr mutiger, wütender Auftritt, weil wir den Veranstaltern die Stirn boten, indem wir drohten, nach dem Auftritt unsere Backline sofort abzuräumen – womit Italien, vertreten durch Toto Cutugno, nicht hätte auftreten können.

Die grösste Ernüchterung?
Jeweils der Moment, in dem klar wurde, dass eine langjährige Formation wie Circus, die Lazy Poker Blues Band oder Soulful Desert am Ende angekommen ist. Eine Erkenntnis, welche, sobald akzeptiert, über kurz oder sehr lang durch Erleichterung und Erneuerung abgelöst wurde.

Ihr peinlichstes Erlebnis?
Dass mir – sei es ein Ausrutscher oder ein Blackout – nie eines peinlich war.

Ihre höchste Konzertgage?
2000 Franken netto, für einen fünfundvierzigminütigen Soloauftritt. Ein rarer Geldschub in höchster Not.

«Wir überlebten nur dank unseren Frauen»

1400 Konzerte, eine Leidenschaft: Gitarrist Cla Nett (*1956) hat seit fünfunddreissig Jahren den Blues. Mit der Lazy Poker Blues Band veröffentlichte er zahlreiche Platten, tourte im Vorprogramm von Joe Cocker und erlebte in der DDR, wie es sich anfühlt, ein Rock-Star zu sein.

Cla Nett, Sie verkörpern den Blues wie kein anderer Musiker der Nordwestschweiz. War es Liebe auf den ersten Akkord?

Beinahe. Als Kind mochte ich die Beatles. Aber so richtig gepackt hat mich der Bluesrock von Ten Years After, Canned Heat oder John Mayall. Als ich Gitarre lernen wollte, winkten meine Eltern zunächst ab, mit der Begründung, Blockflöte hätte ich ja auch nie geübt. Eine Nachbarin hatte ein Einsehen und schenkte mir eine alte Akustikgitarre, später besuchte ich einen Gruppenkurs. Wir waren fünfzehn Schüler. Unser Lehrer stimmte zu Beginn der Stunde alle Gitarren, danach blieben noch zehn Minuten, in denen wir ‹Hoch auf dem gelben Wagen› oder ‹Das alte Haus von Rocky Docky› spielen konnten – oder, nach Revolten unsererseits, gar ‹Blowin' In The Wind› von Bob Dylan. Aber mich brachte das nicht vorwärts, also lernte ich autodidaktisch, indem ich zu Hause zu den Platten meiner Helden mitspielte.

Stiess Ihre Leidenschaft bei Ihren Eltern auf Verständnis?

Naja, sie nahmen das nicht so ernst. Meine Grossmutter fragte mich immer, weshalb ich mir eine elektrische Gitarre wünsche – die spiele doch von selber.

1975 gründeten Sie die Lazy Poker Blues Band und spielten in Jugendzentren und an Stadtfesten Rock- und Blues-Covers.

Genau. Zum Teil hatten wir Engagements, bei denen wir an einem Tag sechs Stunden auf der Bühne standen. Das war eine hervorragende Schule. Als 1978 der Saxofonist und Songschreiber Jakob Künzel zu uns stiess, begannen wir vermehrt eigene Songs zu schreiben, bauten eine achtköpfige Horn Section ein, die wir später auf drei reduzierten, und gingen mit dem Circus-Sänger Roli Frei auf eine zehntägige Deutschlandtour.

War das der Startschuss, um aus dem Basler Kuchen herauszukommen?

Ja, wir nahmen auf Tour eine Platte auf und liessen tausend Exemplare pressen. Nach drei Tagen waren alle verkauft. Roger Schawinskis Radio 24 spielte uns rauf und runter. Allerdings verpassten wir eine gute Platzierung in der Hitparade, da die Nachpressungen erst Wochen später geliefert wurden.

Trotz Ihrer eher poppigen Platten schlug Ihr Herz immer stärker für den Blues. Führte das nie zu Spannungen innerhalb der Band?

Natürlich. Dieses Seilziehen brachte uns aber, was die Kreativität betraf, weiter. Wir arbeiteten ja nicht gegeneinander, sondern versuchten, das Maximum herauszuholen. Viel mehr an die Substanz ging der Druck, den das

← 36–1 **Wer übt, hat's nötig,**
pflegt Cla Nett scherzhaft zu sagen.

38-1 Feuer und Flamme für den Blues. Cla Nett bei einem frühen Auftritt mit der Lazy Poker Blues Band.

Business auf uns ausübte. Als wir 1984 eine Platte aufnahmen, wurde mir mitgeteilt, dass die Gitarre aus der Mode gekommen sei, weshalb meine für den Blues typischen Lead-Fills einfach rausgestrichen wurden. Leider wehrte ich mich zu wenig.

Sie wurden quasi überfahren? Von der Band?
Vor allem von unserem damaligen Management.

Warum liessen Sie es denn so weit kommen?
Wir waren unter einem enormen Zeitdruck: Wir nahmen im Februar ein Album auf und gingen am 31. März damit auf Tour – im Vorprogramm von Joe Cocker.

Hatte Sie Ihre Plattenfirma in die Tour eingekauft?
Ja, allerdings zu einem Spottpreis: Sie zahlte 6000 D-Mark, dafür konnten wir 21 Konzerte geben und insgesamt vor dreihunderttausend Leuten in Deutschland auftreten.

Starteten Sie danach auch in Deutschland durch?
Das hatten wir uns erhofft. Doch es kam anders. Die Neue Deutsche Welle überschwemmte den Rock, der klassische Konzertbetrieb fiel in eine tiefe Krise. Zudem spielte uns unsere Naivität einen Streich: Die Schweiz hatten wir erobert, indem wir einfach in jedem Saal, der irgendwie bespielbar war, aufgetreten waren. In Deutschland funktionierte dieses Prinzip nicht, das Land ist zu gross, das Angebot ebenfalls. Gaben wir ein Konzert in einer Stadt, rückten tags darauf zig andere Bands nach, und wir waren bald wieder vergessen. Hinzu kam wohl auch fehlendes Glück und die Tatsache, dass wir nicht mehr ganz jung waren – und schön sowieso nie (lacht). Aspekte, die im Rock-Geschäft immer wichtiger wurden.

Frustrierend?
Ernüchternd. Aber halb so schlimm, da ich mir aus Ruhm nie viel machte.

39-1 **Die Lazy Poker Blues Band, 1978.** Jakob Künzel (Saxofon, Gesang), Marco Piazzalonga (Schlagzeug, Gesang), Ueli Hofmann (Gitarre), Sämi Jenzer (Bass), Cla Nett (Gitarre, Gesang).

Jetzt kokettieren Sie.

Nein. Ich wollte wirklich nie ein Star werden. Aber ich wollte Musiker sein. Fünf Jahre lang konnte ich als Profi arbeiten. Diese Zeit möchte ich nicht missen, obschon die Lebensumstände denkbar heavy waren.

Inwiefern?

Wir überlebten nur dank unseren Freundinnen und Frauen. 1984 versteuerte ich ein Jahreseinkommen von 7000 Franken. Obschon wir es mit unserem Album ‹Dealin' with feeling› bis auf Platz 20 der Schweizer Charts geschafft hatten und auch in Deutschland rund siebentausend Exemplare verkauften. Wir spielten hundertzwanzig Gigs, waren sieben Monate von zu Hause fort und kehrten aus- und abgebrannt zurück. Eine Wohnung hatte ich nur, weil meine Frau Doris für die Miete aufkam. Ich bewundere heute noch, dass sie dieses Jahr durchgehalten hat, war doch unsere Tochter gerade zur Welt gekommen.

Bis heute haben Sie über 1400 Konzerte gegeben. Welche gehörten zu den kuriosesten?

Jene im Sommer 1984 in der DDR. Unser Management hatte Kontakt zur staatlichen Künstleragentur, diese wollte uns für zehn Auftritte verpflichten. Pro Gig offerierten sie 5000 Ostmark und eine einmalige Pauschale von 400 D-Mark. Wir lehnten ab, da Wechselstuben streng verboten waren. Also vereinbarten ein dubioser Vermittler und das Management, dass wir mit den Ostmark Antiquitäten einkaufen und die Waren im Westen verkaufen durften. Wir willigten ein, reisten zehn Tage lang durch die DDR und fühlten uns wie Rock-Stars. Wir tranken literweise Krimsekt, schmissen mit dem Geld um uns. Nur die Auftrittszeiten waren alles andere als Rock 'n' Roll: Die Konzerte begannen Punkt 19 Uhr und endeten exakt um 21 Uhr, da die Leute am nächsten Tag frisch zur Arbeit erscheinen sollten, wie uns erklärt wurde. Als wir einmal nach dem Gig essen wollten, sagte unser Tourbegleiter zur Köchin: «Genossin, können Sie zusehen, dass die Kollegen etwas zu essen bekommen? Sie haben heute Spätschicht!»

Was blieb von der DDR-Tour?
Kein Geld, denn dieses landete auf einem Staatskonto und ward nie mehr gesehen. Aber Anekdoten wie diese. Und ein Stempel im Reisepass: «Auf Einladung von Volk und Regierung der Deutschen Demokratischen Republik. Kein Zwangsumtausch.» Ich verwendete den Pass nie wieder. Unser damaliger Sänger Roli Frei schon, er wurde deswegen fichiert. Von mir gab es beim Geheimdienst ebenfalls eine Akte, allerdings aus einem anderen Grund: Ich war beim demokratischen Manifest dabei, einer ausserparlamentarischen Opposition.

Sie waren politisch aktiv?
Ich fühlte mich den Ausläufern der 68er zugehörig, ja. Was zu kuriosen Situationen führte. So traten wir 1977 an einer Veranstaltung der frisch gegründeten feministischen Ofra, der Organisation für die Sache der Frau auf, und spielten unseren machoiden Blues. Musikalisch ging es uns höchstens nebenher um politische Botschaften.

Über vierzig Musiker haben im Laufe der letzten fünfunddreissig Jahre bei Lazy Poker mitgewirkt. Wie hat die Band all diese Besetzungswechsel überlebt?
Dank meiner Sturheit. Jedes Mal, wenn eine wichtige Stütze aus der Band ausstieg, sahen uns alle am Boden. Das führte bei mir zu einer Trotzreaktion. «Jetzt erst recht», sagte ich mir und führte die Band weiter.

Was hat Sie davon abgehalten, selbst auszusteigen?
Die Zugkraft des Namens: Lazy Poker war jahrelang eine feste Grösse. Das hatte aber auch seine Nachteile: Unsere Grossbesetzung war ein Markenzeichen geworden. Nachdem Jakob Künzel 1992 ausgestiegen war, kehrte ich zum Blues zurück, aber die Leute fragten noch Jahre später nach dem Bläsersatz und den Frauenchören. Mir war natürlich klar, dass ich mit dem Blues und der kleineren Besetzung nicht mehr so viele Platten verkaufen würde. Aber ich war glücklicher, und

die Verkaufszahlen sanken gar nicht so sehr in den Keller.

Und Sie verdienen Ihr Geld auch heute noch in der Musikbranche.
Stimmt. Seit Abschluss meines Jus-Studiums arbeite ich Teilzeit, damit ich Konzerte geben kann, sei es mit Lazy Poker oder – heute öfter der Fall – mit der Band Blues Nettwork. Daneben arbeitete ich zunächst für den Kanton Basel-Stadt. Ich engagierte mich in der Aktion CH-Rock und erfuhr 1999, dass die Schweizer Interpretengesellschaft einen neuen Geschäftsführer suchte, und erst noch Teilzeit. Da war ich endlich mal zur richtigen Zeit am richtigen Ort – etwas, das mir als Musiker nie ganz gelungen ist.

Das erste Album, das Sie sich gekauft haben?
‹Rubber Soul› von den Beatles, im ‹Ex Libris›. Das zweite war dann ‹Through The Years› von John Mayall.

Ihr erstes Konzert?
1973 an einer Party in der Riehener Kornfeldkirche, mit einer Schülerband.

Ihr grösstes Konzert?
Im Berliner Olympiastadion vor 45 000 Zuschauern, im Mai 1984.

Die grösste Ernüchterung?
Radio 24 spielte uns Anfang der 80er rauf und runter. Mit der Einführung von DRS 3 hatten wir bei den Privat- und Staatsradios kein Airplay mehr.

Ihr peinlichstes Erlebnis?
Am Schluss eines Songs wagte ich einen Luftsprung und stürzte bei der Landung so unglücklich, dass ich den Verstärker zu Boden riss und wie eine Schildkröte dalag.

Ihre höchste Konzertgage?
4000 Franken für die gesamte Band.

→ 41-1 **Schriller Widerstand.**
Punk-Fotomontage.

03 Illegal?
Scheissegal!

Wie Punk mit Verspätung in Basel ankam und weitgehend unerwünscht blieb. Wie die Jugendlichen Prügel einsteckten. Und wie die experimentelle Szene Mitte der 80er-Jahre einen zweiten Frühling erlebte.

Stephan Laurs Herz klopfte schneller, als ihm sein älterer Bruder 1977 mitteilte, dass die Zürcher Punk-Band Nasal Boys im Rialto spielen würde. Der Vierzehnjährige hatte durch eine TV-Reportage von diesem neuen Musikstil erfahren, der das Bürgertum erschreckte und den Kunstrock erstarren liess. Erstmals sollte in Basel ein solches Konzert stattfinden. Das wollte er sich nicht entgehen lassen. «Was ich nicht wusste: Der Anlass wurde von der linksradikalen Kommune ‹Rote Steine› organisiert und war als Solidaritätsaktion für Andreas Baader und Konsorten gedacht», erzählt Laur. Die inhaftierten Mitglieder der Roten Armee Fraktion nahmen sich am 18. Oktober 1977 das Leben, eine Nacht vor dem Basler Benefizkonzert. Für den ahnungslosen, mit Abstand jüngsten Menschen im Publikum aber kamen die Nasal Boys gerade zur richtigen Zeit. «Ich hörte diese dreckigen Gitarren und wusste: Das ist mein Sound.»

1978 gründete Hobby-Gitarrist Laur mit Schulfreunden eine Band: Vandal-Ex 45-1, benannt nach einem Mittel, das die Polizei gegen Sprayereien einsetzte. An einem illegalen Fest auf dem Petersplatz fuhren sie erstmals mit einem Generator ein und liessen ihrem Frust freien Lauf. Der erste Songtext liegt Stephan Laur noch dreissig Jahre später auf den Lippen:

Samschtig z'Obe, Samschtig z'Nacht.
No vor uns e langi Nacht
Gosch dur d'Strosse, bliibsch mol stoo
S'git nüt wo'd köntsch inegoo
S'isch kai Spass, uff dr Gass
Basel isch en abgschlaffts Kaff.

«Es war sterbenslangweilig für uns Junge», so Laur. Immerhin gastierten an Wochenenden mobile Diskotheken in Sälen. «Wir belagerten die DJs so lange, bis sie für einige Minuten die Disco-Singles beiseitelegten und zwei Punk-Songs von unseren mitgebrachten Sex-Pistols- und Ramones-Platten spielten.» Die Abende endeten meist gleich: Laur und seine Kumpels rannten, was das Zeug hielt, verfolgt von John-Travolta-Lookalikes, die ihnen den Rotz austreiben wollten.

Die jungen Punks waren fast überall unerwünscht. Unterschlupf fanden sie bei Hausbesetzern. Und im Restaurant Zer alte Schmitti. Heute eine sogenannte ‹Kontakt-Bar›, diente das Lokal damals schon der Vernetzung:

43-1 Social Network à la 20. Jahrhundert. Die Basler Punks pflegten den Gedankenaustausch in Fanzines. Hier eine Collage von Andreas Kreienbühl aus ‹115-003›.

«Der Wirt war Mitglied der Partei der Arbeit, viele Autonome sassen da rum», erzählt Laur. «Auch wir fanden hier einen Stammtisch.» Und sie erhielten ihr Bier. Ganz im Unterschied zum Hirscheneck, ab Mitte der 8oer-Jahre Basels Punk-Hochburg, wo sich die Kollektiv-Gründer anfänglich schwertaten mit den Minderjährigen. Als Laur am Eröffnungstag, dem 1. Mai 1979, ein Bier bestellte, fragte ihn die Bedienung, ob er schon sechzehn sei. «Damit war für mich das Hirscheneck erledigt», erzählt er lachend. Lange Zeit noch hatte er Hausverbot. «Was mir scheissegal war.» Scheissegal. Die Haltung, die Punk auf den Punkt brachte. Der Kalte Krieg, die Furcht vor der atomaren Katastrophe waren omnipräsent. ««No Future› meinte ich eine Zeit lang ernst. Die Generation vor uns hat die Welt kaputt gemacht. Die Linke wollte sie verändern, wir fanden aber: Die Welt ist am Arsch. Punkt.» Die Hippies gehörten ebenso zu den Feindbildern wie das Bürgertum und die Neonazis, die zu dieser Zeit erstmals auftauchten, in Jeeps durch die Stadt fuhren, Ärger suchten und Punks fanden.

Wer sich darüber kundig machen möchte, stösst rasch an Grenzen. Quellen sind rar, Punk hat damals in den Medien kaum stattgefunden. «Ein Foto oder ein Interview in einer Zeitung wäre in unseren Augen Kommerz gewesen, deshalb verweigerten wir uns dem», sagt Bettina Dieterle. Die Schauspielerin und Regisseurin hörte damals als Schülerin wie so viele Hardrock, «bis mir eines Tages ein Schulkollege die Sex Pistols vorspielte». Da war es um sie geschehen. Sie begann sich mit der Musik einzudecken.

Hierfür kam zu dieser Zeit vorwiegend ein Plattenladen infrage: die ‹Soundbox› im Schmiedenhof. Dort verkehrten die Punks, tummelten sich auf den dreissig Quadratmetern Ladenfläche, tranken Bier, hörten Musik «und schnitten sich auch mal mit einer Rasierklinge die Arme auf», wie sich Alex Ewald erinnert. Er hatte die ‹Soundbox› just zu Beginn der Punk-Ära eröffnet – mit der finanziellen Unterstützung seines Vaters, der die Idee des Vierundzwanzigjährigen aus kaufmännischer Sicht interessant fand. Mit dem Verkaufsangebot konnte sein Vater aber nichts anfangen.

«Die Rolling Stones bezeichnete er abschätzig als ‹Negermusik›», sagt Ewald. «Wenn mein Vater gewusst hätte, wie meine Stammkundschaft damals aussah!» Ja, wie denn? Die Punks trugen provokative Kurzhaarschnitte, mit Pins übersäte Lederjacken. So wie sie es sich bei ihren Vorbildern live abschauen konnten: The Clash spielten in Strasbourg, Blondie in Zürich. Alex Ewald fuhr die Kids im Auto hin. Und er schaute sich mit ihnen den Sex-Pistols-Film ‹The Great Rock ’n’ Roll Swindle› im Palazzo Liestal an. War Ewald die Vaterfigur der Basler Szene? «Wenn wir etwas nicht gebraucht haben, dann war es eine Vaterfigur. Dagegen haben wir ja angekämpft», sagt Bettina Dieterle. «Alex war vielmehr der grosse Bruder.» Eine grosse Schwester gabs auch: Roberta Pfenninger hiess sie und führte am Unteren Rheinweg den Vintage-Modeladen ‹Magazin›. Bei ihr deckten sich die Punks mit Kleidung ein. «Und hier trafen wir uns an Samstagnachmittagen», erinnert sich Lori Hersberger, Kopf der Muttenzer Band Heilsarmee.

«Zu provozieren war einfach, im Grunde reichte schon ein aufgenähtes Hakenkreuz.»
Andreas Kreienbühl

Vernetzt haben sich die Punks auch durch Fanzines. Stephan Laur veröffentlichte ein einmaliges ‹Dräcksblatt›, auch Lori Hersberger gab ein Heft heraus: ‹Fuck›. Das Beständigste aber war ‹115-000› 43-1/45-3, an dem unter anderem Kay Brönnimann von der Riehener Band Kie-13 sowie Felix Zbinden und Andreas Kreienbühl (Kettenkraftrad, Fleurs d’hiver) mitarbeiteten. «Wir haben das Heft für 50 Rappen verkauft», erzählt Kreienbühl, der mit Kay Brönnimann 1980 auch das erste Basler Punk-Festival im Sommercasino mitorganisierte und später den Postpunk-Plattenladen ‹Winterschatten 1993› gründete.

Nicht nur in Basel-Stadt tauchten Punk-Bands auf, zu den frühesten gehörten auch Volcan 45-4 aus Pratteln (deren Gitarrist Philipp Erb später in London als Musiker und Produzent von Oui 3 und Throbbing Gristle Karriere machte) und Vorwärts 45-2 aus dem kleinen Dorf Rümlingen.

«In der Bravo las ich, dass Bands wie die Sex Pistols im Grunde gar keine Instrumente spielen konnten», erzählt Sänger Urs Strub. «Ich und meine Schulkollegen fanden, dass das super klinge, und gründeten von einem Tag auf den anderen die Band Pater Bigshit & The Fucking Saltcrackers». Ein Jahr später, 1980, entstand daraus Vorwärts. Die Punks aus Rümlingen hingen am Bahnhof Sissach rum, bildeten den Kern einer Clique, die bald auf zwanzig Jugendliche anwuchs. Und sie zogen die Blicke und die Wut der Alten auf sich. «‹Saupack!› schrien sie uns an», erinnert sich Urs Strub amüsiert. Wie viele Basler Musiker feierten auch Vorwärts erst überregional Erfolge, als der Postpunk im Grunde schon vom New Wave absorbiert worden war. So brachten sie 1983 als eine der wenigen Punk-Bands der ersten Stunde eine Platte heraus. Diese gelangte in die Hände des DRS-3-Radiomoderators François Mürner, der ‹TV Generation› in der Sendung ‹Sounds› spielte, «was uns nochmals gehörig Schub verlieh. Wir gaben jährlich fünfundzwanzig Konzerte, von St. Gallen bis Genf», erinnert sich Urs Strub.

Ob Baselland oder Stadt: Gemein war der überschaubaren Szene, dass sie sich an Zürich orientierte, dem Epizentrum der Schweizer Bewegung. Die Szene an der Limmat war grösser und stets einen kleinen Schritt voraus. Gab es in Zürich mit dem ‹Hey› schon früh einen veritablen Punk-Club, so nistete sich die Basler Szene in der Katakombe am Totentanz 46-2/3/4 ein. Hier lud die homosexuelle Arbeitsgruppe von 1977 bis 1980 zur Disco. Und weil ein liberaler Geist herrschte, lief zwischen Donna-Summer-Songs auch mal ‹London Calling› von The Clash. «Wir tanzten Pogo, ab und an klirrte auch mal eine Flasche, die Schwulen aber nahmens belustigt zur Kenntnis», erinnert sich Christian Platz, der als Teenager in die Szene eintauchte.

Punk hiess Anarchie und wurde auch von der kleinen Basler Szene so verstanden – mit dem Unterschied, dass man hier nicht den Getto-Background hatte wie die Proleten-Kids in England. «Viele von uns stammten aus Elternhäusern, in denen die Kunst von Beuys und Pollock geschätzt und Bücher der Beatniks gelesen wurden», erzählt

↑↑ **45-1 An die Wand.** Vandal-Ex, die Basler Punk-Band um Sänger Stephan Laur.

↑ **45-2 Auf dem Land.** Vorwärts aus 4444 Rümlingen. Mathias Gisin (Bass), Urs Strub (Gesang), Roland Bürgin (Schlagzeug), Fernando Vicent (Gitarre).

45-3 Fanzine. ‹115-002›.

45-4 Baselbieter Proto-Punk. Orlando Altermatt von Volcan.

46-1 Ticket zum Glück.
Im Sommercasino.

46-2/3/4 Totentänze in der Katakombe. Mittlerweile international etablierte Schweizer Musiker wie Stephan Eicher (1983) und The Young Gods (1986) traten im Totentanz ebenso auf wie die britischen Fun-Punk-Begründer Toy Dolls (1986).

46-5 Neo-Punks.
Toxic Guineapigs lassen es seit 1993 krachen.

Christian Platz. Diese aufgeklärten Eltern aus der Mittel- und Oberschicht mussten mit ansehen, wie ihre Kinder aufbegehrten und sich in kurzhaarige Punks verwandelten. «Weil wir merkten, dass die Hippie-Kultur nirgendwohin führte», sagt Andreas Kreienbühl. «Zu provozieren war einfach, im Grunde reichte schon ein aufgenähtes Hakenkreuz.»

Besonderen Schub erhielt die Bewegung im Jahr 1980. Züri brannte. «Als wir von den Opernhauskrawallen hörten, atmeten wir auf», erzählt Laur. «Endlich passierte etwas!» Auch Basel stand ein heisser Sommer bevor. Der Besuch der britischen Königin Elizabeth II. an der Gartenschau ‹Grün 80› wurde von Demonstrationen begleitet, auf dem Barfüsserplatz fand eine ‹C80› statt, eine Cannabis-Demo, gefolgt von Protestaktionen, an denen sich Menschen aus den verschiedensten linken Lagern beteiligten. Die Punks erinnerten sich dabei an Slogans wie ‹Mach kaputt, was dich kaputt macht!› der deutschen Band Ton Steine Scherben. Sie wurden teilweise instrumentalisiert, gerne von Drahtziehern der Anti-Imperialisten vorgeschoben, wenn es darum ging, eine Scheibe einzuschlagen oder einen Molotowcocktail zu werfen. Und wie in Zürich gingen Polizei und Schlägergangs mit aller Härte gegen die Unruhestifter vor. Die Punks richteten ihre Gewalt gegen Symbole der kapitalistischen Gesellschaft – «aber nie gegen Menschen», wie Christian Platz betont. Ihren grössten Erfolg hatten die Punks 1981 im Anschluss an eine Demo mit der Besetzung eines alten Postgebäudes an der Hochstrasse hinter dem Bahnhof. Das Autonome Jugendzentrum (AJZ) war geboren. Hier lebten die Jugendlichen einige Monate lang. Mit diesem Sieg ergaben sich aber neue Probleme. Repressionen waren das eine, destruktives Verhalten das andere: Waren zuvor starke Schmerzmittel wie Optalidon und Unmengen Alkohol im Spiel, so verbreiteten sich im AJZ rasch harte Drogen: Heroin – das war der Anfang vom Ende.

Jahre später erlebte der Basler Postpunk seinen zweiten Frühling. Während der Zwischennutzung der Alten Stadtgärtnerei (1986–1988) blühte die Musikszene nochmals auf. Zeitgleich gab es im Hirscheneck und in der Kaserne experimentelle Konzerte. Verbunden damit war eine musikalische Radikalisierung, etwa durch die 1984 gegründete Band Ix-Ex-Splue 47-1, deren Liveauftritte von visuellen Effekten wie Super-8-Filmprojektionen begleitet wurden und die später hypnotische Improvisationen und meditative Geräuschorgien in experimentellen Performances zelebrierten. Andreas Kreienbühl und später auch Lori Hersberger wirkten darin mit. Beim Experimental- und Postpunk fielen auch The Baboons, Frances Zorn (mit Christian Platz), Fluid Mask und Thin King auf, Letztere mit Keyboarder Hans Feigenwinter, der heute ein namhafter Jazz-Pianist und Musikdozent ist. «Nach meinem Studium an der Jazzschule in Bern stellte ich fest, dass Kollegen von mir ihre Jugend ganz anders verbracht hatten. Das wollte ich nachholen und tauchte ein in diesen Untergrund – was ich sehr aufregend fand.» Die aufregenden Kräfte wurden von einem Independent-Label gebündelt: ‹Vision› hiess es, Christoph Fringeli von Fluid Mask betrieb es, der Profimusiker Alex Buess (Electric Noise Twist, 16–17) schaltete und waltete als Produzent und Ingenieur. «Die Szene war sehr lebendig», erzählt

Fringeli, «es herrschte Aufbruchstimmung und Narrenfreiheit. Wir veröffentlichten 37 Produkte, von Garagenrock bis Industrial und Noise-Rock.» 1993 wanderte er nach London aus; er lebt heute in Berlin als DJ, Produzent und Betreiber eines Plattenladens.

So wie Fringeli wandten sich viele von Basel ab – oder zumindest von der Musik. «Wir spürten, dass wir biografisch auf einem schwierigen Pfad unterwegs waren», sagt Christian Platz. «Ich war Soziopath und sicherlich nicht der Einzige. Wir waren ja keine nette Szene, feierten uns nicht.» Zwangsläufig wurden zahlreiche Szene-Protagonisten auch beruflich zu Individualisten und sind heute im kreativen Bereich tätig. Platz arbeitet als Texter und Autor, sein einstiger Mitmusiker Christoph Büchel als Künstler, ebenso Lori Hersberger. Andere wie Andreas Kreienbühl und Claudio Bernardis (U.A.) wurden Grafiker. Zur gleichen Zeit, in den frühen 90er-Jahren, schwappte die Neopunk-Welle (The Offspring, Green Day) aus den USA auf Europa über und erfasste auch im Raum Basel eine neue Generation Jugendlicher. Bands wie Döschwo wurden gegründet (mit dem heutigen Fussballprofi Benjamin Huggel am Bass) oder die lange Jahre aktiven Gruppen Slimboy und Toxic Guineapigs 46-5.

Und die älteren? Vorwärts haben sich 1998 – nach zehnjähriger Pause – neu formiert. «Für meine Hochzeitsfeier», erzählt Urs Strub. Seither nehmen sie wieder Songs auf und geben Konzerte. «Viele Junge finden uns zu poppig», lacht er. «Aber was soll ich sagen? Meine Wurzeln sind Bands wie die Buzzcocks oder Undertones, Ur-Punks halt. Mit dem härteren Nu Metal kann ich nichts anfangen. Da bin ich total konservativ.» Nostalgisch und konservativ: Diese Kombination hätte ihn vor dreissig Jahren zum eigenen Feindbild gemacht.

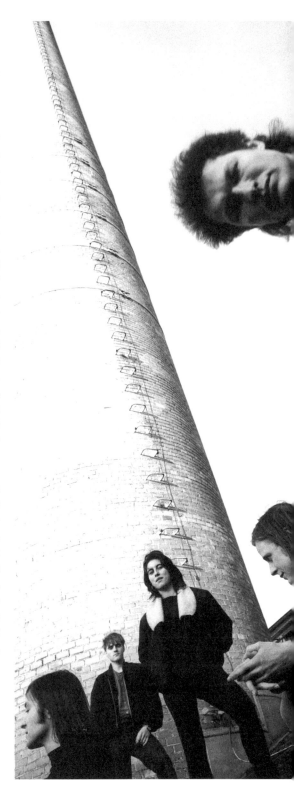

→ 47-1 **Post-Punks.** Ix-Ex-Splue veröffentlichten Ende der 80er-Jahre experimentelle Sounds auf dem Basler Label Vision. Lori Hersberger (Schlagzeug), Markus Jud (Saxofon), Babalu (Gesang), Remo Hobi (Gitarre), Andreas Kreienbühl, (Bass, Gitarre).

Von der ‹Puffmutter› zur Schauspielerin

Bettina Dieterle (*1965) rutschte 1980 in die Basler
Punk-Szene, stürzte ab und rappelte sich
vier Jahre später wieder auf. An ihre Punk-Zeit erinnern
die heutige Schauspielerin viele Erlebnisse –
und viele Narben.

«Ich sog schon mit der Muttermilch politische Bewegungen auf, lernte
früh, dass man die Gesellschaft mitgestalten soll, und wurde von meinen
Eltern zu Demonstrationen wie jene gegen das AKW Kaiseraugst mitgenommen», erinnert sich Bettina Dieterle. Als sie pubertierte, bedurfte es daher
einer grösseren Provokation, um gegen das Elternhaus, die Gesellschaft,
das System zu rebellieren. Da kam das Geschenk eines Schulfreundes gerade recht: eine Single der Sex Pistols. Zeilen wie «Don't know what I want,
but I know how to get it – I wanna destroy» sprachen ihr aus der Seele. Die
Situation zu Hause war nach einem Todesfall in der Familie beklemmend,
die Aufbruchstimmung in der Stadt Basel befreiend. «All diese Komponen-
ten trugen dazu bei, dass ich mit fünfzehn in die Punk-Szene abtauchte.»

Die fremde Welt beängstigte und faszinierte sie zugleich. «Wir setzten uns
mit Gettoblastern auf den Marktplatz oder trafen uns in der Alten Schmitti,
tranken Bier, rauchten, diskutierten und dröhnten uns zu.» Dieterle trug
Bondage-Hosen, Springerstiefel und färbte sich die Haare bunt. «Wir sahen
abgefuckt aus. Und das wollten wir ja auch.» Ihr Abhängen auf der Gasse
hatte zur Folge, dass sie vom Gymnasium geschmissen wurde. «Für meine
Eltern, Pädagogen, war das eine Katastrophe. Für mich nicht. Ich war überzeugt von diesem Lebensstil, von dieser Ideologie – von der Ehrlichkeit und
Solidarität unter den Punks.»

So zog sie an Demos mit den linksradikalen Gruppierungen durch die
Gasse, pflegte auch den Austausch mit Punks aus anderen Schweizer Städten. Zürcher Bands wie Mother's Ruin, TNT oder Kleenex bewunderte sie.
«Ich liebte aber auch die Winterthurer und Luzerner, besonders IV-Sex,
die waren die härteste Band der Schweiz, die fand ich richtig geil», erzählt
sie. Bald sang sie selbst in einer Band: Puffmutter & die sieben sexkranken
Kummerbuben. Die ‹Puffmutter› liess sie sich gar in die Haut ritzen, ebenso eine Tätowierung des Wortes ‹Hass›. Provokation war auf allen Ebenen
angesagt. Weshalb sie in vielen Lokalen unerwünscht war. «Oft schlossen
wir mit den Beizern einen Deal: Wir durften rein, dafür hielten wir uns mit
dem Werfen von Biergläsern zurück», erinnert sie sich.

Ihr Pippi-Langstrumpf-Traum von einem Leben ohne Vorschriften und Vor-
mundschaft schien Wirklichkeit zu werden. «Ich fühlte mich unverwund-
bar», sagt sie. Als im Februar 1981 das alte Postgebäude besetzt und zum
AJZ deklariert wurde, zertrümmerte sie als Erstes ein Lavabo. Und sie pro-

← 48-1 **Stadtgärtnerin.** Bettina Dieterle war
den Behörden einst ein Dorn im Auge.

50-1 **Basel calling.** Eine Heimat für die Punk-Kids um 1980: Bettina Dieterle im Plattenladen ‹Soundbox›.

bierte alles aus: freie Liebe, harte Drogen. «Doch distanzierte ich mich von den Junkies, denn ich wusste, dass man nicht mehr revolutionär sein konnte, wenn man süchtig war.» Sie wollte die Härteste sein unter den Mädchen, aber «im Grunde war ich feige. Mit Hilfe von Unmengen Medikamenten und Alkohol kreierte ich eine künstliche Aura.» Manche erzählen heute noch, wie dieses Mädchen an einer Demonstration tatsächlich einem Polizisten die Hosen runterzog. «Ich selber erinnere mich vage daran. Andere überschritten die Grenzen gern, mich kostete es Überwindung – was ich mir damals ebenso ungern eingestand wie die Tatsache, dass sich die Jungs ihrer Handlungen bewusster waren. Wir Mädchen waren einen Zacken selbstzerstörerischer – und am gewalttätigsten stets gegen uns selber.»

Die Erfahrungen wurden zunehmend finsterer. «Plötzlich wurden wir aus unserem Traum von Freiheit, von Spass herausgerissen. Die Regierung, die Rechte und die Alten beantworteten unsere Forderungen mit einer unverhältnismässigen Repression. Wir randalierten und revoltierten, weil es in Basel keine Freiräume gab, keinen Platz für uns – die massive Antwort auf die Unruhen machte uns erst bewusst, an welchem Tabu wir gerührt hatten.

Die Gesellschaft ertrug uns nicht, wusste nicht anders damit umzugehen, als uns stillzuprügeln. Dabei achteten wir immer darauf, wem wir das Schaufenster einschlugen – nämlich jenen, die Geld und Macht hatten.» Hinzu kam die Erkennt-

nis, dass die Neonazis ungeschoren davonkamen. Es kam zu Brüchen, die Szene driftete auseinander.

1983 kehrte Dieterle Basel für einige Monate den Rücken, wanderte nach Spanien aus. Sie sah erstmals wahre Armut, ging auf kritische Distanz zur AJZ- und Punk-Szene. «Mir wurde bewusst, wie viel Glück ich hatte: Ich war noch am Leben. Aber meine kindliche Seite, die jugendliche Unschuld, hatte ich mit achtzehn längst verloren.» Im Schauspiel fand sie Halt. «Das Theater war für mich ein Stück weit lebensrettend. Ich konnte mich therapieren und zugleich weiter austoben.»

Der Musik blieb sie treu. Zu Beginn der 8oer-Jahre war sie bei der Band mit dem denkwürdigen Namen U.A. Sirup Hundekot als Sängerin eingestiegen. «Wir absolvierten eine Deutschlandtournee, tingelten von Stadt zu Stadt, stellten unsere Anlage in besetzten Häusern oder auf öffentlichen Plätzen auf und legten los. Eine schöne Zeit», sagt sie. Die Band sei auch wirklich gut gewesen. Dafür sprechen auch die späteren Erfolge der Musiker: Schlagzeuger Daniel Strittmatter ist heute als Musiker in London tätig; Bassist Stephan Wichnewski wanderte nach New York aus und stieg bei Yo La Tengo ein; Gitarrist Claudio Bernardis blieb in Basel und machte noch jahrelang Musik. «Wir hatten Potenzial, auch im kommerziellen Sinne. Doch ich fand: Entweder Anarchie oder gar nicht, liess die anderen hängen und stieg aus.» Sie spielte in weiteren Bands, darunter in der Bieler Frauenformation Chin Chin, ehe sie 1989 mit Schauspielkolleginnen eine Kabarettgruppe gründete, die später als Acapickels grosse Erfolge feiern sollte. Doch auch diese Gruppe verliess Dieterle wieder, da sie ihre Freiheit nicht für ein einzelnes Projekt opfern wollte. Das Fernsehen lockte, Dieterle wurde gecastet und erhielt eine Hauptrolle in ‹Mannezimmer›. Die Serie hielt sich fünf Jahre lang im Programm, wurde ein Erfolg. Eine Million Zuschauer guckten sich die Sendung an, «und ich wurde zur Sitcom-Tante». Auch als Regisseurin (zum Beispiel ‹Glaibasler Charivari›) begann sie sich zu etablieren. Wurde sie von alten Weggefährten für diesen Werdegang mit Verachtung gestraft? «Nein, im Gegenteil. Laufe ich in Knillen wie dem Alten Schluuch alten Szeneleuten über den Weg, dann freuen die sich riesig. Einmal rief einer durch die ganze Beiz: ‹Betty, ich bin stolz auf dich, du hast es geschafft!› Ich glaube, ich bot ja auch nie Angriffsfläche, da ich immer deklarierte, woher ich komme und wofür ich stehe.»

Gibt es etwas, wofür sie sich rückblickend schämt? «Ja, an manchem habe ich jahrelang gekaut: das Selbstzerstörerische, meine zerschnittenen Arme, die Tätowierungen. Zu viele Leute sind nicht lebend oder gesund aus dieser Zeit herausgekommen: HIV, Drogen, Suizide – wer nicht wach war, dem brach es das Genick.» Das sei die Kehrseite der Medaille. «Aber obwohl es Narben hinterlassen hat, betrachte ich es als Geschenk, eine lebendige, kreative, chaotische und anarchistische Zeit erlebt zu haben. Neue Formen muss man in der Praxis erforschen. Dass ich an die Grenzen gegangen bin, hat mir viel gebracht – auch für den Beruf als Schauspielerin.» Ganz allgemein habe die Aufbruchstimmung der 8oer-Jahren einiges in Gang gesetzt. Die Freiräume, die Clubszene, die Kunst – vieles gehe auf Ideen und Kräfte von Leuten aus dieser Bewegung zurück.

Dreissig Jahre nach den letzten grossen Jugendunruhen wäre eine Veränderung wieder nötig, sagt Dieterle. «Sowohl in der Musik wie auch in der Gesellschaft: Alles verwässert», stellt sie fest und führt es darauf zurück, dass es heute an einem klaren Feindbild fehle. Wie aber würde sie reagieren, wenn sie ein Kind hätte, das mit zehn Piercings nach Hause käme? «Obschon ich damals auch Sicherheitsnadeln in den Wangen und die Ohren voller Ringe hatte, Ich glaube, ich würde mich strenger verhalten, als es mir lieb wäre. Gerade weil ich auf meinen Erfahrungsschatz zurückgreifen kann.»

Das erste Album, das Sie sich gekauft haben?
‹Dirty Deeds Done Dirt Cheap› von AC/DC, circa 1977. Ich finds heute noch eine geile Platte.

Ihr erstes Konzert?
War mit der Puffmutter, aber keine Ahnung mehr, dürfte in einem besetzten Haus gewesen sein.

Ihr grösstes Konzert?
1983, vor zwanzigtausend Leuten, Open Air in Sevilla. Ich nahm ausser Konkurrenz beim ersten andalusischen Frauenrock-Wettbewerb teil. Ich kam von der Bühne und war völlig euphorisiert.

Die grösste Ernüchterung?
Als ich feststellen musste, dass wir ‹spielende Kinder› voll in einen Hammer liefen.

Ihr peinlichstes Erlebnis?
2009, als ich in Röbi Kollers TV-Sendung ‹Happy Day› in einem Jodel-Medley ‹Z'Basel an mym Rhy› sang. Aber ich bereue es nicht: Der Auftritt rettete mir finanziell den Monat.

Ihre höchste Konzertgage?
Für diese zwanzig Minuten im Fernsehen erhielt ich 1250 Franken.

51-1 **Schall und Rauch.** Bettina Dieterle wollte die Härteste sein unter den Szene-Mädchen, «aber im Grunde war ich feige».

«Wir wollten uns selbst zur Kunst erheben»

1979 gründete Lori Hersberger (*1964)
Die Heilsarmee, eine der ersten Basler Punk-Bands.
Heute lebt er in Zürich und feiert als bildender
Künstler Erfolge.

Lori Hersberger, was führte Sie zum Punk?
Als Teenager hatte ich Poster der angesagten Glamrock-Bands in meinem Zimmer hängen. Ich war ein Musikfan, die elektrische Gitarre übte eine grosse Anziehungskraft aus, als Objekt, als Fetisch und Pseudowaffe. Ich hatte damals eine billige Kopie einer Gibson-‹Les Paul›, übte aber kaum darauf. Ich war etwa vierzehn, als ich erste Artikel über Bands wie die Sex Pistols las. Ein Jahr später, 1979, sah ich im Fernsehen den Dokumentarfilm ‹Punk In London 1977› und war fasziniert von dieser neuen Energie und Ästhetik. Diese Verwegenheit, die Mischung aus Dreck und Intellekt, elektrifizierte mich. Darauf gründete ich, ganz im Sinne des Do-it-yourself-Gedankens, noch im selben Jahr mit zwei Freunden meine erste Band: Die Heilsarmee.

Und provozierten schon nur mit dem Namen.
Natürlich. Wir wollen die Welt ‹kurieren›, sagten wir immer. Und amüsierten uns über die Mehrdeutigkeit: Die Heilsarmee, das sind die rührenden Schrummelmusikanten, doch schwingen in diesem Begriff auch die Wörter ‹Heil› und ‹Armee› mit, sodass sich die Leute nicht im Klaren waren, ob wir jetzt zu den Ultralinken oder -rechten gezählt werden sollten. Das Spiel mit Nazi-Symbolik, unsere kurzen Haare, die Lederjacken, das reichte damals, um viele Menschen völlig vor den Kopf zu stossen.

Worum ging es Ihnen?
Um Konfrontation, Selbstverwirklichung, Ironie und Anderssein und um den Ausbruch aus dem langweiligen Bürgertum. Wir wollten uns mit Gleichgesinnten selbst zur Kunst erheben, denke ich. Der Dilettantismus des Punk liess das zu.

Spielten Sie mit Heilsarmee eigene Songs?
Ja, auf Englisch und Hochdeutsch. Unser Repertoire war nicht gross. Oft spielten wir die Stücke während des gleichen Auftritts zwei- bis dreimal. Sie klangen sowieso jedes Mal wieder anders. Die Heilsarmee gabs auch nur kurze Zeit, danach experimentierte ich mit Synthesizern in einem Bandprojekt namens Das Ding. Als der Post-Punk vom Pop absorbiert wurde, suchte ich nach anderen Formen und orientierte mich mit der Band The Hydrogen Candymen ab Mitte der 80er-Jahre an den Vorläufern der Punk-Bands, den Garagenrockern aus den Sixties. Doch mir war damals schon klar, dass ich nicht Musiker werden wollte.

← 52-1 **Auf gesunde Weise desillusioniert.**
Lori Hersberger, Expunk, Künstler.

Warum nicht?

Als ich mit der Heilsarmee begann, konnte die Hälfte des Publikums nichts mit dem Krach anfangen, was völlig okay war. In den 8oer-Jahren wurde jedoch alles professioneller, für mich zu organisiert, sodass wir beispielsweise ein Angebot, mit den Hydrogen Candymen auf ‹Migros-Tour› zu gehen, ausschlugen. Bald schon konzentrierte ich mich stärker auf die Kunst.

Aus der Basler Post-Punk-Szene schlugen auffällig viele Leute einen künstlerisch-kreativen Weg ein. Ein Zufall?

Nein, keineswegs. Mir war klar, dass Punk zwar schlecht gespielte Musik war, aber ein echtes Kunstprodukt. Uns war die Haltung und die neue Ästhetik ebenso wichtig wie die Musik. Die visuellen Codes interessierten uns stark. Dieses Gesamtpaket hat für mich, wie auch für viele andere, seine Bedeutung behalten.

War für Sie Punk auch ein politisches Statement?

Nein, ich gehörte nie dem politischen Flügel an. Ich empfand Politik als verlogen, problematisch und heuchlerisch. Das ist eigentlich bis heute so geblieben.

Sie waren also auch den Linken gegenüber kritisch eingestellt?

Ja, ich lehnte alles ab. Punk war am Nihilismus interessiert. Für mich hiess das, sich frei jeglicher Ideologien zu bewegen. Ich verfolge heute das politische Geschehen, gehe aber kaum zur Urne, bei Personalwahlen überhaupt nicht. Ich finde es immer noch schwierig, jemandem eine Stimme zu geben, den man nicht persönlich kennt.

Wünschten Sie sich Anarchie, so wie die Sex Pistols?

Mir war klar, dass die Welt nicht auf den Kopf gestellt werden kann. Ich fand Anarchie als Utopie jedoch interessant, weil alle Werte zersetzt wären, sich alles auflösen würde. Sie hätte eine Art Wahrheit ohne Opportunismus nach sich gezogen.

Sie hatten nicht das Ziel, die Welt zu verändern?

Nein. Zumindest nicht die Welt der anderen. Die war mir scheissegal.

Sind Sie desillusioniert?

Ich hoffe ja, auf eine gesunde Weise. Auch damals waren die Pop-Utopien bereits ausgeträumt. Sicher, man muss sich heute im Alltag auf manche Sachen einlassen, die weniger erfreulich sind. Als Künstler habe ich natürlich viele Freiheiten, aber auch ich komme nicht darum herum.

Sie leben heute von Ihrer Kunst, Galerien verkaufen Ihre Werke. Die Kontrolle darüber, woher Ihr Geld genau kommt, haben Sie nicht. Ist das nicht auch opportunistisch?

Wer weiss denn schon, woher das Geld stammt, das er bekommt? Die Frage, ob das System, in dem wir leben, gerecht ist, stelle ich mir immer wieder.

Als bildender Künstler haben Sie sich etabliert. Sind Sie dadurch zu Ihrem eigenen Feindbild geworden?

Nein. Punk war Underground, aber jene, die mehr drauf hatten, konnten sich damals schon etablieren. Selbst Johnny Rotten feierte nach den Pistols mit ‹This Is Not A Love Song› noch einen richtigen Pop-Hit. Es bleibt immer die Frage, wie weit man gehen will für den Erfolg. Aber ohne kann man nicht von seiner Kunst leben. Ich hatte als Punkrocker keine Berührungsängste mit der Welt der Kunst und deren Herausforderungen. Diese Vergangenheit dringt bis heute durch.

→ 55-1 **Zurück in die Sixties.** The Hydrogen Candymen, 1987. Lori Hersberger (Gesang, Gitarre), Joachim Jesse (Gitarre), F. Blay (Orgel), Toby Madörin (Bass, liegend), Nick Bürgin (Schlagzeug, sitzend).

Inwiefern?

Die Bewertung der Pop-Kultur unterliegt vielen Missverständnissen. Es hat Zeit gebraucht, um festzustellen, dass für meine Generation die Sozialisierung durch Rock-Musik, dieser ganze Background, heute in der zeitgenössischen Kunst eine viel stärkere Bedeutung einnimmt als bisher angenommen. Nicht nur, was die Biografien betrifft, sondern auch formal. Ich verwende in der Malerei schreiende Leuchtfarben und Sprays, oder ich habe beispielsweise für meine Bilder oft Songtitel benutzt, die damals wichtig waren. Ohne diese Hintergründe bleibt einem der Unterbau der Kunstwerke verborgen. Punk und New Wave waren identitätsstiftend, erfrischend, vielleicht zum letzten Mal eine umfassende Bewegung, die authentisch war in ihrer Ästhetik. Die 8oer-Jahre haben später den Beweis geliefert, dass die Pop-Musik vor allem auch ein Rollenspiel ist. Sie ist ganz im Sinne der Postmoderne eine Wiederverwertungsmaschine, eine Schau der Wiederkehr.

Das erste Album, das Sie sich gekauft haben?
Black Sabbath: ‹Master of Reality›, im Jahre 1972.

Ihr erstes Konzert?
Dezember 1979 in der Katakombe am Totentanz, Basel. Mit der Band Die Heilsarmee.

Ihr grösstes Konzert?
Mit The Hydrogen Candymen, 1986 im damaligen Konzertsaal Kaufleuten in Zürich vor rund achthundert Zuschauern. Wir bestritten das Vorprogramm von Jeffrey Lee Pierce' Band The Gun Club.

Die grösste Ernüchterung?
Dass Rock-Musik nur wirklich aufregend ist, wenn du jung bist.

Ihr peinlichstes Erlebnis?
An einem Rock-Festival in Freiburg im Breisgau, circa 1987. Wir zeigten auf der Bühne nebst unseren psychedelischen Lichteffekten erstmals auch einen alten Sexfilm aus den 6oer-Jahren. Was wir nicht wussten: Es war der ‹Tag des Kindes›, das Fest offenbar unter diesem Motto organisiert. Das Konzert wurde teilweise unterbrochen, und unser Tontechniker musste sich gegen die Zuschauer wehren, die die Stecker herausziehen wollten.

Ihre höchste Konzertgage?
Keine Ahnung mehr, vermutlich etwa 1500 Franken für die ganze Band als Vorgruppe von The Gun Club.

→ 57-1 **Kultiviert und ambitioniert.** Der anglophile Sänger, Songwriter und Kinks-Fan Dominique Alioth, ca. 1979.

04 Me singt änglisch

Wie Basler Pop in den 80er-Jahren erstmals den grossen Sprung in die Heavy Rotation der Radios schaffte. Was am Etikett ‹Britpop-Stadt der Schweiz› dran ist. Und warum kaum Mundartrock gesungen wird.

58-1 The Arhoolies.
Remo Leupin (Bass, Gesang), Reto Jäggi (Schlagzeug, Gesang), Stefan Guggisberg (Gitarre) und Beat Lüthi (Gesang, Gitarre).

Wie ein roter Faden zieht sich die Affinität zu britisch gefärbten Sounds und Songs durch die fünfzigjährige Basler Pop-Geschichte. Schon die ersten erfolgreichen Bands wie The Dynamites oder The Sevens orientierten sich stärker an Cliff Richard und den Rolling Stones als an Elvis Presley und Bob Dylan. In den 70er-Jahren wurde in Basel, jener Stadt mit der traditionsreichen Musik-Akademie und dem Hang zur Hochkultur, der progressive Rock von Bands wie Genesis oder Yes den weniger vertrackten amerikanischen Folk und Country vorgezogen. Und als die Jugendbewegung Ende des Jahrzehnts die alten Zöpfe abschnitt, da entdeckten junge Musikfans, denen Punk zu dilettantisch war, den intellektuelleren Trieb, der daraus herauswuchs: den New Wave.

Britische Songwriter wie Elvis Costello und Joe Jackson hinterliessen zwar in der Schweizer Hitparade kaum Spuren, wohl aber bei einer neuen Generation von Basler Musikern: Sänger wie Beat Lüthi (The Spots, The Arhoolies), Francis Etique (Trashcats) oder Matthias Erb (Rondeau) betonen, wie stark sie von diesen Briten beeinflusst wurden.

«Aufgefallen sind wir zudem, weil wir uns grosse Mühe gaben, wie Arschlöcher zu wirken.»
Pink Pedrazzi

Gitarrist Pink Pedrazzi, damals Student an der Jazzschule in Bern, liess seine Ausbildung von einem Tag auf den anderen fallen, «dermassen elektrisierte mich dieser New Wave – und ödete mich der Jazzrock eines Stanley Clarke plötzlich an». Er wurde Mitglied einer Band, die den Prog-Rock hinter sich liess und sich bald The Wondergirls nennen sollte. An der Front: Sänger und Pianist Dominique Alioth 57-1. «Eigentlich stiess dieser stilbewusste Typ als Letzter zur Band. Bald aber hatte er sie in der Hand», erzählt Pedrazzi. Alioths Familie gehörte zum ‹Daig›, der alten Basler Oberschicht. Er war kultiviert, klassenbewusst, britisch orientiert und musikalisch ambitioniert. «Die meisten Basler Musiker, so auch ich, waren ganz einfach damit zufrieden, zusammen zu proben. Dominique aber wollte damals schon raus aus dem Keller, raus aus der Stadt.» Eine neue Erfahrung für ihn, der im Kleinbasel in einer Arbeiterfamilie aufgewachsen war. Pedrazzis Schulfreunde interessierten sich für gut frisierte Töffli, weniger für gut frisierte Bands. Ganz im Unterschied zu Dominique Alioth. Dieser krempelte die Band musikalisch und visuell um. «Wir besorgten uns Jacketts, dünne

58-2 Bo Katzman Gang.
Rollo Studer (Bass), Bo Katzman (Gesang), Felix Hohl (Gitarre), Philippe Hohl (Schlagzeug).

59-1 **The Wondergirls.** Sänger Dominique Alioth polarisierte in der Szene – und auch innerhalb der Band. Peter Kalt (Leadgitarre, Gesang), Dominique Alioth (Leadgesang), Pink Pedrazzi (Rhythmusgitarre, Gesang), Rod Singer (Schlagzeug) und Lübsch Bucher (Bass, Gesang).

Krawatten und trugen alle die gleichen Adidas-Turnschuhe. Das reichte schon, um Aufmerksamkeit zu erregen», sagt Pedrazzi und ergänzt lachend: «Aufgefallen sind wir zudem, weil wir uns grosse Mühe gaben, wie Arschlöcher zu wirken. Dominique beherrschte dies besonders gut.» Die Punks, die eine solche Attitüde für sich beanspruchten, vermochten mit dem Quintett nichts anzufangen – was soweit ging, dass im Stadtzentrum «Killt die Wondergirls» auf eine Wand gesprayt wurde.

Alioth polarisierte auch innerhalb der Pop-Szene, da er gerne eine Star-Attitüde annahm und bei Bedarf gute Musiker bei anderen Formationen abwarb. Alioths Ehrgeiz forderte zudem Opfer in der eigenen Band. Pedrazzi musste 1981, nach zwei Jahren, einem Keyboarder weichen. «Nach diesem Rausschmiss schwor ich mir, dass mir das nie mehr widerfahren sollte», erzählt er. Weshalb er später eigene Formationen, so etwa die Moondog Show, ins Leben rief.

Doch so umstritten Alioth auch war: Er bildete mit den Wondergirls 59-1 und ab Mitte der 80er-Jahre mit The Wondertoys die Speerspitze einer Szene, die überregional aufhorchen liess – mit Songs, die ganz in der britischen Musiktradition standen.

Da waren The Zodiacs, die das Atlantis-Publikum begeisterten und doch immer ein Geheimtipp blieben. Da waren The Spots, die sich von der britischen Ska-Welle mittragen liessen, nach gerade mal drei Konzerten als Vorgruppe von UB40 im Zürcher Volkshaus auftraten, sich später unter dem Namen The Arhoolies 58-1 dem Sixties-Rock zuwandten und erfolgreich den Röstigraben überquerten. Eine Mischung aus Ska, Pop und Rock lieferte auch die Bo Katzman Gang 58-1, die 1984 mit der Single ‹I'm In Love With My Typewriter› den Einzug in die Hitparade schaffte. Dies gelang Chain Of Command und Rondeau 61-1 zwar nicht, doch diese beiden Bands, die sich dem melodieseligen Pop verschrieben hatten, konnten mit ‹Sometimes Darling› respektive ‹Early Plane› im-

60-1 **Trashcats.** Stefan Reinhardt (Gitarre), Francis Etique (Gitarre, Gesang), Poto Wegener (Bass) und Errol Krebs (Schlagzeug) geben ein Heimspiel im Sommercasino.

merhin kleine Radiohits verbuchen. Dies gelang auch Dominique Alioth und seinen Wondertoys mit dem dramatischen ‹Irene›. Die Aufbruchstimmung wurde von Schweizer Independent-Plattenfirmen wahrgenommen. Vermehrt boten sie Basler Pop-Bands, zum Beispiel den gitarrenlastigeren Trashcats 60-1 um Sänger Francis Etique, Bandübernahme-Verträge an und produzierten mit ihnen Platten.

Gemein war allen genannten Gruppen der britische Einfluss – von den Beatles und Kinks über Jackson und Costello bis XTC und (den irischen) U2. Gut möglich, dass die Affinität zum klugen Pop mitunter auch auf eine allgemeine Mentalitätsverwandtschaft zurückzuführen ist – teilen die Basler doch mit den Briten die vornehme Zurückhaltung, den trockenen Humor, die Begeisterung für den Fussball. Tatsache ist, dass im Fall von Dominique Alioth die Suche nach dem perfekten Pop-Song dazu führte, dass er sogar ohne seine Band nach London flog, um unter der Ägi-

de des Produzenten Bill Griffith (Pink Floyd) mit Studiomusikern eine seiner Platten einzuspielen. «Wegen des Kulturaustauschs», erklärte er 1990 in einem Interview mit dem Schweizer Fernsehen. «Gerade uns Schweizern würde es guttun, wenn wir uns nicht von den Bergen einengen liessen.» Ein Seitenhieb an die Adresse der Berner Mundartrock-Szene, die neben der Heimatliebe auch ganz gerne das Fernweh besang, aber abgesehen von Polo Hofer (mit ‹Kiosk›) nicht über die Landesgrenze hinauskam. Basler Bands vermochten zwar kleine Tourneen im Ausland zu realisieren, was den kommerziellen Erfolg betraf, hatten aber die Berner die Nase vorn. Zu Beginn der 90er-Jahre erlebte der Mundartrock einen zweiten Boom, Bands wie Züri West oder Patent Ochsner zogen an den anglophilen Baslern vorbei. «Ich hätte lieber mal eine schlechte Kritik, dafür aber einen veritablen Hit», vertraute Dominique Alioth seinen Freunden an. Auf den Mundart-Zug aufzuspringen, kam für ihn aber – wie für alle anderen Basler Bands – nicht infrage. Zu wenig beliebt war der

Basler Dialekt in der restlichen Schweiz, der in den Ohren vieler Aussenstehender so gestelzt klingt wie für einen Amerikaner das Oxford-English. Ausserdem erinnern baseldeutsche Reime zu sehr an die Schnitzelbänke der Fasnacht. Sich zur Lachnummer machen, das wollte kein Pop-Musiker.

So folgte auf die grosse Hoffnung der 80er-Jahre die grosse Ernüchterung. «Wir kamen kommerziell nicht vom Fleck. Zudem hat uns das magische Alter von dreissig Jahren gekillt», fasst Matthias Erb das Ende von Rondeau zusammen. Mit dem Keyboarder Stephan Grieder wagte er unter dem Namen Saltbee (ein Anagramm aus ‹Beatles›) einen Neuanfang, doch nahmen die Plattenverkäufe nach einem gelungenen ersten Album kontinuierlich ab – und damit auch das Interesse der Musiker am Projekt. Rückschläge musste auch Beat Lüthi, Kopf der Arhoolies hinnehmen: «Wir kehrten von einem Konzert in Frankreich zurück und hatten einen Vertrag für eine Deutschlandtour vorliegen. Auf einer Autobahnraststätte sprach ich die anderen darauf an. Und erhielt keine Antwort. Das war frustrierend.» Denn keine Antwort war auch eine Antwort.

«Ich hätte lieber mal eine schlechte Kritik, dafür aber einen veritablen Hit.»
Dominique Alioth

The Arhoolies zogen aus denselben Gründen wie so viele Schweizer Bands irgendwann einen Schlussstrich: Prioritäten, die sich verlagern (Familiengründung, Ausbildung, berufliche Karriere), und mangelnde Risiko- und Opferbereitschaft. Einen weiteren Grund lieferten die Trashcats: Frustration. Das Quartett, dem Stars wie Stephan Eicher ihr Kompliment und ihren Respekt ausgesprochen hatten, änderte 1992 auf Druck der Plattenfirma ‹Disctrade›, die mit ‹Trashcats› nicht warm werden konnte, nach zweihundert Konzerten seinen Namen. Als The Stranded machten sie zwar die gleiche Musik, doch mit dem alten Namen ging der Wiedererkennungseffekt, ein Stück weit auch ihr Renommee verloren, weshalb die Fahrt auf der Erfolgsschiene abrupt gestoppt wurde. 1993 lösten sich The Stranded auf. Sänger

Francis Etique gab seine Erfahrungen fortan als Berater und Manager jüngerer Bands weiter.

Wenn sich auch die Träume von einer Profikarriere für die meisten Pop-Musiker zerschlugen: Ihre Achtungserfolge inspirierten eine jüngere Generation. So stolperte Sänger und Gitarrist Adrian Sieber mit Sebastian Hausmann (Bass) und Julie Lagger (Schlagzeug) im Juni 1993 auf die Bühne des Sommercasinos, um einen Monat nach Gründung ihrer Band Lovebugs mit niedlich-ungelenken Schrammelrock-Songs am regionalen Nachwuchswettbewerb ‹Sprungbrett› teilzunehmen. Sie gewannen eine Woche Studioaufnahmen. Lagger stieg aus, sie wurde durch Simon Ramseier ersetzt, und mit ihm nahmen Sieber und Hausmann die erste Platte auf: ‹Fluff›. Diese fand bei Radioredaktoren Gefallen, ebenso bei Printjournalisten («Wunderbar lethargischer Gitarrenpop», ‹Tages-Anzeiger›, 1995).

61-1 **Rondeau.** Matthias Erb (Gesang, Gitarre), Roli Fischer (Schlagzeug), Stephan Grieder (Keyboards, Bass, Gesang, kniend).

62-1 Lovebugs: ‹Awaydays›.
Erstmals erklomm 2001 ein Basler Pop-Album die Spitze der Schweizer Albumhitparade.

Die Plattenverkäufe stiegen, ebenso Konzertanfragen, und als 1995 durch Bands wie Oasis und Blur der Begriff Britpop die Welt eroberte, da glaubten die nationalen Medien, in den Lovebugs ein Schweizer Pendant zu diesen Bands zu erkennen. Sie erklärten Basel ein für alle Mal zur Britpop-Hauptstadt der Schweiz – ein Etikett, das auch weiteren Emporkömmlingen wie Phébus 63-1 und Supernova angehängt wurde. Doch nicht die gitarrenlastigen Songs verhalfen den Lovebugs zum grossen Durchbruch, sondern vielmehr melancholische, schwelgerische Balladen wie ‹Angel Heart›, mit der ihnen 1998 erstmals der Einstieg in die Schweizer Hitparade gelang. Der Beginn einer für Basel beispiellosen Pop-Karriere, fünfzehn Jahre nach ihrer Gründung haben die Lovebugs über hunderttausend Alben im Ausland verkauft – in der Schweiz sogar weit mehr.

«Gerade uns Schweizern würde es guttun,
wenn wir uns nicht von den Bergen einengen liessen.»
Dominique Alioth

Was nicht heisst, dass sie vor Rückschlägen gefeit waren. So stieg im Jahr 2001 das Gründungsmitglied Sebastian ‹Baschi› Hausmann aus, um sein Glampunk-Projekt Fucking Beautiful 63-3 nach England zu überführen. Doch so herausragend Hausmanns Bühnenpräsenz, so spritzig seine melodiösen Rocksongs auch waren, es fehlte ihm am Glück, um sich in London eine Existenz aufzubauen. Nach einem Jahr kehrte er nach Basel zurück, wo er unermüdlich Platten veröffentlicht. Die Lovebugs haben sich mit Florian Senn (Bass) und Stefan Wagner (Keyboards) zum Quintett erweitert und bieten mittlerweile anderen Basler Bands ein Sprungbrett für ihre Karriere. So konnten Popmonster oder The bianca Story im Lauf der Jahre im Vorprogramm auftreten, ebenso Mañana 63-4, die 2003 durch die von Lovebugs-Gitarrist Thomas Rechberger produzierte EP ‹Fast Days› erstmals aufhorchen liessen. Popmonster existieren unterdessen nicht mehr, The bianca Story und Mañana suchen den Erfolg nicht zuletzt im Ausland. Dies hatten zuvor auch Phébus und Whysome 63-2 versucht, die besonders zur Jahrtausendwende aufblühten und als Hoffnungsträger des Basler Indie-Rock gehandelt wurden. Um beide Formationen ist es aber deutlich ruhiger geworden.

62-2 The Wondertoys: ‹Diary of a Snake Charmer›.
Das Vermächtnis von Dominique Alioth. Nach seinem Tod 1999 stellte sich heraus, dass er nebst Songs auch Konzeptpapiere und Coverideen für ein weiteres Album in der Schublade hatte. Es wurde 2002 veröffentlicht.

Und der geistige Vater der ‹Britpop-Hauptstadt›, Dominique Alioth? Er durfte nicht mehr miterleben, wie 2001 mit den Lovebugs erstmals eine Basler Band die Spitze der Schweizer Album-Charts eroberte. Nach langem, hartem Kampf erlag er 1999 im Alter von einundvierzig Jahren seiner Krebskrankheit. «Er hatte einen unglaublichen Willen, arbeitete zwischen den Spitalaufenthalten immer weiter an seiner Musik», erzählt seine Witwe Béatrice Alioth. Nach seinem Tod fand sie Konzeptpapiere für ein Album, darunter Aufnahmen, eine Liste mit Songs und grafische Entwürfe. Mithilfe der Wondertoys sorgte sie dafür, dass ‹Diary of a Snake Charmer› vollendet und 2002 posthum veröffentlicht wurde. «Oh God, you can't commit suicide / Oh no, never in your life», singt Alioth darauf in Agonie. Eindrückliche Zeilen eines Basler Songwriters, der die Hoffnung bis zum Schluss nie aufgab.

63-1

63-1 **Phébus.** Oliver Mayer (Gitarre), Ramon Vaca (Bass), Giuseppe Ariniello (Gesang), Marcel Salathé (Keyboards), Basil Brändli (Schlagzeug).
63-2 **Whysome.** Emanuel Speiser (Schlagzeug), Stevie Fiedler (Gitarre), Victor Hofstetter (Gesang, Gitarre), Eric Speiser (Bass), Yves Neuhaus (Violine, Gitarre).
63-3 **Fucking Beautiful.** Frontmann Sebastian Hausmann.
63-4 **Mañana.** Frontmann Manuel Bürkli an der ‹Canadian Music Week› in Toronto, 2009.

63-3

63-2

63-4

Einfach Moskau retour

Seine heisere Stimme und seine süffigen
Pop-Songs kennt man in der ganzen Schweiz:
Adrian Sieber (*1972) ist Frontmann der
Lovebugs, jener Band, die bisher die grössten
messbaren Erfolge in der Basler Pop-Geschichte
feiern konnte.

Es klingt noch immer charmant eigenartig, wenn Adrian Sieber auf der
Hauptbühne eines ‹Open Airs St. Gallen› steht und ins Publikum ruft:
«Hallo zämmä, mir sind d Lovebugs us Basel.» ‹Basel›, nicht ‹Baaasel›. Die
Aussprache verrät seine Herkunft: Möhlin, Fricktal, Kanton Aargau, von Basel aus rheinaufwärts gelegen, zwanzig Zugminuten entfernt. Hier wurde
der Lehrerssohn Adrian Sieber 1979 eingeschult. Hier lernte er «das ange-
nehme Gefühl kennen, ein Landei zu sein», wie er sagt. «Damit hatte ich
nie ein Problem.» Eigentlich erstaunlich für jemanden, der später als erster Musiker der Nordwestschweiz die Spitze der Pop-Charts erobern sollte.

Ersten Musikunterricht genoss er bei der einzigen Formation, die über die
Gemeindegrenzen hinaus den Ton angab: den Tambouren der Fasnacht-
Zunft Ryburg. Durchs Dorf trommelte er damals mit Christoph Müller, der
mittlerweile das Basler Kammerorchester sowie das ‹Menuhin-Festival› in
Gstaad leitet. Adrian Siebers Eltern waren ebenfalls der Klassik zugeneigt. In
ihrer Plattensammlung entdeckte er aber auch zwei Rock-Alben: eine Best-of
der Beatles und Pink Floyds ‹The Wall›. «Die fand ich damals geradezu unheimlich, mit all diesen Geräuschen und Kinderstimmen», erinnert er sich.

Als Primarschüler rief er sein erstes eigenes Musikprojekt ins Leben: «Wir
hiessen Excüsi-Bänd, weil wir uns beim Publikum gleich von vornherein
für die Fehler entschuldigen wollten», erzählt er lachend. Es folgte eine
richtige Rock-Band und ein richtiger Auftritt in der Aula der Bezirksschu-
le Möhlin. Dieser machte tierisch Eindruck: Weil die Band zu viele Lautsprecher an den Verstärker angeschlossen hatte, brannten die Sicherungen
bereits nach zwei Songs durch. Also improvisierte Sieber, gab mit seinem
Bandkollegen ein Schlagzeugduett. Das knallte furios. Bei der nächsten
Abschlussfeier setzte das Rektorat zur musikalischen Unterhaltung wieder auf die Schul-Big-Band.

Doch nicht die Lautstärke führte Adrian Sieber zur Rock-Musik, sondern
die Gefühle. «Am Anfang hörte ich mir die Hitparade an und nahm alles in
mich auf. Natürlich las ich auch ‹Pop/Rocky›, aber die Diskussionen über
die Frisuren und Kleider der Stars waren mir egal», sagt er, und man mag
es ihm kaum glauben, wenn man ihn heute sieht, so astrein gestylt, wie er
sich präsentiert – wie ein Pop-Star, nicht wie ein Landei.

← 64-1 **Im Sittertobel.** Lovebugs-Sänger Adrian Sieber
vor seinem Auftritt am Open Air St. Gallen, 2009.

Die Hitparade begann langweiliger zu werden oder Adrian Sieber älter, jedenfalls entdeckte er Musik jenseits der Top Five, die ihn ansprach: die dunklen, melancholischen Untertöne von Wave-Bands wie The Cure oder Talk Talk. Er nahm Schlagzeugunterricht, griff aber auch gerne zur Gitarre oder setzte sich ans Klavier. «Das ging so weit, dass ich im Sommer um jeden verregneten Tag dankbar war – weil ich mit gutem Gewissen der Badi fernbleiben und mich im Keller des Elternhauses meinen Instrumenten widmen konnte.»

Der Wunsch, musikalisch weiterzukommen, führte ihn schliesslich zum Bahnhof und von dort mit dem Regionalzug nach Basel. In einem Musikgeschäft entdeckte er einen Aushang, «Schlagzeuger gesucht», aufgegeben von Sebastian Hausmann. Der Hochbauzeichner-Stift Sieber stieg 1991 bei der Punk-Band The Bash ein. Er pendelte immer öfter in die Stadt, hörte sich lokale Bands wie die Trashcats oder Chain Of Command an und stand unverhofft selbst auf der Atlantis-Bühne, als die Sängerin Joan Osbourne (‹One Of Us›) ein Konzert absagen musste.

Nun ging es rasch voran. Sieber gründete mit Hausmann 1993 die Lovebugs und zog in die Stadt. Der Rest ist Erfolgsgeschichte: mehrere goldene Platten, Hunderte ausverkaufte Konzerte, 2001 erstmals an der Spitze der Schweizer Albumcharts (‹Awaydays›), zudem vereinzelte Konzert- und Promotourneen in Deutschland, Skandinavien, Asien. Dazwischen gab es aber auch Rückschläge, etwa einen Major-Deal mit ‹BMG Deutschland›, einer Plattenfirma, die künstlerisch allzu viel Mitsprache einforderte und die Band am liebsten als Boygroup vermarktet hätte; oder den Ausstieg von Sebastian Hausmann, Gründungsmitglied und Co-Songwriter. Dann musste man auch immer wieder ernüchtert feststellen, dass der internationale Markt nicht auf die Lovebugs gewartet hatte. Denn auch wenn ein Album wie ‹Transatlantic Flight› (2000) in zwölf Ländern veröffentlicht wurde, in Singapur verkauften sich davon gerade mal zwei Exemplare.

So wurden die Lovebugs in der Schweiz zu Stars, doch fragte man sich, wie lange es sie noch glücklich machen würde, immer dieselben Clubs und Festivals abzugrasen. Als Adrian Sieber 2008 eine einjährige Bandpause und zugleich ein Soloalbum ankündigte, da ging ein Raunen durch die Musikszene. Denn ein Sänger auf Solopfaden steht im Pop oft auch für den Anfang vom Ende seiner Band. «Es ist wichtig, die gegenseitige Abhängigkeit zu überdenken», sagte Sieber vorsichtig.

‹Adrian Solo› hiess das Album schlicht, und die Klänge seiner Sozialisation, als die Wanderdiscos mit der Dorfjugend Erbarmen hatten und ihr den Italopop näherbrachten, drangen stärker denn je durch. Dazu sang er Texte, die an die Romantik und Selbstaufgabe der frühen 80er-Jahre erinnerten – und an seine Band Lovebugs, dank der er im Lauf der Jahre immer besser singen lernte, mit einer Stimme, deren gehaucht-heiseres Timbre einen hohen Schmelzfaktor aufweist.

Vom Schlagzeug bis zum Gesang spielte Adrian Sieber alles im Alleingang ein. «Ein aufregendes Abenteuer», sagt er rückblickend. In wenigen Tagen waren die Lieder, die er wie so viele andere in seiner Wohnung im Basler St.-Johann-Quartier geschrieben hatte, im Kasten. Weitaus länger hatte die Suche nach dem geeigneten Equipment gedauert. «Wie viele Menschen habe auch ich mich in den 90er-Jahren von den alten Synthesizern getrennt. Das war ein Fehler.» Um die Retro-Sounds reproduzieren zu können, klickte er sich durch Online-Auktionen – und fand sie wieder, die ‹Roland›- und ‹Korg›-Geräte aus der Ära des Synthiepop, die ihn an die Zeit erinnerten, als er in der kleinen Vinylabteilung eines Möhliner Dorfladens Platten wie ‹Hounds Of Love› von Kate Bush entdeckte.

Nach einer Solotour kehrte er mit seinen vier Bandkumpels (Gitarrist Thomas Rechberger, Keyboarder Stefan Wagner, Bassist Florian Senn und Schlagzeuger Simon Ramseier) in den Proberaum zurück. Er hatte sich seinen Wunsch eines Soloalbums erfüllt, die Pause hatte allen gutgetan, mit neuer Energie widerlegte das Quintett alle Mutmassungen über das Ende der Band. ‹The

Highest Heights› hiess ihre siebte Platte, die in die Charts kam – und von einer Überraschung begleitet wurde. Mit dem daraus ausgekoppelten Titelsong vertraten die Lovebugs im Mai 2009 die Schweiz am ‹Eurovision Song Contest›. Sie reisten für zwei Wochen nach Moskau – und schieden im Halbfinal vorzeitig aus. Obschon sie stets auf ihre Aussenseiterrolle verwiesen und hohe Erwartungen klugerweise gedämpft hatten, war die Enttäuschung gross. «Ich finde, wir hätten die Finalteilnahme verdient gehabt», sagte Sieber noch in derselben Nacht selbstbewusst und zog sich in sein Zimmer zurück. Wie er sich überhaupt gerne zurückzieht, ein Party-Animal ist er nicht. An Galas und Empfängen rumzuhängen, hat ihn nie gross interessiert, und seit der Geburt seiner Tochter Emilie (2004) hat Privatsphäre für ihn noch mehr an Bedeutung gewonnen.

Die Balance zwischen Berufung und Beruf ist nicht immer einfach, dem People-Journalismus versucht er sich meist zu entziehen, doch manchmal sind Kompromisse nötig. Wenn ein neues Album am Start ist und beworben werden soll, lässt er auch eine Homestory zu. Und wenn er am ‹Eurovision Song Contest› oder an der Eiskunstlauf-Revue ‹Art On Ice› auftritt, sieht er darin nichts Anstössiges. «Was ist schon falsch daran, mit seiner Musik eine möglichst breite Masse erreichen zu wollen, solange man mit voller Überzeugung hinter den Songs stehen kann?», fragt er rhetorisch. So gelingt es ihm auch stets aufs Neue, seine Mitmusiker davon zu überzeugen, dass die ‹Stilpolizei› kein Massstab ist – also jene Musiker, die an Konzerten am Tresen oder im Internet in Blogs ablästern. «Im Grunde träumen doch auch die Neider davon, von ihrer Musik leben zu können», sagt Sieber, der sich, privat wie musikalisch harmoniesüchtig, nicht auf solche Auseinandersetzungen einlassen mag und derlei Kritik souverän abperlen lässt. Recht hat er.

67-1 **Lovebugs.** Erste Erfolge als Trio: Sebastian Hausmann (Bass), Adrian Sieber (Gesang, Gitarre), Simon Ramseier (Schlagzeug), 1997.

Das erste Album, das Sie sich gekauft haben?
‹Destroyer› von Kiss.

Ihr erstes Konzert?
In der Mehrzweckhalle Möhlin, 1982, mit der Excüsi-Band. Besetzung: Cello, B-Horn, Klarinette und ich am Schlagzeug.

Ihr grösstes Konzert?
Im Vorprogramm der Rolling Stones auf dem Flugplatz Dübendorf, 2006, vor 58000 Besuchern.

Die grösste Ernüchterung?
Der Röstigraben ist tiefer als man denkt.

Ihr peinlichstes Erlebnis?
Meine Ansagen.

Ihre höchste Konzertgage?
Etwa 2000 Franken pro Minute – leider war der Auftritt nur extrem kurz.

68-1 A Night at the Opera. Für die Aufnahme ihres Unplugged-Albums ‹Naked› luden die Lovebugs im August 2004 zum Konzert ins ausverkaufte Theater Basel. Stefan Wagner (Piano), Adrian Sieber (Gesang, Gitarre), Simon Ramseier (Schlagzeug), Florian Senn (Bass), David Stauffacher (Gast-Perkussionist), Thomas Rechberger (Gitarre).

«Die Vergangenheit wird gerne romantisiert»

Matthias Wilde (*1955) arbeitete von 1985 bis 2003 als Musikredaktor bei DRS 3 und war unter anderem für die Livesendung ‹Uf dr Gass› verantwortlich. Bis heute tingelt er durch die Clubs – als Sänger und als Aficionado mit breitem Musikgeschmack. Besonders auffallend in seiner Musikerlaufbahn ist sein Hang zum Prog-Rock sowie zum Pop britischer Prägung.

Matthias Wilde, Sie sind seit fast vierzig Jahren regelmässiger Konzertgänger. Kommen Sie sich nicht einsam vor, da Sie in Ihrer Generation zu einer aussterbenden Spezies gehören?
Ich bin immer schon einsam gewesen. (lacht)

Daher sind Sie so oft ‹auf der Gasse› anzutreffen?
Genau. Nein, im Ernst. Was die Musik betrifft, so bin ich immer neugierig geblieben, nicht fixiert auf meine Generation und auch kein Nostalgiker. Es gibt nach wie vor neue Sachen zu entdecken.

Worin liegt der Reiz von Clubkonzerten?
Ich habe für mich festgestellt, dass die eindrücklichsten, unmittelbarsten Konzerte im kleineren Rahmen veranstaltet werden. Grossanlässe finden heute zwar auf einem angenehm professionellen Level statt, doch ist da der Eventfaktor fast wichtiger als die Musik geworden. Überraschungen sind fast nur im Clubrahmen zu erleben.

Sie singen selbst seit dreissig Jahren in Bands. Vom jugendlichen Idealisten, der die Welt erobern wollte, zum Hobbymusiker, der die meiste Zeit im Übungsraum verbringt. Wie schmerzhaft ist dieser Prozess?
Der Prozess, Musik hauptsächlich als befriedigende persönliche Leidenschaft zu entdecken, kam ganz natürlich und erfolgte rasch. Als ich anfing, in Bands zu singen, war ich ja schon fünfundzwanzig Jahre alt und weniger von Erfolg und Ruhm besessen. Aber klar, der Gedanke, mit einem Song erfolgreich zu sein, ist immer irgendwo im Hinterkopf und dient sicher auch als Motor und als Ansporn, sich zu verbessern. Im Unterschied zu früher positiv zu werten ist die Tatsache, dass sich Schweizer Musiker dank Mundartrock und Pop immerhin im eigenen Land eine solide Basis aufbauen können.

Basel gilt gemeinhin als Britpop-Stadt. Wie erklären Sie sich dieses Etikett?
Ich habe da eine romantische Vorstellung: Basel ist eine Hafenstadt wie Liverpool oder Hamburg. Ich vermute tatsächlich eine Wesensverwandt-

← 70-1 **Retro gefärbt.** Matthias Wilde
in seinem Basler Proberaum.

schaft zwischen der britischen und der Basler Mentalität – die Zurückhaltung, der Humor. Zürich empfand ich immer schon als amerikanischer: Man prahlt mehr, man zeigt mehr – was auch seine Vorteile haben kann. Wie Basel zur Britpop-Stadt wurde? Die ersten Beat-Bands haben Pflöcke eingeschlagen, wichtige Vertreter folgten später, allen voran Dominique Alioth von den Wondertoys. Er war massiv anglophil eingestellt.

Haben sich die Basler Bands in den 8oer-Jahren mit dem Britpop-Virus infiziert?

Ich denke schon, ja. Aber man muss auch wissen, dass es längst nicht so viele Bands wie heute gab, alle kannten sich, der Treffpunkt konzentrierte sich auf ein einziges Lokal, das Atlantis. Von einer geschlossenen Szene konnte man dennoch nicht sprechen. Das Miteinander hielt sich in Grenzen, auch war Neid vorhanden. Wer eine Platte aufnehmen konnte, dem schlug manchmal der Argwohn der anderen entgegen. Dazu muss man wissen: In den 8oern war eine Plattenproduktion noch eine enorm teure Angelegenheit, die 20 000 bis 30 000 Franken kostete. Geld, das den meisten fehlte.

73-1 **Soul Cats.**
Die Sänger Matthias Wilde, Peter Bitterlin und Bo Katzman Ende der 80er-Jahre.

Wer wurde am Stärksten beneidet?

Ich denke die zwei Musiker, die zugleich auch am stärksten polarisierten: Bo Katzman und Dominique Alioth. Bo Katzman war ein guter Verkäufer, hatte ein kommerzielles Konzept. Dominique Alioth genoss für seine spezielle Musik zwar Respekt, wirkte aber auf viele Menschen arrogant. Beiden gemein war, dass sie erfolgshungrig waren und talentierte Musiker aus anderen Bands weglockten, was innerhalb der Szene nicht immer goutiert wurde. In England oder den USA ist das absolut üblich, doch widersprach diese Handhabung der Schweizer Mentalität, die verlangt, dass alle miteinander lieb sind. Dabei stand dieses Harmoniebedürfnis gerade in der Musikbranche oft auch in einem Widerspruch zur Professionalität.

Mangelt es der Basler Musikszene heute noch an Professionalität?

Nein, das Niveau ist hoch. Doch hat die Professionalisierung weltweit stattgefunden, sprich, der Abstand zur Weltspitze ist nicht kleiner geworden. Das zeigt sich alleine daran, dass sich die internationalen Erfolge von Schweizer Musikern noch immer sehr in Grenzen halten. Vergleichbare Länder wie Belgien oder Schweden zeigen, dass es auch anders geht, doch das sind eher Ausnahmen. Trösten können wir uns damit, dass der internationale Durchbruch auch nur den wenigsten deutschen oder französischen Bands gelingt. Diese Länder haben aber im Unterschied zur Schweiz den Vorteil, dass sie einen ausreichend grossen nationalen Markt haben.

Der Markt ist bei uns allzu beschränkt?

Ja. Keine Schweizer Stadt kann von sich behaupten, ein Kompetenzzentrum in Sachen Rock-Musik zu sein. Wer in der Chemie oder Bankenbranche Karriere machen will, erreicht in Basel mehr als in Liverpool. Will aber ein Rock-Musiker den Durchbruch schaffen, muss er konsequenterweise sagen: Ich gehe, und zwar dahin, wo die Musik spielt, sei es London oder New York. So wie der ambitionierte Filmemacher aus Kansas seinen Staat

← 72-1 **Prog trifft Punk.** Matthias Wilde bei einem Auftritt mit der Band The Shining im besetzten Kleinbasler Kino Union, 1988. Rechts im Bild: Bassist Richard Earl.

verlassen und nach Hollywood ziehen muss. Ein solches Risiko mag in unserer Wohlstandsgesellschaft kaum jemand auf sich nehmen. Bestes Beispiel sind die Lovebugs. Ich mag ihre Musik, sie haben auch im richtigen Moment den Erfolg gesucht und gefunden, doch für den internationalen Durchbruch hätten sie vor zehn Jahren den Sprung ins gelobte Land wagen sollen.

Spricht man über Basler Pop, so fallen stets die Namen Wondertoys und Lovebugs. Wer wird zu Unrecht vergessen?
Es gab immer wieder tolle Bands, aber wenige existierten lang genug, um ebenso nachhaltig in Erinnerung zu bleiben.

Und wer ist ein Versprechen für die Zukunft?
Nadia Leontis spezielle Musik gefällt mir, die Instrumentalband Kitchen finde ich sehr toll, ebenso die Singer-Songwriterin Anna Aaron. Doch frage ich mich, ob diese das notwendige Durchsetzungsvermögen haben, den Hunger einer Sophie Hunger.

Zugleich hat man das Gefühl, dass ernsthafte Musiker keinen leichten Stand haben in der Celebrity-Besessenheit der Gegenwart.
Das stimmt sicher, ja. Doch wird die Vergangenheit auch gerne romantisiert. Es gab auch in den 60er- oder 80er-Jahren schlechte Bands, nur gerieten sie in Vergessenheit. Und es gab auch damals schon bei vielen den Wunsch, durch die Musik berühmt zu werden.

Welche Romantisierung der Vergangenheit ist gerechtfertigt?
Dass die Musik verbindend war. Das Unterhaltungsangebot war beträchtlich kleiner als heute, die technischen Mittel prägten unseren Alltag weitaus weniger. Alles fand auf kleinerem Raum statt. Populäre Musik war auch weniger in verschiedene Szenen aufgegliedert – diesen Austausch, diese Neugierde vermisse ich heute. Denn wenn mir etwas zuwider ist, dann sind das in sich geschlossene Szenen. Das ist langweilig, da passiert nichts mehr, das ist Stillstand.

Das erste Album, das Sie sich gekauft haben?
Die gleichnamige Platte von Dave Dee, Dozy, Beaky Mick & Tich, 1966.

Ihr erstes Konzert?
Mit der Prog-Rock-Band Fair Game, irgendwo in einer Turnhalle in Reinach, 1980 oder 1981.

Ihr grösstes Konzert?
1988, im Vorprogramm von Polo Hofer am ‹Open Air Frauenfeld›. Mit den Hi-Tones, einer Coverband, die sich auf Beat- und Soul-Songs aus den Sixties spezialisiert hatte.

Die grösste Ernüchterung?
Als ich in den 80er-Jahren in London versuchte, mit meinen Demokassetten direkt bei den Plattenfirmen vorstellig zu werden. Ich wurde nicht einmal in die Vorzimmer vorgelassen.

Ihr peinlichstes Erlebnis?
Als ich bei einem Konzert nach übermässigem Alkoholkonsum meine Texte vergass und den Faden ziemlich verlor. Und dass in meiner ersten Band Fair Game zeitweise alle ausser mir einen Schnurrbart trugen.

Ihre höchste Konzertgage?
4500 Franken, mit den Hi-Tones.

→ 75-1 **Anarchie am Rheinknie.** Das Autonome Jugendzentrum in der Basler Hochstrasse, 1981.

05 Besetzt und
bespielt

05-1 Besetzt und bespielt

Wie in den 80er-Jahren in einer Stadtgärtnerei kultureller Wildwuchs aufblühte. Wie die Basler Subkultur der Privatwirtschaft die Hand reichte. Und warum die Zwischen- und Umnutzungen nicht alle glücklich machten.

Die Subkultur wurde in Basel bis Ende der 70er-Jahre wenig ernst genommen. Zwar schätzten vereinzelte Gastronomen das jugendliche Publikum, zwar sahen etablierte Institutionen wie das Theater oder die Casino-Gesellschaft, dass sich auch mit Rock-Musik Säle füllen liessen. Aber ein autonomer Freiraum für die bewegten Jugendlichen? Kam für die Behörden nicht infrage. Man war der Ansicht, dass mit der Einrichtung von Jugendhäusern genügend getan worden sei.

Das sahen junge Punks und Linke anders. Ein Sommercasino, wo man «sich mit einem Becher Mineralwasser oder einer Tasse Kaffee auf der gediegenen Galerie niederlassen und den eingängigen Melodien lauschen kann» («Basler Zeitung», 1979), machte sie nicht glücklich. Sie forderten einen Freiraum, der nicht pädagogisch betreut und hierarchisch geführt wurde. Leer stehende Häuser wurden besetzt (etwa an der Ryffstrasse) und polizeilich geräumt. Nach einem krawallreichen Jahr fand am 14. Februar 1981 auf dem Barfüsserplatz eine weitere Grossdemonstration 77-1 statt, die Anführer riefen zur Besetzung des Sommercasinos auf, die Polizei eilte zum Jugendhaus beim Denkmal und wartete dort auf die Demonstranten. Doch die kamen nicht. Verdutzt stellte die Polizei fest, dass sie ausgetrickst worden war. «Wir waren im Eiltempo Richtung Hochstrasse abgebogen und besetzten dort ein altes Postgebäude», erinnert sich Stephan Laur, einer der Drahtzieher der Finte.

Punk und Pop reichten einander erstmals die Hände, die Gigs in der Alten Stadtgärtnerei fanden ein breites Publikum.

Zwischen fünfzig und hundert Leute nisteten sich im Autonomen Jugendzentrum (AJZ 75-1) ein, es gab Konzerte, es gab Partys, es gab Sex, aber auch zunehmend harte Drogen, Prostitution, Siff, Zoff. Nach achtzig Tagen bereitete die Polizei der Besetzung ein Ende. Siebentausend Menschen gingen am 9. Mai 1981 auf die Strasse und forderten ein neues Areal – vergeblich. Es folgte der Rückzug in besetzte Häuser, der Unmut köchelte auf kleinerer Flamme weiter. Nur auf dem Land, in der Agglomerationsgemeinde Reinach, entstand ein neuer Raum: das Jugend- und Konzerthaus Palais Noir. In der Stadt darbte man weiter, bis 1986 der Traum eines frei bespielbaren Ortes Wirklichkeit wurde: auf dem Areal der Alten Stadtgärtnerei, am

77-1 Our House. Von Pop- und Reggaeklängen untermalt, führt ein Protestmarsch am 14. Februar 1981 über den Steinenberg und den Aeschenplatz zur überraschenden Besetzung eines alten Postgebäudes in der Hochstrasse.

77-2 Weg der Raum, fort der Traum. Nach achtzig Tagen wird das Basler AJZ im Mai 1981 von der Polizei geräumt, 141 Personen werden verhaftet.

78-1 **Basel brennt.** An der 1.-Mai-Feier 1981 entladen sich bei bewegten Jugendlichen Wut und Frustration – das Rednerpodest löst sich in Flammen auf, in der Freien Strasse entstehen Sachschäden in Höhe von einer Million Franken.

78-2 **Erneute Ernüchterung.** Mit Polizeikräften heben die Basler Behörden am 21. Juni 1988 die Besetzung der Alten Stadtgärtnerei auf.

Grossbasler Rheinufer. Die Regierung gewährte eine legale Zwischennutzung, befristet auf ein knappes Jahr. Danach sollten die Gebäude abgerissen und die Verwilderung einem niedlichen Grünpark weichen. Aktivisten verschiedener Interessengruppen (Politik, Kunst, Umweltschutz, Musik) nutzten das Gelände, ebenso Quartierbewohner. Hatte die alternative Punk-Szene zu Beginn der 80er-Jahre noch die etablierten Rock-Musiker bekriegt und deren Auftritte gelegentlich gar sabotiert, so rückten die Szenen in der Stadtgärtnerei näher zusammen, Punk und Pop reichten einander erstmals die Hände, die Gigs in der Alten Stadtgärtnerei fanden ein breites Publikum.

Zeitgleich organisierten Rock-Musiker illegale Konzerte im Stadtzentrum. Nicht nur regionale, auch angesagte Bands aus Bern (Züri West) oder Zürich (Baby Jail) traten auf dem Barfüsserplatz auf. «Wir waren gewillt, der Stadt zu zeigen, weshalb wir mehr Freiräume forderten», sagt Poto Wegener, damals als Musiker und Drahtzieher aktiv. Die Behörden gaben sich uneinsichtig, die Berner Band Central Services wurde für einen unbewilligten Auftritt wegen Nachtruhestörung verurteilt. «1000 Franken Busse», erinnert sich Wegener. «Selbstverständlich haben wir Organisatoren den Betrag bezahlt.» Mit Solidaritätsveranstaltungen sammelten Musiker Geld für die Bewegung. Und als die legale Nutzung der Alten Stadtgärtnerei im November 1987 endete, reichten die Aktivisten die Initiative ‹Kultur- und Naturpark im St. Johann› ein, um den Abriss der Gärtnereigebäude zu verhindern.

> «Wir waren gewillt,
> der Stadt zu zeigen, weshalb wir
> mehr Freiräume forderten.»
> Poto Wegener

Auch Schriftsteller Hansjörg Schneider (‹Kommissar Hunkeler›) gehörte zu den Sympathisanten. «Ich fühlte mich da sehr wohl unter den Jungen, spielte Boccia, gab eine Lesung», erinnert sich der Einundsiebzigjährige. Es kam zur Volksabstimmung. Am 8. Mai 1988 sprachen sich 44 Prozent der Basler Bevölkerung für das Projekt aus. Ein beachtliches Resultat. Und doch zu wenig. Fünf Wochen später löste die Polizei die gewaltfreie Besetzung auf. «Das war eine Dummheit. Wäre die Regierung vif gewesen, hätte sie daraus ein Jugendzentrum gemacht. Jetzt steht da diese blöde Wiese, die niemandem dient», poltert Schneider. Der Abbruch der Glashäuser ist für viele heute noch ein Symbol für den Scherbenhaufen, den die städtische Jugend- und Kulturpolitik hinterliess.

Ein Teil der Besetzer verschanzte sich im ehemaligen Kino Union 79-1 und zog nach dessen Räumung für kurze Zeit auf die Kasernenmatte. Derweil suchte der grüne Grossrat Markus Ritter mit Weg-gefährten nach neuen Lösungen und wurde in der ausgedienten, im Bauhausstil errichteten Grossgarage Schlotterbeck beim Bahnhof SBB fündig. Von 1990 bis 1993 fanden hier Kreative in den Werkräumen Unterschlupf, vereinzelt wurden auch Konzerte durchgeführt. Zeitgleich wurde die Alte Stückfärberei zwischengenutzt. Künstlerinnen wie Pipilotti Rist richteten hier Atelier- und Proberäume ein. Später entstanden in weiteren industriellen Räumlichkeiten Bars und Clubs, darunter der legendäre Techno-Tempel Planet E. Eine aufregende Zeit.

Der Schwung, den die Alte Stadtgärtnerei der Subkultur verliehen hatte, beflügelte die kulturellen Aktivitäten, die politische Sprengkraft jedoch nahm ab, die radikalen Autonomen tauchten unter. Und jene kulturellen Aktivisten, die zur Zeit des AJZ noch die Konfrontation gesucht hatten, reichten jetzt der Privatwirtschaft die Hand. Im Fall des Schlotterbeck-Gebäudes einigte man sich mit der Besitzerin, der Schweizerischen Volksbank, auf eine Zwischennutzung. Langfristig wurde man im Kleinbasel fündig, in der alten Brauerei Warteck entstand ein ‹permanentes Provisorium› (Eigendefinition), mit Werkräumen und einem Konzert- und Partysaal, dem Sudhaus. Mietverträge wurden auch mit der Bell AG geschlossen: Im ehemaligen Verwaltungsgebäude der Fleischfabrik entstanden Kunstateliers, das Jazzlokal Bird's Eye sowie der Techno-Club Tower.

«In Basel geht's: Verträge statt Krawall», titelte die Wirtschafts-Zeitung ‹Cash› 1993. Und der Zürcher ‹Tages-Anzeiger› berichtete im selben Jahr nicht ohne Bewunderung, wie man am Rheinknie gelernt habe, flexibler auf alternative Bedürfnisse zu reagieren. «Die Zwischennutzung von leer stehenden Räumen durch Kulturschaffende ist inzwischen fast schon institutionalisiert.» Exbesetzer hätten keine Berührungsängste mit dem Establishment, im Unterschied zu Zürich, wo sich damals der Konflikt zwischen Autonomen und Behörden in der Wohlgroth-Fabrik zuspitzte.

Doch die neue Harmonie wurde nicht von allen begrüsst. Den Antriebskräften hinter den Zwischennutzungen, etwa dem initiativen Ronald Wüthrich, wurde hinter vorgehaltener Hand vorgeworfen, er hätte zu viel Macht konzentriert. Zudem störten sich Jugendliche im Laufe der Jahre an der neuen Bequemlichkeit der alternativen Szene und am kommerziellen Charakter, den die Clubs in der Alten Stückfärberei oder im Bell angenommen hatten. Was Leute wie Ueli Gerber anspornte, wie in den 80er-Jahren in die Illegalität abzutau-

79-1 **Neue Hoffnung.** Nach der ‹Stadtzgi› finden die Bewegten für kurze Zeit Zuflucht im alten Kino Union an der Klybeckstrasse.

80-1 **Urbane Oase.** Das nt/Areal: Ein Lichtblick auf dem ehemaligen Rangierbahnhof der Deutschen Bahn.

chen: mit spontanen Partys auf Baustellen, unter Brücken, in Wohnungen, auf Schiffen. Andere versuchten, neue Orte zu erschliessen, etwa die Denkfabrik im Rheinhafen oder die Carambar bei der Imprimerie in der St. Johanns-Vorstadt. Mit Zwischennutzern, zum Beispiel der Alten Stückfärberei, teilten sie das Schicksal, ständig mit den Behörden im Clinch zu liegen: Stress wegen Schallschutz, Bewilligungen, feuerpolizeilicher Auflagen gehörte zum Alltag und zermürbte.

Der Traum vom selbst verwalteten Ort, der nur begrenzt domestiziert wird, schien sich ganz zu zerschlagen, bis 1999 eine Gruppe von Stadtplanern und Kunstinteressierten auf dem ausrangierten Güterbahnhof der Deutschen Bahn einen Mietvertrag über eine Zwischennutzung des Geländes und der Gebäude abschloss und das nt/Areal 80-1 gründete. Im Unterschied zu anderen Projekten dieser Zeit – etwa dem Unternehmen Mitte (Café ohne Konsumationszwang im zentral gelegenen Volksbank-Gebäude) oder den vom Verein Kan-

tensprung zu Freizeit-, Kultur- und Gewerbezentren umgewandelten Fabrikarealen Gundeldingerfeld (Sulzer-Burckhardt-Maschinen) oder Walzwerk Münchenstein (Aluminium) – handelte es sich beim nt/Areal um eine zeitlich begrenzte Nutzung mit weitgehend freien Flächen, die für jedermann offen zugänglich waren. Platz für Partys, Konzerte, Begegnungen, für alles und nichts. So etwas hatte es seit der Alten Stadtgärtnerei nicht mehr gegeben. Dass ein Vermietungsgeschäft aufgrund der weiten Freiflächen nicht so einfach möglich war, sahen die Initianten als grosse Chance. So montierten sie von Anfang an Steckdosen an die Lichtmasten, damit die Menschen gratis Strom abzapfen konnten, zum Beispiel für Partys oder Lichtinstallationen. Und im Unterschied zur Kaserne – Mitte der 2000er-Jahre ebenfalls ein wichtiger Treffpunkt einer musikinteressierten Subkultur-Szene, die danach deutlich an Anziehungskraft einbüsste, zerrieben zwischen den Interessen von Alt-8oern (die noch immer an ein friedliches Nebeneinander der drei

Sparten glauben) und einer jungen Generation, die Tanz und Theater grösstenteils links liegen lässt und sich mehr Musik wünscht – wurde das nt/Areal um weitere Nutzungen erweitert.

Bis ins Jahr 2009: Zehn Jahre nach seiner ersten Bespielung wird das vier Hektaren umfassende Wildwuchsareal von der Stadt in ein neues Wohnviertel verwandelt. Das Ende der Bars, Clubs, Skaterrampen und Flohmärkte rückt näher, die Mieter ziehen sich langsam zurück. Für Co-Initiant Philippe Cabane kein Grund zur Trauer: «Für mich ist das Experiment gemacht und der Beweis erbracht.» Der Beweis dafür, dass öffentlicher Raum durchaus ohne den Staat verwaltet werden kann.

Was aber kommt nach dem nt/Areal? Diese Frage beschäftigt auch eine Gruppe Mittzwanziger, die im Frühling 2009 den Verein ‹Neubasel› gegründet hat – und damit jene Lügen straft, die der Ansicht sind, dass die jüngere Generation nur noch am Konsum interessiert sei. Dem Verein gehe es darum, das öffentliche Leben neu zu diskutieren und zu gestalten, erzählt Mitgründer Fabian Müller.

Öffentliche Trinkfeste wie die sogenannten ‹Botellones› zeigten 2008, dass «man sich wieder in der realen Welt treffen will», so Müller, Jahrgang 1984. Im Unterschied zu jenen Jugendlichen, die dreissig Jahre zuvor aufbegehrten, manifestiert sich der Protest der ‹Neubasler› jedoch nicht in Krawallen. Ihnen schweben subtilere Aktionen vor: Grilladen in Verkehrskreiseln oder am Rheinufer. Zudem präsentieren sie die Vision ‹Swim-City›, einen im Fluss schwimmenden Freiraum, eine bespielbare Insel. Damit stiessen sie bei den sich zurückziehenden Betreibern des nt/Areals auf offene Ohren und erhielten eine finanzielle Anschubhilfe von 18 000 Franken. Auf dass die Subkultur-Szene sich weiterhin dafür einsetze, im geografisch stark eingeschränkten Stadtkanton Grenzen zu sprengen.

Der Indianer im Untergrund

Es gab eine Zeit, da nannte man ihn den ‹Herrn Untergrund› von Basel. Es war die Zeit, als Techno jung und aufregend und trotz seiner Politleere irgendwie eine Bewegung, irgendwie subversiv war.
Ueli Gerber (*1972) war der Improvisateur unter den Partyveranstaltern der Stadt.

Dort, wo jetzt das Museum Tinguely des Pharmakonzerns Roche steht, am Rheinufer in Basel-Ost, hat es angefangen. In einer Samstagnacht im Jahr 1995 warf Ueli Gerber auf der Baustelle die DJ-Anlage an und hundert, vielleicht hundertfünfzig Leute tanzten zwischen rohen Betonmauern, an einem inoffiziellen Ort, in der Halböffentlichkeit. Es war seine erste illegale Party. Und sie war ein Erfolg.

Zuvor hatte er miterlebt, wie «der ganze Techno kommerzieller geworden war.» Das war nicht mehr die Welt von Ueli Gerber, und auf seinen häufigen Verwandtenbesuchen in Berlin entdeckte er, wie sich in der wiedervereinigten Stadt nach dem Mauerfall nach und nach Freiräume auftaten, die von der Clubkultur kurzerhand besetzt wurden – verlassene Industrieanlagen, Keller, Hallen, aufgegebene Baustellen. In diesem improvisierten Umfeld begann Techno zu gedeihen, in illegalen Lokalen ohne Türsteher und Memberkarten, ohne aufgemotzten Dancefloor und reich bestückte Bar. Ein Soundsystem, ein paar DJs, ein paar Kasten Bier. Das reichte für die Nacht im Underground. ‹Sauvage› nannte man diese Partys, nach einem passenden Begriff aus der Hausbesetzerszene.

Geblieben ist Gerber in der deutschen Hauptstadt dann aber doch nicht. «Berlin ist angenehm, um sein Geld auszugeben, nicht, um es zu verdienen», fand er. Und er veranstaltete in Basel, was er in Berlin kennengelernt hatte. An der ‹Love Parade› marschierte er auch einmal mit, und 1995 war er dabei beim ersten Miniatur-Techno-Umzug in Basel, damals noch eine Demonstration gegen die französischen Atombombentests auf dem pazifischen Mururoa-Atoll, heute der ‹Jungle Street Groove›, Basels kleine ‹Street Parade›. ‹Reclaim The Streets› war der antreibende Gedanke, den öffentlichen Raum zu erobern und zu bespielen, aber Gerber merkte bald, dass bewilligte Veranstaltungen mit einem «Bürokratiemarathon» verbunden waren. Sein Augenmerk galt mehr und mehr dem bewilligungslosen Untergrund.

Unter der Woche gingen er und seine Mitveranstalter ‹scouten›, sie fuhren mit dem Rad durch die Stadt und hielten nach geeigneten Orten Ausschau, Baustellen, Lagerräume, Industriezonen. «Das war der spannendste Teil», sagt Gerber, «wie ein Indianer das Gelände auskundschaften».

← 82-1 **An den Rändern der Stadt.** Ueli Gerber, früher ‹Herr Untergrund›, heute Gastronom.

Möglichst weit weg von den Wohngebieten musste der Ort sein, die ganze Nacht zugänglich – und ganz wichtig: mit Strom. Den gabs auf jeder Baustelle. Ausser beim Museum Tinguely fanden seine Partys im Brückenkopf der Dreirosenbrücke, auf der Baustelle der Nordtangente und im Veloparking beim Centralbahnplatz statt. Manchmal auch in einer Bankomatenhalle, einmal in der Toilettenanlage unten bei der Schifflände, einmal in einer Baugrube beim St. Jakob-Park, in die eine Gerüstleiter hinunterführte, und einmal auf dem Dach des Messeparkhauses: «Der Wind trug die Bassklänge von dort oben über die ganze Stadt hinweg, hat uns später die Polizei gesagt, und sie brauchten Stunden, um uns zu lokalisieren.»

Die Polizei gehörte fast immer dazu. Weil die Partys ohne Bewilligung und ohne Lizenz für den Getränkeausschank stattfanden und der Lautstärkepegel immer hoch genug war, um die nächste Wohnsiedlung zu erreichen, beendete meist ein Besuch der Polizei die Veranstaltung. «Das lief ohne grosse Probleme ab», erzählt Gerber, «wir stellten die Musik leiser und kümmerten uns ums Aufräumen. In vielen Fällen kam es nicht einmal zu einer Anzeige. Ich glaube, wie wir da vor uns hinfeierten, fanden die Polizisten gar amüsant.»

Es dauerte nicht lange, da gab es nicht mehr viel zu lachen. Die Basler Ausgehmasse entdeckte nach und nach die Partys, mit der zunehmenden Verbreitung der Mobiltelefone sprachen sich die illegalen Techno-Nächte immer schneller herum. Im Jahr 2000 stieg die grösste dieser improvisierten Tanznächte im Lüftungsschacht der Nordtangente. «Tausend Leute waren da. Wir brauchten drei Autos und viele umsonst mithelfende Freunde, sonst hätten wir das nie hingekriegt». Toll sei es gewesen, schwärmt Gerber, «eine Supernacht», aber damals dämmerte es ihm auch, dass nun der Gipfel erreicht sei. «Eine jüngere Generation wuchs heran mit einem ausgeprägteren Konsumverhalten. Was wir da auf die Beine stellten, wurde nicht mehr geschätzt, sondern als normale Clubnacht betrachtet, für die man Eintritt bezahlt und sich danach alles erlauben kann. Für dieses jüngere Publikum waren wir einfach Dienstleister, nichts weiter. Ich fand, die sollen ihre eigenen Partys auf die Beine stellen.»

Gerber begann sich zurückzuziehen, nicht ohne zuvor der ‹Basler Zeitung› noch ein langes Interview gegeben zu haben über die aufregenden Nächte im Basler Underground – anonym, als ‹Herr Untergrund›.

Ein Totengräberakt, sagt er heute, für den er sich noch immer «die Hand abbeissen» könnte. «Es hat mir geschmeichelt, ja. Auch wenn natürlich ein paar neckische Kommentare aus meinem Umfeld nicht ausblieben. Aber durch dieses Interview wurden meine Partys der Stadt bekannt, der Öffentlichkeit, der Verwaltung, der Politik. Die Polizei konnte uns nicht mehr tolerieren, von nun an wurden die Partys rigoros beendet, einmal kam es beinahe zu einem Einsatz von Tränengas.» Ueli Gerber, der ‹Herr Untergrund›, der denselben in Basel jahrelang mit harten Bässen befeuert hatte, gab die ‹Sauvages› auf.

Er eröffnete 2002 einen Plattenladen an der Hammerstrasse, ‹Sofa Records›, der nach einem Jahr wieder schliessen musste, legte als DJ in einem Kleinbasler Kellerlokal auf und betrieb eine Bar in seiner Wohnung, jeden Sonntagabend. Sehr gemütlich sei das gewesen, bis er realisierte, dass seine Wohnung nur noch aus stinkenden Sofas bestanden habe. Dann war Schluss. Ueli Gerber ging für drei Jahre als Barchef in die Szenekneipe Grenzwert, 2005 übernahm er mit einem Partner die Fassbar an der Hammerstrasse und drei Jahre später als Gesellschafter einer GmbH auch das angegliederte Restaurant Zum Goldenen Fass. Gerber ist Gastronom geworden und damit endgültig in einem Gewerbe angekommen, in dem er drinsteckte, seit er als Anfangzwanziger im Bell hinter der Bar stand. «Jetzt bin ich froh, wenn ich am Wochenende abends einfach mal weg kann, ohne für eine Party verantwortlich zu sein.» Und der Underground der Stadt, fünfzehn Jahre nach den Spitzentagen des Techno? Nun, der habe es in Basel sowieso schwer. Für Zwischennutzungen fehlten in der Stadt, die überall von Grenzen umschlossen sei, die Räume. Also müsste man über diese Grenzen hinaus ausweichen, drüben in Frankreich sähen die Platzverhältnisse ganz anders aus … – er bricht den Satz ab. «Das liegt nicht mehr an mir», sagt er. «Jede Generation schafft sich ihr eigenes Nachtleben. Das soll so bleiben.»

Das erste Album, das Sie sich gekauft haben?
‹Nena› von Nena, die Kassette. Da war ich etwa zehn Jahre alt.

Ihr erster Auftritt?
In der früheren Fleischverarbeiterei Bell, 1995. Eine kleine Partyreihe, die jede Woche stattfand. Damals legte ich noch Trip-Hop und Indierock auf.

Ihr grösster Auftritt?
Ein Open Air auf dem nt/Areal, 2001. Ein zweitägiges Festival mit drei Bühnen und rund zweitausend Leuten, ich war für die DJs der Afterparty zuständig.

Die grösste Ernüchterung?
Die Feststellung, dass Sicherheitspersonal notwendig ist, wenn man eine Party veranstalten will.

Ihr peinlichstes Erlebnis?
Als ich bei der zweiten ‹Jungle Street Groove› 1996 die notwendigen Bewilligungen zu Hause verloren hatte und daher der Umzug erst starten durfte, als ich der Polizei versprach, sie umgehend aufzutreiben. Habe mich dann während der ganzen Veranstaltung verstecken müssen.

Ihre höchste Gage?
500 Franken.

«Wir haben zehn Jahre lang gestritten»

Jeanny Messerli (*1970) und Philippe Cabane (*1960) bilden die Hälfte des harten Kerns des Vereins ‹k.e.i.m.›. Dieser Verein macht sich stark für die Entwicklung urbaner Standorte und Flächen und hat seit 1999 den ehemaligen Rangierbahnhof der Deutschen Bahn – das nt/Areal – mit den beiden Lokalen Erlkönig und Wagenmeisterei zwischengenutzt.

Jeanny Messerli, Philippe Cabane. Zehn Jahre lang haben Sie das nt/Areal bespielt, jetzt wird es von der Stadt überbaut. Geht damit auch die Ära der Basler Zwischennutzungen zu Ende?

CABANE: Im subkulturellen Sinne: Ja, definitiv. Und zwar, weil heute in jedem grossen städtebaulichen Projekt dieses Schlagwort auftaucht. Die Zwischennutzung wird institutionalisiert und instrumentalisiert ...

MESSERLI: ... wodurch die Entwicklung definiert und kontrolliert wird. Was im Grunde zum Tod des ‹Frei-Raums› führt.

War das auf dem nt/Areal anders?

MESSERLI: Ja, auf jeden Fall. Wir hatten die Lokale illegal bespielt, ehe wir einen Mietvertrag fürs Areal unterschrieben. Wir gingen nie nach einem Masterplan vor.

Sie begannen illegal. Wann verlor das nt/Areal seine Unschuld?

MESSERLI: Als wir den Mietvertrag, anfänglich auf achtzehn Monate befristet, unterschrieben hatten, mit Renovationsarbeiten begannen und plötzlich zwei Lieferanten auftauchten mit der Frage: Wo sollen wir den Zigarettenautomaten platzieren? Da wurde mir bewusst, dass die ganze Geschichte einen offiziellen Charakter erhält.

Mit der Legalität kam der Erfolg, mit dem Erfolg das Volk, auch solches, das mit seinen Goldkettchen und getunten Autos nicht mehr zum Charakter des alternativen Areals passen wollte. War das frustrierend?

CABANE: Schade wars natürlich schon, dass auf einmal auch das Steinenvorstadt-Volk den Weg zu uns hinaus fand. Aber diese Leute verliessen uns ja im Herbst wieder. Zudem war uns klar, dass das nt/Areal wie ein Marktplatz Menschen anzieht, dass das Publikum im Erlkönig mit der Zeit breiter werden würde. Das glichen wir mit der Bespielung der alternativeren Wagenmeisterei aus. Dieses Lokal blieb unser Spielplatz der Offenheit.

MESSERLI: Kommt der Mainstream, muss sich die Subkultur irgendwo neu etablieren. Ein natürlicher Prozess, den man nicht steuern kann. Deshalb ist das nt/Areal für mich auch gar kein Zwischennutzungsprojekt mehr. Denn wenn man so lange so viel arbeitet, will man auch mal etwas verdienen.

← 86-1 **Hinter den sieben Gleisen.** Jeanny Messerli und Philippe Cabane auf dem nt/Areal.

Warum hat sich in Basel kein Ersatz fürs nt/Areal gefunden? Fehlt es an Freiräumen oder an der Initiative der jungen Generation?

MESSERLI: Ich finde es hat mit der Schwächung der Kunstgewerbeschule zu tun. Sie zog immer Leute aus anderen Kantonen nach Basel, Leute, die etwas Neues anrissen, weil sie mit dem Blick von aussen kamen und Möglichkeiten eher erkannten als Basler selbst. Diese haben aber immer Support und Begeisterung beigetragen.

Was meinen Sie mit «Schwächung der Kunstgewerbeschule»?

MESSERLI: Mit dem Fachhochschulstatus begann die Klassentrennung, was zu einer Separierung der Kunststudenten führte, einer Schwächung. Zudem ist es heute so, dass viele nach ihrem Studium Basel wieder verlassen, weil sie ihr Geld als Künstler eher in Zürich oder Berlin verdienen.

Jetzt legen Sie aber viel Verantwortung auf die Schultern der Kunststudenten. Neue Projekte in der Subkultur anzureissen, sollte doch auch Aufgabe der Musikszene sein, vom Hip-Hopper bis zum Hardrocker?

MESSERLI: Schon. Aber die Musiker waren eher am Bespielen interessiert als am Begründen. Die Kunstgewerbeschule brachte sehr viele Studenten nach Basel, die setzten um, was ihnen in Basel fehlte. Die Musiker füllten das dann mit Inhalten.

CABANE: Ich sehe noch einen anderen Grund: Die Besetzerszene hatte ihren grössten Erfolg mit der Alten Stadtgärtnerei. Die Politiker begannen daraufhin die ‹potenziell freundlichen› partizipativ einzubinden, also die Szene systematisch zu isolieren. ‹Teile und herrsche!›, eine altbekannte Strategie der Machterhaltung.

Aber Basel wird doch seit Jahren rot-grün regiert. Das sollte für ein offenes Ohr bei Projekten wie das nt/Areal sprechen.

MESSERLI: Es geht. Wir mussten immer wieder mit den Behörden kämpfen, weil sie einerseits unser Projekt lobten und uns andererseits Bewilligungshürden vors Haus stellten.

Wie erklären Sie sich das?

MESSERLI: In Basel muss man von einer Salon-Linken sprechen ...

CABANE: ... und diese verhält sich extrem wirtschaftsfreundlich, weil sie ihr teures, grosszügiges Staatsangestellten-System alimentieren muss. Aus diesem Grund hat man uns nie mit offenen Armen empfangen: Wir haben aufgezeigt, dass man einen öffentlichen Raum selber öffentlich bewirtschaften kann, ohne Staatsgelder.

Zurück zur Zukunft: Eine Gefahr scheint von der neuen Generation nicht auszugehen. Zwar wird der Mangel an Freiräumen beklagt, aufbegehrt wird aber nicht.

CABANE: Wir Älteren haben immer die Tendenz zu glauben, dass die Jugend nicht mehr so engagiert sei wie zu unseren Zeiten. Dabei darf man nicht vergessen: Auch in den 80er-Jahren war es vielleicht nur ein Prozent der Jugendlichen, die aktiv etwas bewegen wollten. An der Uni dachten nur wenige so wie ich. Was ich heute bei der jungen Generation feststelle: Die Unzufriedenheit wächst wieder. Es geht nicht mehr nur darum, lustige Partys zu organisieren. Davon gibt es unterdessen genug. Es geht um Vernetzung. Es fehlt nicht an der politischen Motivation, sondern an den passenden Spielfeldern für das Politische. Wer mag sich heute schon in festgefahrenen Ordnungsmustern von Institutionen wie Parteien, Vereinen und anderen Organisationen engagieren? Es braucht einen neuen Groove.

MESSERLI: Und ein solcher Aufbruch würde der Stadt guttun. Zu vieles wird einfach so hingenommen. 2009 war ich an der Generalversammlung der Kaserne ziemlich schockiert, dass da lediglich achtzehn Mitglieder erschienen – und davon ausgingen, dass ein Defizit von 300 000 Franken selbstverständlich aus der Staatskasse gedeckt werde.

CABANE: Kein Wunder, findet sich kaum noch Nachwuchs, der an solchen Sitzungen dabei sein will. Der Fehler ist bei den Etablierten zu suchen, die das Bedürfnis nach einem offenen, freieren Organisationsstil nicht wahrnehmen wollen. Hatten die Jungen in den letzten Jahren in der Kaserne eine Chance, ihre Ideen zu verwirklichen? Ich meine: nein. Die Kaserne ist viel zu sehr mit ihren

Strukturproblemen beschäftigt. Also wurde das noch viel unbefangenere nt/Areal zu ihrem Ort. Und jetzt brauchts etwas Neues.

Doch nicht alle Projekte konnten Sie realisieren. Was waren die Gründe?

MESSERLI: Ermüdungserscheinungen.

CABANE: Sehe ich auch so. Ich hätte gerne schon früh eine Parksituation geschaffen, sodass das Areal auch tagsüber von mehr Besuchern genutzt worden wäre.

MESSERLI: Auch nicht umsetzen konnten wir unsere Idee des Austauschs mit anderen Städten. Dabei war diese Vision mit ein Grund, weshalb wir das Areal ‹nt›, also ‹non territorial› nannten.

Was schwebte Ihnen denn vor?

CABANE: Wir wollten ein mobiles Eisenbahnwagensystem bauen und die Schienen auf dem Areal nutzen, um irgendwohin nach Europa zu fahren, also um uns und unsere Besucher im Wortsinn zu bewegen. Die Idee scheiterte an der Finanzierung sowie an der fehlenden Energie. Es hätte dafür noch mehr Leute im Verein benötigt, wir waren ja nur zu viert: Jeanny, Matthias Bürgin, Dominik Bissegger und ich.

Eine Machtkonzentration?

CABANE: Nein, wir hätten gerne mehr Leute involviert. Aber ich glaube, viele Interessierte, die bei einer Sitzung reinschnupperten, waren irritiert und wurden abgeschreckt.

Warum?

CABANE: Wir hatten verschiedene Hintergründe und Positionen und haben zehn Jahre lang gestritten. Dass wir uns nicht immer einig waren, hat uns aber auch stark gemacht. Wir wurden als mächtiger wahrgenommen, als wir es im Grunde waren.

89-1 **Schweisstreibend.** Pete Doherty rockt 2002 mit den Libertines die Lounge des Erlkönig.

89-2 **Schlange stehend.** Das nt/Areal ist seit 1999 Zufluchtsort für Nachtschwärmer.

Das erste Album, das Sie sich gekauft haben?
JEANNY MESSERLI: ‹Thriller› von Michael Jackson, 1982.

Ihr erstes Konzert als Veranstalterin?
1995 im Kurt, einem illegalen Club unter der Basler Dreirosenbrücke. Die Band hiess Full Moon Scientists und verlangte gemäss technischem Rider «Soulfood». Alles klar, Hasch, dachte ich mir. Als die Band eintraf, stellte sich heraus, dass ich ‹Soulfood› falsch interpretiert hatte. Sie wollten vegetarisches Essen.

Ihr grösstes Konzert als Veranstalterin?
Keines. Unsere Kapazität betrug maximal zweihundert Besucher.

Die grösste Ernüchterung?
Erfolgt nach dem Alkoholrausch.

Ihr peinlichstes Erlebnis?
Ich habe irrtümlich zwei Bands für denselben Abend verpflichtet. Wir konnten es retten, indem wir uns alle darauf einigten, dass beide Bands auftreten würden.

Die höchste Konzertgage, die Sie ausbezahlt haben?
5000 Franken, für Jojo Mayers Band Nerve, ebenso für Züri West.

Das erste Album, das Sie sich gekauft haben?
PHILIPPE CABANE: ‹School's Out› von Alice Cooper, 1972.

Ihr erstes Konzert als Veranstalter?
Ich habe nie Konzerte organisiert, nur ein paar Partys. Ist auch nicht mein Job.

Ihr grösstes Konzert als Veranstalter?
Siehe oben. Als Zuschauer: ‹Sign o' the times› von Prince.

Die grösste Ernüchterung?
Dass ich den Anspruch hatte, für alle eine Win-win-Situation zu schaffen, auf dass ein brachliegendes Areal von der Bevölkerung genutzt werde, aber die Behörden immer nur auf Druck und nicht aus Einsicht gehandelt haben.

Ihr peinlichstes Erlebnis?
Als ich meinen Kopf im Magazin ‹Facts› sah. Aufgenommen bei einer informellen Party im Nordtangenten-Tunnel. Ich als Stadtplaner dachte, ich würde nie wieder einen Auftrag bekommen. Zum Glück irrte ich mich. Es sollen auch wichtige Entscheidungsträger der Basler Behörden dagewesen sein.

Die höchste Konzertgage, die Sie ausbezahlt haben?
Siehe oben.

→ 91-1 **Tanz! Dich! Nass!** 2001 hatten die Raver an der ‹Nautilus› im Gartenbad St. Jakob noch Oberwasser.

06 Techno und Tanzfreude

Wie in Basel von Kraftwerk Energie für elektronische Musik abgeschöpft wurde. Warum das Wort ‹Stücki› plötzlich europaweit bekannt wurde. Und wie Techno durch den Minimal-Boom einen zweiten Frühling erlebte.

92-1 Schaltkreis Wassermann. Ihr Vinyl-Album ‹Psychotron› (1982) ist heute ein gefragtes Sammlerstück.

Synthetische Klänge hielten zwar schon in den 60er-Jahren Einzug in die Pop-Musik und stiessen in Basel auch bei progressiven Komponisten wie Thomas Kessler (der ab 1973 an der Musikakademie unterrichtete und später dort das elektronische Studio aufbaute) auf Gehör, tanzbar aber wurde Elektronik erst durch Gruppen wie Kraftwerk aus Düsseldorf. Deren reduzierte Computer-Musik war zugleich innovativ und repetitiv. Zu den ersten grossen Tüftlern, die im populären Bereich ausschliesslich elektronische Musik auf Vinyl veröffentlichten (und rund dreissig Jahre später noch immer aktiv sind), gehörten Peter Felippi (unter dem Projektnamen Konk) und allen voran das Ehepaar PJ und Stella Wassermann. Letztere gründeten 1979 Schaltkreis Wassermann 92-1/93-1, ein Projekt, das nicht nur im Namen an Kraftwerk erinnerte. ««Mensch-Maschine› haben wir uns endlos angehört», erzählt PJ Wassermann, «inspiriert haben uns aber auch die trippigen Klangflächen eines Steve Hillage».

«Basel war damals als Techno-Stadt renommierter als Zürich, heute ist das undenkbar.»
Chris Air

Der Tüftler und die Sängerin investierten ihr ganzes Geld ins Equipment und kreierten Songs auf einem vierspurigen ‹Roland MicroComposer MC4›. «Für jede Note musste man drei Zahlen eintippen: eine für die Tonhöhe, eine für die Länge und eine für den Abstand zum nächsten Ton», erinnert sich PJ Wassermann. Ihr 1982 erschienenes Album ‹Psychotron› schaffte es zwar in die Top Ten der Synthesizer-Charts des britischen Magazins ‹Melody Maker›, doch ein vergleichbarer Publikumserfolg wie den Berner New Wavern Grauzone oder den Zürchern Yello war ihnen nicht vergönnt. Bis das Duo später für einen Werbespot ein Stück schrieb. Ein Musikverleger hörte es, fuhr darauf ab und drängte sie, es zu veröffentlichen. Dies geschah unter dem neuen Namen Matterhorn Project 92-2. ‹Muh!› hiess die Nummer, mit der sich Sängerin Stella Wassermann 1985 die Hitparaden in der Schweiz und in Südafrika hochjodelte, unterstützt von einem ‹Fairlight IIX›, dem ersten computergesteuerten Sampler. Diesen hatte PJ Wassermann mit Klangfetzen eines solothurnischen Alphornisten, Lachern von Freunden und jodelnden Stimmen gefüttert und mit einem Elektro-Beat à la Jean-Michel Jarre unterlegt. «Der Song war eigentlich ein Betriebsunfall», sagt PJ Wassermann heute. Ein Glücksfall? «Jein, wir wollten von der Musik leben, was durch den Verkauf von 25 000 Singles sowie 12 000 Alben

92-2 Matterhorn Project. 25 000 Exemplare der Single ‹Muh!› wanderten seit 1985 über den Ladentisch – hier im Bild: Die Japan-Edition.

93-1 **Elektronifiziertes Ehepaar.** PJ und Stella Wassermann zu Beginn ihrer nunmehr dreissigjährigen Musikkarriere.

möglich wurde. Aber wir verkauften die Rechte für 5000 Mark – und verloren alte Fans, die uns die Kommerzialität übel nahmen.» Dabei sei der Song doch ironisch gemeint gewesen, fügt er hinzu.

Mit Elektronik und Ethno-Touch schafften es kurz darauf auch Touch El Arab 93-2 in die Charts. Die Gymi-Band veröffentlichte kurz vor Weihnachten 1987 ‹Muhammar›, eine Anspielung auf das libysche Staatsoberhaupt al-Gaddafi, ein eigenartiges, politisch leicht unkorrektes Lied, in dem gesamplete arabische Gesänge und Gebete auf rudimentäre englische Phrasen trafen («You know you may not drive a car, when you're drunken, Muhammar»). «Wir wollten Tanzmusik machen, aber unsere Klänge waren für unser Publikum so ungewohnt, dass die meisten bloss dastanden und zuhörten», erinnert sich Christoph H. Müller, Keyboarder von Touch El Arab.

93-2 **Lieder in Leder.** Touch El Arab live im Reinacher Palais Noir, 1988. Stephan Hopmann, Philippe Alioth und Christoph H. Müller.

Solche neuen Formen der Tanzmusik suchte in den 80er-Jahren auch Stefan Ursenbacher. Durch Bands wie die belgische Front 242 oder DAF (‹Tanz den Mussolini›) hatte er Zugang zur Electronic Body Music gefunden und mit Freunden im Jugendhaus Muttenz erste Partys veranstaltet. 1990 erlebte er in Amsterdam in einem alten Tankschiff seine erste Techno-Party. «Dagegen wirkten die Discoabende in Basel so verstaubt, dass man beim Gedanken daran Hustenanfälle bekam», umschreibt Ursenbacher das prägende Erlebnis. Für frischen Wind wollte er nun auch in Basel sorgen, mit Gymi-Freunden wie Christian Hauser und Reto Loeliger rief er das Veranstalterkollektiv Future Bass Junkies ins Leben und führte, nach einigen Acid-House-Events, im Keller des deutschen Seminars 1992 eine erste Party mit harter Techno-Musik durch. «Zu unserer Verwunderung trugen die Besucher Bundfaltenhosen und brachten ihre Sporttaschen mit», erinnert sich Ursenbacher. Aus diesen zauberten sie schrille Klamotten hervor. «Techno und die damit verbundenen Modecodes waren noch so unvertraut, dass sich die Partygänger nicht in diesen Outfits, zum Beispiel weissen Handschuhen, schräger Brille und Malerlatzhose, auf die Strasse trauten.»

«Ich will das alte Zusammenspiel zwischen DJ und Publikum, diese Magie, die einen im schönsten Fall in Tanzekstase versetzt.»
Andreas Dinten

Als die Future Bass Junkies im unter anderem von Pipilotti Rist umgenutzten Areal der Alten Stückfärberei einen Raum mit 2300 Quadratmetern mieten konnten, war der Grundstein für Basels Techno-Boom gelegt. Planet E nannten sie ihren Club, der ab Oktober 1992 weit über die Stadtgrenzen hinaus Aufsehen erregte und Publikum aus dem ganzen Dreiländereck anlockte. «Basel war damals als Techno-Stadt renommierter als Zürich, heute ist das undenkbar», sagt der Basler DJ Chris Air. Sein Zürcher Kollege Styro 2000 würde nicht ganz so weit gehen: «Jede grössere Stadt hatte ihre Industrieruinen, in denen ein, zwei Clubs entstanden.» Er räumt aber ein, dass die ‹Stücki›, wie sie im Volksmund liebevoll genannt wurde, «schon speziell geil war».

Von diesem Ort in Kleinhüningen aus machte sich Aufbruchstimmung breit. Mit den Techno-Partys kam nicht nur ein neuer Sound, sondern auch eine neue Ausgehkultur auf. Es war die Zeit, in der etwa das bei Partygängern beliebte brandneue Trendgetränk ‹Red Bull› kaum erhältlich war, weshalb findige Leute nach Salzburg fuhren, ihren Kofferraum mit Dosen füllten und diese vor der ‹Stücki› an Partygänger verschacherten.

Es war auch die Zeit, in der die Tanzwütigen begannen, ihre Ekstase durch die Einnahme von Pillen künstlich zu verlängern. «Das gehörte fest dazu, und wer heute etwas anderes sagt, hat Scheuklappen auf», sagt Chris Air. Die lokalen Behörden und Politiker waren überfordert und besorgt angesichts dieses neuen Phänomens, «weil der Konsum bei Ecstasy offensichtlicher war als bei den Drogen, die zuvor jeweils mit einer neuen Musikbewegung aufgekommen waren», meint Chris Air. Es kam durchaus vor, dass bei einem Rave bei zwei Dritteln der Besucher die stark erweiterten Pupillen ebenso strahlten wie das Lächeln auf den Lippen dieser Tanzenden, die zu den hämmernden Sounds und Lasergewittern in die Unendlichkeit zu gleiten schienen.

Überfordert waren die Beamten auch von den Menschenmassen, die zur ‹Stücki› pilgerten. Zwar hatten zuvor schon im Schlotterbeck Techno-Anlässe stattgefunden, aber die zwei- bis viertausend Raver, die ab 1992 im Planet E tanzten (sowie in den drei weiteren Clubs, die in den Industriegebäuden entstanden, Villa, Heaven Underground und das besonders von der Kunstszene frequentierte Bimbotown), bedeuteten eine neue Dimension, mit der weder die Immobilienfirma, die das Areal verwaltete, noch die Polizei oder das Bewilligungsamt richtig umzugehen wussten. «Wir erhielten immer mehr Auflagen aufgebrummt», erzählt Ursenbacher. Eine Schliessung des Clubs stand immer wieder im Raum, 1995 wurde sie Wirklichkeit. Noch heute schwärmen Basler Technofans von der ‹Stücki›, in der internationale Koryphäen wie Sven Väth oder Laurent Garnier auflegten, bevor sie jedes Kind kannte. Letzteren engagierten die Future Bass Junkies für 800 Franken plus Reisespesen, wie sich Ursenbacher erinnert. Ein Schnäppchen, wenn man es mit den Gagen vergleicht, die angesagte DJs heute verlangen. «Als wir das Presswerk 97-1 eröffneten, zahlten wir 2000 Franken für einen bekannten Namen, heute fordern Stars oft das Dreifache», erzählt Andreas Dinten.

Dinten wurde wie die meisten Basler im Planet E «verstrahlt», wie er es nennt. Als Teenie noch dem Hip-Hop zugeneigt, mutierte er zum Elektronik-

Fanatiker, tauchte nach der ‹Stücki›-Schliessung wie so viele in die illegalen Partys ab. «Aber der Reiz erschöpfte sich, ich wünschte mir wieder einen festen Ort.» Als er hörte, dass die alte Aluminiumfabrik in Münchenstein umgenutzt würde, sah er sich die Räume an und fand ein ähnliches industrielles Loch vor wie es einst die ‹Stücki› war. Und wie zehn Jahre zuvor wurden auch hier die Räumlichkeiten aufgemöbelt und mit einem Namen versehen: Presswerk 97-1. «Als sich 2001 herumsprach, dass hier abseits der Stadt ein Techno-Club aufgehen sollte, lachten uns viele Clubgänger aus», sagt Dinten. «Sie waren sich sicher, dass das nicht gut gehen würde.»

Denn obschon Techno rasch zur Massenbewegung avanciert war, wurde er in Basel zur Jahrtausendwende vom gefälligeren, sanfteren House überrollt. Als nach der ‹Stücki› 1998 auch der Tower, ein Lokal in einem alten Gebäude der Fleischfabrik Bell, schloss, kehrten viele Raver der Stadt den Rücken, reisten vermehrt nach Zürich oder nach Roggwil/BE, wo auch die Future Bass Junkies mitmischten, ehe sie sich allmählich zurückzogen. Andere Veranstalter, die auf den Zug aufspringen wollten und Raves durchführten, scheiterten mehrheitlich kläglich. Meist mangelte es an der notwendigen Professionalität, wenn jemand die St. Jakobshalle oder den Festsaal der Messe mietete und zur Party auf mehreren Floors lud. Andere, wie die 1999 lancierte Open-Air-Veranstaltung ‹Nautilus› 91-1/95-1, verwässerten stilistisch immer mehr, viele gingen baden und nach fünf Jahren schliesslich sang- und klanglos für immer unter. Einzig der Massenevent ‹Sonic› vermochte sich bis in die Gegenwart zu retten. Von Innovation aber konnte beim Programm der ‹Sonic› schon vor Jahren nicht mehr die Rede sein.

Wurde Techno in Sachen Popularität vom formatierten Trance und House abgelöst, so gaben im kreativeren Untergrund in der zweiten Hälfte der 90er-Jahre vorwiegend Jungle- und Drum ’n’ Bass-DJs den Ton an. Der zu ‹Stücki›-Zeiten auf British Hardcore spezialisierte Basler DJ Toasta (Giuseppe Cottone) gehörte zu den ersten, auch Paco Manzanares oder Petit Prince (Dominik Ziliotis) spielten eine wichtige Rolle bei der

95-1 / 95-2 **Kommerz versus Kapriolen.**
Die ‹Nautilus› (oben) lockte 2004 noch Raver ins Gartenbad St. Jakob, ehe sie selber baden ging. Der einst politisch motivierte Strassenumzug ‹Jungle Street Groove› respektive ‹Beat On The Street› (unten) konnte sich hingegen erfolgreich in die Gegenwart retten.

96-1 Rumble in the Jungle. Das Drum 'n' Bass-Kollektiv LTJ Warriors, 2001: Nic Plésel, Nick von Frankenberg und Thom Nagy.

Etablierung dieses oft vertrackten elektronischen Stils, den jüngere Technofans wie Thom Nagy, Nic Plésel und Nick von Frankenberg aufgriffen. Diese versuchten «beinahe in evangelikanischer Manier unsere alten Skaterfreunde, die Punk oder Hip-Hop hörten, zu bekehren», wie Nagy amüsiert erzählt. «Im Drum 'n' Bass fanden wir den energiereichsten und zugleich verspieltesten Sound», ergänzt von Frankenberg.

Das Trio nannte sich LTJ Warriors 96-1 und gehörte von 1997 bis 2008 zu den treibenden Kräften dieser Szene, aus der gar eine Alternative zur ‹Street-› und ‹Loveparade› hervorging: der ‹Jungle Street Groove› 95-2, der 1995 erstmals die Basler Strassen erschütterte, mit rund hundert Personen, die tanzend gegen die französischen Atombombenversuche auf dem Mururoa-Atoll demonstrierten. Im Jahr darauf fand der erste offizielle Umzug statt. Heute ziehen im Spätsommer mehrere Tausend Menschen durch die Stadt. Jedoch ohne dass dem Brimborium ein vergleichbar fasnächtlicher Touch anhaftet wie der Zürcher ‹Street Parade›, wohl auch, weil sich die Basler Strassenparade bis heute einer kommerziellen Ausschlachtung verweigert hat.

Dies gilt auch fürs Presswerk. Erschienen zur ersten Party 2001 lediglich hundertfünfzig Besucher, so waren es bei der vierten bereits vierhundert. Heute ist das Presswerk einer der wenigen Clubs, die konsequent einmal monatlich einen Techno-Abend veranstalten, ohne Sponsoren und Bacardi-Dome, mit DJs, die Vinyl spielen und nicht einfach ihren Laptop anschliessen – «denn das sieht doch immer so aus, als würde einer vier Stunden lang seine E-Mails checken», bemerkt Andreas Dinten, «ich aber will das alte Zusammenspiel zwischen DJ und Publikum, diese Magie, die einen im schönsten Fall in Tanzekstase versetzt».

Der Erfolg des Presswerks bestätigt, dass Dinten nicht alleine ist mit dieser Ansicht. Seit 2005 veröffentlicht er unter dem Label ‹Gelbes Billett› auch Musik. Liebhaberei, wie auch der Club, davon leben lässt es sich nicht. Dasselbe gilt für ‹Interdisco›, ein Netzlabel, dessen Musik primär über das World Wide Web vertrieben wird. Die Techno-DJs Christian Walt und Oliver Hagmann (DJ Hachi) riefen es 2003 ins Leben mit dem Ziel, die Eintönigkeit, die die längst von der Sub- zur Mainstreamkultur gewachsene Techno-Szene mitunter verbreitet, aufzubrechen. Das ist ihnen mit einigen Veröffentlichungen ebenso prächtig gelungen wie dem ‹Gelben Billett›, das regionale Tupfer setzte in jenem Genre, das ab 2003 trendy wurde und zu den Anfangszeiten von Schaltkreis Wassermann (die nach fünfundzwanzig Jahren nun wieder live auftreten) noch das einzig Mögliche war: dem minimalen Techno-Sound.

«Im Drum 'n' Bass fanden wir den energiereichsten und zugleich verspieltesten Sound.»
Nick von Frankenberg

Doch beispielhaft für die Zyklen der technoiden Musik verlor der anfänglich aufregende Minimal-Sound, der ausser vom Presswerk auch von Clubs wie dem Schiff, nt/Lounge oder dem Nordstern aufgegriffen wurde und selbst in Diskotheken wie der Sprisse-Bar in Pratteln Einzug hielt, seine experimentellen Kanten, wurde formatiert, weshalb ihn jene Elektroniker, die sich dem Untergrund verpflichtet fühlen, in jüngerer Zeit wieder verteufelt haben – wodurch sich die Experimentierfreude einmal mehr in Subgenres verlagert. Getanzt aber, das ist die grosse Konstante, wird weiterhin, sei es in der Halle oder im illegalen Keller.

→ 97-1 **Alles in Bewegung vor den Toren der Stadt.** Das Presswerk lockt mit Techno in die alte Aluminium-Fabrik nach Münchenstein.

Der elektronische Ethnologe

Zu seiner Musik haben schon Richard Gere und Jennifer Lopez das Tanzbein geschwungen: Der Produzent und Komponist Christoph H. Müller (*1967) ist der international erfolgreichste Basler Musiker. Als Zwanzigjähriger feierte er als Keyboarder von Touch El Arab seinen ersten Chart-Erfolg, ehe er mit dem Gotan Project den Tango elektrifizierte und zum Plattenmillionär avancierte.

Schon als Teenager träumte Christoph H. Müller aus Ettingen von der weiten Welt. Die erste Reise, die seine Zukunft massgeblich beeinflussen sollte, führte ihn aber nur nach Binningen. Schulfreund Philippe Alioth hatte ihn, den Heimorgelspieler («cool war was anderes»), zu sich eingeladen, um ihm seine zwei Synthesizer und eine Drum-Machine zu präsentieren. «Ich war von den Geräten völlig fasziniert», erzählt Müller. Er schloss sich Alioths Band Guyer's Connection an. «Unter Gleichaltrigen gehörten wir zu den Aussenseitern, die anderen machten Rock-Musik und spielten Songs von Bands wie The Police nach. Wir aber standen auf der Bühne, ohne wirklich etwas zu machen. Wie bei den frühen Depeche Mode lief bei uns einfach ein Vierspur-Tape und ein Drumcomputer. Voilà!», erinnert sich Müller an die ersten Konzerte.

99-1 **Herantasten an den Erfolg.** Müller bei einem Konzert mit Touch El Arab, 1988.

Der spielerische Aspekt gefiel ihm so gut, dass der Sechzehnjährige in seinen Sommerferien 1983 auf Urlaub verzichtete und stattdessen wochenlang als Postbote einer Versicherungsgesellschaft jobbte, um sich einen eigenen Synthesizer kaufen zu können, einen monofonen ‹Roland SH2›. «Eine wirklich gute Maschine, ich verwende sie heute noch», schwärmt er. Eine Maschine auch, deren eindringliche Sounds 1987/88 auf allen Radiosendern des Landes zu hören waren: ‹Muhammar› hiess der Song mit der vibrierenden Keyboard-Hookline, Touch El Arab die Formation, zu der nebst Alioth und Müller auch der Industrial-Gitarrist Stephan Hopmann gehörten. Im Therwiler Jugendhaus Güggel tüftelten die Maturanden an Collagen herum, schlugen zum Beispiel mit einem Schlüssel auf die Türfalle eines Atomschutzraumes und verwendeten den industriellen Klang als Snare-Drum-Ersatz. Das Lied mit dem kühlen Beat, den warmen Stimmen von Kathrin Nemeth und Bea Wiggli sowie dem arabischen Touch wurde vom kleinen Aargauer Label ‹Lux Noise› veröffentlicht und in der Schweiz zum grossen Hit, der 1988 bis auf Platz 4 der Hitparade vorstiess. Claude Nobs, Gründer des ‹Montreux Jazz Festivals›, war damals für ‹Warner Music› tätig und lizenzierte das Lied für Europa. Doch die internationalen Veröffentlichungen liessen auf sich warten, in manchen ‹Warner›-Filialen landete ‹Muhammar› in der Schublade. Was Müller zum einen ärgerte, zum anderen erleichterte. Denn so ganz wohl war ihm der Rummel um seine Person nicht. In Italien etwa wurden die jungen Basler mit einer Limousine vom Flughafen abgeholt und in ein

99-2 **Touch El Arab:** ‹Muhammar›. Die Hit-Single aus dem Jahr 1987. Wenn das al-Gaddafi wüsste …

99-3 **Gotan Project:** ‹La Revancha del Tango›, 2001. Ein Volltreffer, das Album verkaufte sich über eine Million Mal.

← 98-1 **Zurück im Untergrund.** Christoph H. Müller entlockte mit seinen Bandkumpels von Touch El Arab 1987 den Türfallen von Atomschutzräumen Töne.

TV-Studio chauffiert – um an der Seite von Pop-Sternchen wie Sabrina (die Dame mit dem grossen ... sagen wir einfach: Umfang) aufzutreten. «Wir fühlten uns nicht am richtigen Ort. Wir träumten zwar vom Erfolg, vom Leben als Profis. Aber insbesondere Philippe sah sich eher dem Untergrund verpflichtet – und verliess daraufhin auch die Band», sagt Müller.

Ihn zog es nun raus aus der Schweiz. Zuerst nach Spanien, dann nach London. Im Gepäck: Demos seiner elektronischen Musik. Die Erfahrungen waren ernüchternd. «Wem immer ich sie vorspielte, die Reaktion war stets dieselbe. Meine Musik klinge interessant, aber allzu fremd.» Mehr Verständnis schlug ihm in unseren Breitengraden entgegen: in Paris. Ein Stipendium führte den Geschichtsstudenten in die französische Hauptstadt. Dort hätte er gar die Chance gehabt, eine akademische Karriere einzuschlagen. Ein kluger Kopf, aber auch ein müder. «Meine Tätigkeit an der Uni nahm absurde Züge an. Ich verschlief die Hälfte der Vorlesungen, weil ich nachts durch die Clubs gestreift war, um mir DJs und Bands anzuhören und alles in mich aufzusaugen.» Zu Beginn der 90er-Jahre kam er an den Punkt, an dem er sich entscheiden musste: Studium oder Musik. Er wählte das Risiko, gründete mit Gabriela Arnon, einer aus New York stammenden Sängerin, das Projekt Ten Mother Tongues, schraubte an einem Entwurf für Neo-Folk herum und hielt sich nebenbei als Privatsekretär eines reichen Kunstsammlers über Wasser. Müller putzte Klinken bei Plattenfirmen. Ein Demo landete auf dem Schreibtisch von Philippe Cohen Solal, damals Mitarbeiter beim Musikverlag von ‹Virgin Frankreich›. Dieser kontaktierte ihn 1995 mit dem Vorschlag, gemeinsam Auftragsmusik für Werbung und Film zu machen. «Ich verlor zwar meine Freiheit, lernte aber viel, gerade was Produktionsmethoden angeht.» Hatten die Tantiemen für ‹Muhammar› lediglich für die Anschaffung von ein, zwei Synthesizern und Recording-Equipment gereicht, so erfreute er sich acht Jahre später erstmals eines regelmässigen Einkommens als Musiker. Mit einer kurzen Melodie für eine Zahnpastawerbung verdiente er zum Beispiel zwei volle Monatslöhne. «Doch so angenehm das auch war: Ich realisierte bald, dass diese Tätigkeit für mich längerfristig keine Zukunft hatte, da ich sonst zum Zyniker würde.» Ihm fehlte der romantische Aspekt, den er beim Musizieren liebte: die Kopfreise, die Freiheit, der Austausch.

Abhilfe leistete da ein Bandprojekt, das er mit Cohen Solal ins Leben rief und mit dem er auf dessen neuem Label ‹Ya Basta!› 1996 für die erste Veröffentlichung besorgt war: The Boyz From Brazil. Unter Samba- und Bossa-Melodien schaufelte das Duo elektronische Beats und Geräusche und überführte so brasilianische Tradition ins Techno-Zeitalter. Zwar wurden ihre Tracks in distinguierteren Clubs gespielt, doch der ganz grosse Coup blieb aus. Es schien, als könnten Müller und sein Compagnon nicht vom Boom der elektronischen Musik ‹produit en France› profitieren, den das Duo Air mit seinem retrogefärbten Easy Listening, die Vocoder-Liebhaber von Daft Punk oder der Acid-Jazz-DJ St. Germain um die Jahrtausendwende initiiert hatten. Was französischen Rock-Musikern nie gelungen war (ebenso wenig übrigens deutschen), nämlich ihre Musik millionenfach zu exportieren, das erreichten die Vertreter der elektronischen Musik, die von den Medien gerne unter den Sammelbegriffen ‹French Touch› oder ‹Nouvelle vague française› zusammengefasst wurden.

Auch Komponist, Programmierer und Arrangeur Müller wollte einen neuen Weg einschlagen. Trotz des Abbruchs seines Studiums weiterhin ein Forscher, der an Ethnologie und Geschichte interessiert war, tauchte er dank Eduardo Makaroff, einem Kenner des Tango, in die vibrierende argentinische Exilantenszene in Paris ein. «Das führte zu einem spannenden Austausch. Makaroff hatte keinerlei Kenntnisse von elektronischer Musik, Cohen Solal und ich wiederum liessen uns von ihm in die Hintergründe des Tango einführen.» Gotan Project nannte sich das Trio, ‹La Revancha del Tango› hiess das Debütalbum, das 2001 erschien und sich weltweit über eine Million Mal verkaufte. Ein Volltreffer. Die Mischung aus organischen Klängen und technologischen Spielereien, aus Beats, Bytes und Bandoneon begeisterte Kritiker wie auch Konsumenten, wurde von Club-DJs aufgegriffen – und von Hollywood-Produzenten: So reichten sich Richard Gere und Jennifer Lopez im Film ‹Shall We

Dance?› (2004) zum Song ‹Santa María (del Buen Ayre)› die Hände. Gotan Project stand fortan für die erweiterte Erneuerung des Tango. Dies brachte eine Firma, die Entkalkungstabletten herstellt, auf die Idee, das Lied ‹Epoca› für eine Kampagne zu verwenden. Damit kehrte Müller wieder in die lukrative Werbewelt zurück, jedoch mit dem Unterschied, dass er nicht mehr Auftragsarbeiten ausführen, sondern lediglich Nutzungserlaubnisse erteilen musste. «So toll sich all dies auch anhört», erzählt er im Schatten der Basler Campari Bar, «einfach war es nicht, diesen Erfolg zu erreichen. Ich musste zehn Jahre lang dranbleiben, Rückschläge einstecken, Frustrationen und finanzielle Engpässe überstehen. Und ein Multimillionär bin ich beileibe nicht geworden.»

Müller weiss: Der Erfolg in einem trendorientierten Geschäft wie der elektronischen Musik kann so schnell, wie er gekommen ist, auch wieder verschwinden. Diese Erkenntnis sowie die fortwährende Krise des klassischen Plattenmarkts zwingen ihn, Konzerte zu geben, um seiner Familie – er ist verheiratet und hat zwei Kinder – langfristig ein sorgenfreies Leben zu ermöglichen. «Ich suche die Bühne überhaupt nicht. Die Liveumsetzung interessiert mich nur bis zum Moment der Generalprobe. Danach habe ich es eigentlich gesehen. Mich treibt der kreative Prozess an. Ich bin kein Frontmann, sondern ein Studiotüftler.» Ein Tüftler, der es vom Jugendraum Therwil zum eigenen Tonstudio in Paris gebracht hat, wo er 2005 seinen ersten Filmsoundtrack vertonte (‹Je ne suis pas là pour être aimé›) sowie 2009 die Harddisk mit neuen Klängen fütterte: Radiokijada heisst das Projekt, bei dem er mit dem afro-peruanischen Perkussionisten Rodolfo Muñoz zusammenarbeitete. Einmal mehr manifestierte sich dabei Müllers Interesse an Kopfreisen – hatte er doch noch nie einen Fuss auf den Boden Perus gesetzt. In Gesprächen und bei Recherchen hat er aber die Nähe zur Musik dieses Landes gesucht, sich mit dem musikethnologischen Hintergrund beschäftigt und dann mit den Möglichkeiten moderner Technologie wieder Distanz gefunden, auf dass etwas Neues entstehe. Was Kritiker renommierter Zeitungen (etwa der Londoner ‹Times›) einmal mehr zu Lobeshymnen verleitete. Dass er den Dreh raus hat, wie man Tra-

dition und Moderne zu einem süffigen Cocktail mixt, steht fünfundzwanzig Jahre nach seinen Anfängen als Musiker fest – ebenso, dass er damit unterdessen selbst Geschichte schreibt.

Das erste Album, das Sie sich gekauft haben?
‹A Day At The Races› von Queen, 1978.

Ihr erstes Konzert?
Mit Guyer's Connection am Gymnasium Oberwil, 1984, vor maximal zwanzig Leuten.

Ihr grösstes Konzert?
Am grössten Festival Frankreichs, ‹Les Vieilles Charrues›, 2003. Mit dem Gotan Project spielten wir vor rund fünfzigtausend Zuhörern.

Die grösste Ernüchterung?
Dass Jennifer Lopez nie angerufen hat – doch Spass beiseite: Ende 2007 traten wir mit dem Gotan Project an einem Festival in Buenos Aires auf – und zwar auf der Hip-Hop-Bühne, wie sich herausstellte. Die Veranstalter liessen uns vollkommen ins Messer laufen, denn da warteten zwanzigtausend Hip-Hop-Kids auf Cypress Hill und Snoop Dogg und begrüssten uns mit fliegenden Flaschen. Unsere Sängerin – eine Argentinierin, es war für sie das Heimspiel – wurde getroffen, brach in Tränen aus und verzog sich nach hinten. Wir spielten eine Viertelstunde weiter, dann brachen wir das Konzert ab.

Ihr peinlichstes Erlebnis?
Mit Touch El Arab im Basler Totentanz, vermutlich 1988. ‹Muhammar› war ein Hit, unser Konzert wurde mit Spannung erwartet. Wir aber hatten uns miserabel vorbereitet, kämpften mit technischen Problemen, worauf die Leute den Club verliessen. Am nächsten Morgen wollte ich nicht mehr aufstehen.

Ihre höchste Konzertgage?
Mit dem Gotan Project, 2006, für ein Privatkonzert im Sporting Club von Monaco. Ältere Damen und Herren haben zu unserer Musik edel diniert. Es war peinlich, merkwürdig und lustig zugleich. Die Gage, mehrere Zehntausend Franken, war ein angenehmes Schmerzensgeld.

«Immer lauter, härter, schneller»

Seit Techno auf der Schwelle von den 80er- zu den
90er-Jahren die Club- und Ausgehkultur neu zu definieren
begann und Basel sich kurzzeitig als Techno-Hauptstadt
der Schweiz etablierte, ist Chris Air (*1974) dabei.
Er hat als einer der Ersten der Stadt den Minimal-Techno
gespielt, der heute jede Disco füllt.

**Chris Air, jeder, der die Anfänge des Techno erlebt hat, erinnert
sich an seine erste Begegnung mit diesem Sound. Wie war das bei Ihnen?**
Die fand, wie bei den meisten Basler Partygängern dieser Zeit, 1990 in der
Alten Stückfärberei in Kleinhüningen statt. Wenn einem das erste Mal diese lauten, harten Bässe um die Ohren gehauen werden – das vergisst man
nicht mehr. Dort hat auch meine DJ-Karriere angefangen.

Wie kam ein junger DJ wie Sie zu seinen Auftritten in der ‹Stücki›?
Ich und die Veranstaltergruppe Future Bass Junkies hatten denselben
Coiffeur. Der mochte meine Musik, und ich bezahlte ihn mit meinen eigenen Mixtapes, die stark von den Genres Ambient und Minimal-Techno geprägt waren – damals völlige Nischenmusik. Mein Coiffeur spielte meine
Tapes in seinem Salon, die Leute von den Future Bass Junkies hörten sie und
erkundigten sich nach mir. Eines Abends stand ich dann mit meinen Platten in der ‹Stücki›, und die Veranstalter sagten: Da ist der Chill-out-Floor,
mach mal. Also machte ich.

**Die Techno-Bewegung nahm sehr schnell gigantische Ausmasse
an: Die Raves entwickelten sich zu den grössten Partys, die
die Welt bis dahin gesehen hatte. In den grossen Städten wie Berlin
oder Zürich wuchsen die Paraden zu Millionenveranstaltungen.
Wie haben Sie diese Zeit erlebt?**
Aus nächster Nähe. Die Future Bass Junkies veranstalteten selbst riesige
Raves ausserhalb der Region Basel, und ich und meine Minimal-Kollegen
waren quasi im Handgepäck immer dabei. Das waren gewaltige Events mit
bis zu zwölf verschiedenen Floors, wobei es mir da schnell unwohl wurde
bei diesen harten, hektischen Sounds wie Goa, Trance oder Gabber und
all den umherzappelnden jungen Leuten. Aber in den Raves schwang die
Anfangszeit des Techno mit, die wohl jeder, der sie erlebt hatte, als einen
Wandel im Ausgehverhalten begriffen hatte. Alles wurde ständig grösser
im Techno und sprengte Grenzen – Genregrenzen, Grenzen zwischen den
Szenen und auch räumliche Grenzen, indem sich die Zahl der Floors stetig
vermehrte. Nach dem zwanzigsten Rave hatte man es dann gesehen. Und
mit der Zeit sprangen auch Sponsoren auf die Welle auf, mancher Rave ver-
kam beinahe zu einer Produktwerbeveranstaltung.

← 102-1 **Boxenstopp.** DJ Chris Air im
Münchensteiner Techno-Club Presswerk.

→ 104-1 **Gelbes Billett, schwarzes Gold.** Basler Techno-Sampler aus dem Jahr 2006, unter anderem mit Chris Air.

Minimal-Techno war in den goldenen Jahren des Techno eine Nische. Was führte Sie dort hinein?

Prägend waren die Plattenreihe ‹Studio 1› des Kölner Labels ‹Kompakt› sowie die Veröffentlichungen des Engländers Richie Hawtin. Generell war der Minimal-Techno wie geschaffen für Experimente. Dieser Stil wird von wenigen Elementen getragen, einer Kickdrum, einer Basslinie, Hi-Hat und einer kleinen Melodie. Daneben ist noch viel Raum. In der Plusminusbar an der Güterstrasse, ein Ort, den es nicht mehr gibt, haben mein Liveactpartner von U3T und ich uns in den 90er-Jahren die Nächte um die Ohren gehauen und die wildesten Experimente gemacht. Wir versuchten, mit vier Plattenspielern gleichzeitig aufzulegen, wir testeten analoge Synthesizer und Klavierpassagen. Aber sobald wir Minimal-Techno an grösseren Partys auflegten, leerten sich die Räume. Es dauerte Jahre, bis dieses Genre populär wurde.

Heute ist Minimal-Techno derart populär, dass er beinahe in jedem Clubprogramm der Stadt auftaucht. Wie erklären Sie diesen Wandel?

Durch dieselbe Entwicklung, die zum Niedergang der Raves führte: Irgendwann war eine Sättigungsgrenze erreicht. Techno wurde immer lauter, härter, schneller. Minimal-Techno ist ja nicht nur ein Stil, sondern beinahe ein Soundkonzept: Alles raus, was nicht notwendig ist.

Können Sie als DJ nun davon leben?

Nein, das kann ich nicht. Heute sind die Gagen horrend gestiegen, ja, aber nicht für mich. Ich habe es auch nie auf eine DJ-Karriere angelegt. Etwa zeitgleich mit dem Auflegen begann meine Berufslehre als Maschinenbauzeichner, danach habe ich mich weitergebildet und bin heute berufsbedingt oft für mehrere Wochen im Ausland.

Und als Produzent?

Das ist eine Liebhabertätigkeit. Mitte der 90er-Jahre habe ich mit zwei DJ-Freunden ein Label gegründet, ‹Mo Records›. Dort veröffentlichten wir Techno-Tracks, die wir selbst am Computer entwickelt hatten, sogenannte ‹Workingtracks›, die man gut mit anderen Stilen mischen konnte. Wir hatten bald einen deutschen Vertrieb hinter uns, und unsere Platten setzten sich gut ab. Leider ging der Vertrieb in Konkurs, so haben wir ‹Mo Records› nicht weiter verfolgt. Heute veröffentliche ich nur noch gelegentlich eigene Werke. Beim Berliner Label ‹Eintakt› erschien ein Remix, den ich für das Basler Pop-Duo Debonair produzierte, auch das Label ‹Gelbes Billett›, das zum Techno-Club Presswerk in Münchenstein gehört, veröffentlichte schon Tracks von mir. Diese Arbeiten hört man selten auf dem Dancefloor, und sie verkaufen sich auch nicht besonders, aber sie geben mir den Kick, mich musikalisch weiterzuentwickeln.

→ 105-1 **Scherben zum Glück.** Chris Air kennt seit fünfzehn Jahren die Regeln an den Reglern.

Sie haben den Niedergang der Rave-Bewegung angesprochen. Wie wirkte sich dieser auf die Basler Szene aus? Wer sprang nach der Schliessung der Alten Stückfärberei in die Lücke?

Eine Weile blieb der Geist der ‹Stücki› noch im Bell an der Elsässerstrasse erhalten. Doch als die Future Bass Junkies aufhörten, fehlten junge Veranstalter, die nachrückten. Danach begann langsam die Zeit der kleineren Zwischennutzungskonzepte wie auf dem nt/Areal, wo auch ich jahrelang mit dem losen DJ-Kollektiv Glücksscherben Techno-Nächte durchführte. Zentral aber war die Lancierung des Presswerks in Münchenstein. Dort wurden die Ursprünge des Techno wieder lebendig – ein Club in einer industriellen Umgebung, in dem rohe, härtere elektronische Sounds Platz finden und die ganze Event- und Sponsoringindustrie aussen vor bleibt. Das ging so weit, dass die Macher dort auf den Aschenbechern die Logos der Zigarettenmarken abschabten, um keiner Firma eine Plattform zu bieten. Aber abgesehen vom Presswerk ist innovativer Techno in der Region Basel weitgehend verschwunden. Wie in vielen anderen Bereichen gilt auch hier: Ab nach Zürich.

Das erste Album, das Sie sich gekauft haben?
‹QE2› von Mike Oldfield, 1985.

Ihr erster Auftritt?
Im Andreas-Haus in Riehen, einem Pfarreizentrum, 1988. Dort im Keller war eine Jugenddisco, ich legte für die Jugendlichen auf und spielte R.E.M. oder was auch immer sich die Mädchen wünschten.

Ihr grösster Auftritt?
An einem Rave auf dem Gugelmann-Areal Roggwil/BE, wahrscheinlich 1996. Keine Ahnung, wie viele Leute dort waren, Tausende. So was gibt es heute nicht mehr.

Die grösste Ernüchterung?
Ich habe in meinen Anfängen oft Musik aufgelegt, die ich wahnsinnig liebte, die aber niemanden interessierte. Heute denke ich: Vielleicht war ich auch nur der Zeit voraus.

Ihr peinlichstes Erlebnis?
An einer Open-Air-Party 2004 im Oberbaselbiet wollte ich während des Auflegens ein Holzpalett hinter mir zur Seite räumen und vergass, dass ich noch die Kopfhörer trug. Ich drehte mich um – und riss das ganze Mischpult runter. Die Musik setzte aus, alle Leute hörten auf zu tanzen und starrten mich an, und ich stand da mit dem Holzpalett in der Hand.

Ihre höchste Gage?
Mehr als 1000 Franken habe ich nie erhalten.

→ 107-1 **Eintauchen.**
Abgang zum Hirscheneck-Keller.

**07 Vom Konzert-
nachmittag
zur Clubbingnacht**

Warum das Atlantis nicht nur das geschichtsträchtigste Konzertlokal der Nordwestschweiz ist, sondern auch ein Paradebeispiel für den Wandel der Ausgehkultur. Und welche Sorgen Veranstalter plagen.

108 -1

Das Atlantis, ein Klassiker.
Jean Tinguely entwarf das
Cover für die 1990 erschienene
Compilation-CD ‹-tis is it!›

Der Siegeszug der amerikanischen und britischen Pop-Kultur manifestierte sich in den 60er-Jahren nicht nur in Kleidung, Mode und Musikgeschmack der Basler Teenager, sondern auch in der Anpassungsfähigkeit der Gastrokultur. «Als Schüler schlich ich nach der Schule ins Atlantis, um Coca-Cola zu trinken», erinnert sich der renommierte Basler Galerist Daniel Blaise Thorens. Kaum vorstellbar, aber das Softgetränk war einst schwer erhältlich und machte das Café am Klosterberg 13 für Schüler ebenso attraktiv wie die Konzerte. Diese fanden zum Teil bereits nachmittags statt, was den Bedürfnissen der Basler Jugend entgegenkam, da ihnen ihre Eltern den Ausgang am Abend verboten hätten.

Das Atlantis ist die Mutter aller Basler Konzertclubs. 1947 hatte der Afrikaforscher Paul Seiler mit seinem jüngeren Bruder Kurt an der Steinentorstrasse (dort, wo heute das Kino Plaza steht) das Café eröffnet. Neben afrikanischer Kunst gehörten auch lebende Alligatoren zu den Attraktionen. Wirklich erfolgreich wurde das Atlantis 109-1 aber erst, als die Betreiber einen Pianisten engagierten und sich das ‹-tis›, wie es im Volksmund genannt wird, als Jazz- und Rock-Lokal einen Namen machte.

Pepe Lienhard trat hier 1969 in seinem ersten Jahr als Profimusiker auf. Die Freude darüber war durch die Anstrengungen, die das Tourneeleben mit sich brachte, getrübt. «Tagsüber lag ich krank im Bett in einer Kleinbasler Spelunke und hatte den ‹Moralischen›. Abends stand ich mit meiner Band auf der Bühne und gab bis vier Uhr früh englische Pop-Songs zum Besten», erinnert sich der Big-Band-Leader. Dass Musiker mehrmals wöchentlich auftraten, so wie es heute nur noch im Jazzclub Bird's Eye der Fall ist, war damals gang und gäbe. Man orientierte sich an den Gepflogenheiten der internationalen Vorbilder – etwa dem Hamburger Star-Club, in dem sich die Beatles nächtelang ihre Sporen verdient hatten. Aufgebrochen wurden diese Hitparaden durch einzelne Gastspiele. So brachte Radiomoderator Christoph Schwegler 1970 Ozzy Osbournes Band Black Sabbath nach Basel. «Es war dermassen laut, dass heute noch die Risse im Gemäuer davon zeugen», sagt Schwegler schelmisch. Zwar fanden auch im Kleinbasler Union oder im Gundeldinger Casino vereinzelt Konzerte statt, das zentral gelegene Atlantis war aber mehrere Jahrzehnte lang einer der beliebtesten Treffpunkte der Rock-Fans und -Musiker.

Zum 60-Jahr-Jubiläum des Atlantis im Jahr 2007 verkündete Wirt Jürg Wartmann: «Das Konzertlokal geht in Pension.» Er betonte, dass das Rock-Lokal Atlantis bereits 1996 mit dem Abgang des langjährigen Wirts Eddie Cassini gestorben war. «Damit wurde dem alten Lokal die Seele genommen. Legenden gehören in die Vergangenheit. Es ist ein Wunder, dass es das Atlantis heute überhaupt noch gibt.»

Tatsächlich hatte der Konzertschuppen mit den legendär unbequemen Holzschemeln bereits Ende der 80er-Jahre unter Besucherschwund zu leiden. Das Atlantis, eines der geschichtsträchtigsten Konzertlokale der Schweiz, ist auch ein Paradebeispiel für den Wandel des Ausgehverhaltens. Mit der Abkehr vom traditionsreichen Livebetrieb und der Umfunktionierung zur Mainstream-Disco seit der Jahrtausendwende vermochten Veranstalter Simon Lutz und Gastronom Jürg Wartmann das Lokal wieder zu füllen. Im Wissen darum, dass sie die Stammgäste vor die Tür und sich selbst damit in die Nesseln setzen würden. «Wie oft sagten mir Leute: ‹Das ‹-tis› muss ein Konzertlokal bleiben›», erinnert sich Jürg Wartmann. «Meine Antwort war immer: ‹Wenn du das nicht nur sagen, sondern auch zu den Konzerten kommen würdest, dann hätte ich kein Problem damit!›» Die Lücke, die das Atlantis für die regionale Rock-Szene hinterliess, haben vornehmlich Hirscheneck 107-1, Sommercasino, Kuppel, Parterre und Kaserne gefüllt.

Wie aber kam es zu dem Wandel? Zum einen durch den Generationenwechsel: Alte Stammkunden waren häuslicher geworden. Zum anderen verpasste das Atlantis den Anschluss an die musikalische Entwicklung. Die Techno-Kultur blühte, DJs waren die neuen Pop-Stars. «Zuvor war es nie wichtig gewesen, wer hinter den Plattentellern stand und auflegte, ausschlaggebend war einzig, welche Musik gespielt wurde», sagt Steffi Klär, Programmchefin der Kuppel. Der Hit der britischen Gruppe Faithless beschreibt den Zeitgeist: ‹God is a DJ›. Raves waren die Messen einer neuen Generation. Zeitgleich wurde die Rap-Kultur von der Masse entdeckt. In der Folge stürzten Mitte der 90er-Jahre Konzertlokale schweizweit in eine tiefe Krise.

109-1 **Legendär.** Das Basler Atlantis – hier während der Plattentaufe der Basler Artrock-Band Sapphire, 1997.

Zu den Ersten, die Hip-Hop fest im Programm verankerten, gehörte das Sommercasino, Basels ältestes im Konzertbereich noch aktives Lokal. 1960 war es in der Villa beim alten St. Jakobs-Denkmal als erstes Jugendhaus der Schweiz eröffnet worden. Schon damals schwangen dort Teenies das Tanzbein, erzählt dessen heutiger Leiter George Hennig. «Allerdings in einer moderaten, gepflegten Form. Jungs mussten sich dem Krawattenzwang fügen und Mädchen ihre Absätze mit Gummiunterlagen dämpfen, zum Schutz des Parkett- und Marmorbodens.» Heute zieren Graffiti die Fassaden, Jugendliche werden bei Rap- und Rock-Musik sozialisiert.

Veranstalter sahen sich seit Mitte der 90er-Jahre aber nicht nur mit einer zunehmenden Techno-(log)isierung und Konzertmüdigkeit der nachrückenden jungen Generation konfrontiert, sondern auch mit strengeren Auflagen der Behörden. Zunächst bereitete ihnen der Lärmschutz Sorgen. In den Clubs gelten 93 Dezibel als Grenzwert, in Ausnahmefällen werden Bewilligungen über 100 Dezibel erteilt. Anwohner der Lokalitäten pochten auf ihr Recht auf Ruhe. Die Rückkehr zur sogenannten ‹Polizeistunde› löste zusätzlich Angst und Schrecken aus. Feuerpolizeiliche Auflagen erforderten zudem Investitionen, die manche ärgerten, andere gar verzweifeln liessen.

So etwa das Kollektiv im Hirscheneck. Man hatte den Keller am Lindenberg 2003 gerade lärmschutztauglich umgebaut, da klopfte 2006 schon die Feuerpolizei an und verlangte eine Verbesserung der Fluchtwegsituation. Kostenpunkt des Umbaus: 288 000 Franken. Zu viel für das ‹Hirschi›, das in seiner Not eine Spendenaktion lancierte – mit Erfolg. 340 Privatpersonen unterstützten den Subkulturbetrieb. Ein Mann spendete 20 000 Franken, Kinder schickten Zeichnungen und Taschengeld. «Wir wurden überrollt und sehr positiv überrascht», erzählt Veranstalter Marlon McNeill. «Erhofft hatten wir uns 15 000 Franken, erhalten haben wir 100 000 Franken.» Auch die Basler Regierung trug massgeblich zur Rettung des Hirscheneck bei, das Ressort Kultur sicherte 100 000 Franken aus dem Lotteriefonds zu. Zusammen mit einem Darlehen ermöglichten diese Spenden das weitere Bestehen des Konzertkellers, sodass die Genossenschaft im Jahr 2009 ihr dreissigjähriges Jubiläum – standesgemäss im Untergrund – feiern konnte.

Auch die traditionsreiche Kaserne konnte dank Zuwendungen der öffentlichen Hand zahlreiche notwendige Schallschutz- und Sicherheitsmassnahmen durchführen. Dass sich die Kulturwerkstatt seit Jahren finanziell am Limit bewegt, ist

110 - 1 **Göttlich.** In kurzer Zeit hat sich das Volkshaus mit Konzerten wie jenem der belgischen dEUS (2008) als neues Rock-Lokal etabliert.

allerdings weniger auf neue Auflagen zurückzuführen, sondern auf Misswirtschaft, häufige Führungswechsel und permanente Strukturprobleme (Tanz/Theater versus Musik). Obschon die Musik sich ab Mitte der 90er-Jahre zum Publikumsmagneten des Dreispartenbetriebs mauserte, stürzte die Kaserne von einer Krise in die andere. Namentlich die Entlassung der profilierten Musikchefs Heinz Darr und Nic Plésel löste 2008 eine Welle der Empörung aus – und sorgte bei der darauffolgenden Generalversammlung beinahe für die Abwahl des Vorstands.

«Es war dermassen laut, dass heute noch die Risse im Gemäuer davon zeugen.»
Christoph Schwegler

Der Entlassung von Darr kann man auch einen positiven Aspekt abgewinnen: Er wurde von Volkshaus-Wirt Martin Künzel eingestellt, um den akustisch hervorragenden, aber brachliegenden grossen Saal zu bespielen. Dieser fasst wie die Reithalle der Kaserne rund tausend Besucher. Das Volkshaus kommt aber im Unterschied zur Kaserne weitgehend ohne Partys aus. Das hat heute Seltenheitswert, ist interne Quersubventionierung doch an der Tagesordnung: Partys bringen Gewinn und ermöglichen die Ausrichtung finanziell risikoreicherer Konzerte. Diese wiederum sind prestigeträchtiger und medienwirksamer. Solche Mischkalkulationen kamen mit der Professionalisierung der Betriebe auf. «Früher hat man einfach mal gemacht und dann geschaut», sagt Steffi Klär. «Die Ansprüche im Eventbereich sind seither in allen Bereichen gestiegen: von der Infrastruktur über die Werbung bis zur Administration, etwa der AHV-Abrechnung der DJs.»

Auch die Zunahme der Gewaltbereitschaft hatte in den letzten fünfzehn Jahren grosse Auswirkungen auf den Clubbetrieb. «Früher gab es einen Ehrenkodex, wenn es auf der Gasse zu einer Prügelei kam. Dass sich mehrere Leute auf eine Person stürzten, war undenkbar», sagt George Hennig. «Die Hemmschwelle ist markant gesunken», stellt auch Steffi Klär fest. «Mit den Gangs kamen in den 90er-Jahren neue Probleme auf uns zu», ergänzt Hennig. Diese Entwicklung forderte von

Veranstaltern stärkere Sicherheitsmassnahmen. Türsteher, vor zwanzig Jahren noch ein seltenes Phänomen, sind heute die Regel. Securitykosten müssen bei vielen Veranstaltungen fix einkalkuliert werden.

Mit dem Boom der Techno- und Hip-Hop-Genres veränderte sich auch der Sprachgebrauch: Statt ‹Ausgang› oder ‹Discobesuch› etablierte sich der Ausdruck ‹Clubbing›. Und wie ein klassischer Club hat auch der Musikclub Mitglieder. Virtuell zwar, aber immerhin für eine Nacht wird eine Gemeinschaft von Besuchern gebildet, die von den Türstehern, die auch für die Sicherheit im Innern des Clubs besorgt sind, ausgewählt werden. Die Radikalisierung der Besucher (mitunter durch die Gewaltverherrlichung der Rap-Stars begünstigt) lässt sich manchmal auch mit Alkohol- und Drogenkonsum in Verbindung bringen: Kokain- und Alcopop-Mischungen machen aggressiv, sie haben im neuen Jahrhundert europaweit die Nachtclubs überschwemmt.

Wenn auch Basel nicht Berlin ist, so sehen sich die Veranstalter doch mit vergleichbaren soziologischen Phänomenen konfrontiert: «Ein Jugendlicher geht heute nicht in die Stadt mit einem gut gefüllten Portemonnaie. Sondern er lanciert den Abend im ‹Coop Pronto›, kauft sich ein Sixpack Bier und deponiert es vor dem Club in den Büschen», sagt George Hennig. Die Behörden haben einen Begriff dafür gefunden: Littering. «Wir Veranstalter müssen den ganzen Siff ums Haus herum entsorgen», so Hennig. Das geht ins Geld: Allein beim Sommercasino belaufen sich die zusätzlichen Kosten für Security und Putzmannschaft auf 50 000 bis 80 000 Franken pro Jahr.

Eine weitere Entwicklung der letzten zwanzig Jahre ist die Verlagerung der Subkultur an die Peripherie: Zwischennutzungen wie ‹Stücki› und Bell spurteten vor, das nt/Areal folgte. Heute finden sich am Stadtrand mehrere Locations: etwa das Nordstern am Voltaplatz, das Borderline in der Nähe des EuroAirports, die Disco A2 beim St. Jakob oder Das Schiff im Rheinhafen. Namentlich Letzteres, seit 2005 vor Anker, hat aber unter einem Mangel an Laufkundschaft zu leiden.

111-1 **Der Clan is in da House.** Wu-Tang-Star RZA in der Basler Kuppel, 2003.

Walter Krucker, der als Mitglied der Trägerschaft viel Herzblut und Geld ins Schiff gesteckt hat, musste nach wenigen Monaten schweren Herzens die Liveshows markant zurückfahren und die Frequenz der Partys erhöhen: «Da hörte ich so oft die Klagerufe, dass in Basel nichts laufe, und musste dann nach der Lancierung dieses neuen, speziellen Ortes feststellen, dass das Publikum zu träge ist, um an den Stadtrand zu pilgern», kritisiert er.

Die Verlagerung an die Peripherie ist auch im Kanton Basel-Landschaft festzustellen: In der Angel's Blues Bar in Liestal etwa hatte die Musik in den 90er-Jahren ausgespielt. Andererseits ist die ‹Amerikanisierung› der Clublandschaft augenfällig: Wie vielerorts in den USA finden sich allein in Pratteln drei Konzert- und Partylokale direkt am ‹Highway› sowie in Industrie- und Gewerbegebieten: die Sprisse-Bar auf der einen Seite der Autobahn, der Galery Music Club auf der anderen. Und natürlich die Konzertfabrik Z7, mit einem Fassungsvermögen von 1500 Besuchern die grösste Rock-Location der Nordwestschweiz – die von den Städtern allzu oft und zu Unrecht übersehen wird.

→I 112-1 **Monster am Bass.** Rock 'n' Roller Lemmy Kilmister von Motörhead passt perfekt ins Programm des Prattler Z7. Hier bei einem Auftritt im Jahr 1998.

Wo Kopfschütteln Ausdruck von Begeisterung ist

Norbert Mandel (*1955) betreibt seit 1995
das grösste Rock-Lokal der Nordwestschweiz:
die Konzertfabrik Z7 in Pratteln. Wurde er anfangs wegen
seines metallenen Programms belächelt, so gibt
ihm der Erfolg heute recht.

Norbert Mandel widerspricht auf den ersten Blick allen Klischees eines erfolgreichen Managers. Er trägt gerne abgetragene Röhrenjeans, verwaschene T-Shirts und das hellblonde Kraushaar schulterlang. Auf modische Trends pfeift er. Man könnte ihn unterschätzen. «Ich weiss», sagt er und erläutert eines seiner Credos: «Wir arbeiten hier Columbo-mässig. Wer uns nicht kennt, soll ruhig zuerst einen Schock kriegen.» Als Rockröhre Bonnie Tyler in Pratteln eintraf, habe sie fast der Schlag getroffen: «Zuerst sah sie das Haus von aussen. Dann uns. Erst als sie die Bühne erblickte, gings ihr besser. Und das Catering strich ihr die Sorgenfalten gänzlich aus dem Gesicht», erinnert sich Mandel. Als Tourleiter der deutschen Hardrock-Band Victory hatte er einst selbst erfahren, wie am falschen Ort gespart wurde. Nicht der Schein zählt, sondern das Sein.

Erste Konzerte organisierte Norbert Mandel bereits als Teenager im Jugendhaus seiner Heimatstadt Hamm, nordöstlich von Dortmund gelegen. «Meine Mutter musste die ersten Verträge unterschreiben», erinnert er sich. Als Teenager absolvierte er eine kaufmännische Ausbildung. «Da lernte ich zu budgetieren.» Nach Basel führte ihn 1975 unter anderem die Liebe. Auch die Liebe zu ‹grossen Kisten›, die sich hier weiter entfaltete: Die ‹Concert Agency›, Basels Antwort auf die Zürcher Agenturen ‹Good News› und ‹Free & Virgin›, gab ihm die Möglichkeit, hinter die Kulissen von Grosskonzerten zu blicken. «Wir brachten damals Bands wie Queen oder Golden Earring in die Joggelihalle», erzählt Mandel. Als sich die Agentur 1979 auflöste, fehlte ihm der Mut, alleine weiterzumachen. «Also ging ich Lastwagen fahren.» Immer wenn er in der Umschlagshalle an der Kraftwerkstrasse 7 im Gewerbegebiet Pratteln Güter ablud,

dachte er sich: «Mensch, das wäre eine geile Konzerthalle.» Er erfuhr, dass die Halle umgenutzt werden sollte, dass der Kulturverein ‹Zack› den Mut hatte, einen Jahresmietvertrag über 120 000 Franken zu unterschreiben, und sagte zu, als er 1994 zwecks Mitwirkung angefragt wurde. «Ein Traum schien in Erfüllung zu gehen: eine Konzerthalle mit einem Fassungsvermögen von 1500 Besuchern. Doch in Wahrheit wars anfänglich ein Albtraum», resümiert er.

Tatsächlich verlief der Beginn harzig, mehrere Veranstalter mischten mit, Mandel spricht von einem «Gewurstel». Der Halle fehlte es an Profil und Publikum. Der Kulturverein ‹Zack› zog sich zurück, übrig blieb Mandel. Der Baselbieter Kulturbeauftragte Niggi Ullrich, der Sohn des Hallenbesitzers Mauro Spaini sowie Vereinsmitglied und Jurist Stephan Paukner ermunterten ihn durchzuhalten. «Ich war mit den Nerven am Ende, lebte in den ersten zwei Jahren völlig auf Pump», sagt Mandel. Aufgegeben hat er aber nicht, weil er realisierte, dass er bei einem Jobwechsel seinen Schuldenberg noch bis zum Lebensende vor sich herschieben würde. «Für mich gabs nur alles oder nichts.» Dabei unterliefen ihm auch Fehler, wie er einräumt: Techno, House und Hip-Hop boomten, «Rock und Metal waren aber völlig am Arsch», wie er unverblümt bekennt. «Es dauerte lange, bis ich das erkannt habe.» Selbst seit Jugendtagen ein Fan des alten Hardrock – von Black Sabbath und Deep Purple bis Uriah Heep – flutschte er nach eigenen Worten in genrespezifische Szenen rein. Er erweiterte seinen Horizont, wurde zum Doom-, Speed- und Was-auch-immer-Metal-Kenner.

1996 gründete Mandel an der Kraftwerkstrasse 7 in Pratteln den Verein Konzertfabrik Z7, 1997

← 114-1 **So sieht ein erfolgreicher Veranstalter aus.** Norbert Mandel backstage in seinem zweiten Zuhause, der Konzertfabrik Z7 in Pratteln.

bewilligte der Kanton Basel-Landschaft einen einmaligen Betrag in Höhe von 270 000 Franken für die Infrastruktur der Konzertfabrik. Der Verein kaufte mit dem Geld unter anderem die Ton- und Lichtanlage, die bisher 8500 Franken Miete pro Monat gekostet hatte. Zu dieser Zeit gab es für Mandel nur eines: Durchbeissen. Privat mit der Miete seit Monaten im Rückstand, lebte er monatelang in einem Wohnwagen, der hinter der Konzerthalle parkiert war. Mitleid will er aber keines. «Solche Durststrecken gehören doch überall dazu, beim Dorfmetzger bis zur Band. Da muss man durch. Ich glaube, der Erfolg kommt immer erst dann, wenn man die Angst vorm Betreibungsamt verloren hat.»

«Bis ins Jahr 2000 litten wir unter permanenter Geldknappheit», sagt Mandel. Um durchzukommen, sparte er an den Gagen. Das hat sich nicht geändert. Die Rahmenbedingungen müssen stimmen, weiss er. «Viele Bands freuen sich auf ihr Prattler Konzert schon nur deshalb, weil sie wissen: Hier hats Waschmaschinen hinter der Bühne, gebrühter Kaffee steht bereit, ebenso Joghurt, Brötchen, Menüs in allen Varianten.» Apropos Joghurt: Oft stieg er vor Konzerten ins Auto, fuhr über die Grenze und kaufte bei Aldi Lebensmittel ein. «Ich musste in den ersten Jahren jeden Franken umdrehen.» Das führte an der Grenze bei Stichkontrollen zu kuriosen Szenen, wenn er den Kofferraum öffnen musste und sich darin schachtelweise Milch, Pudding und Joghurt stapelten. Legendär auch, wie er am Morgen nach einem Konzert an der Grenze gefilzt wurde und den Beamten erklären musste, dass die rund 20 000 Franken im Hosensack die Abendeinnahmen waren, die er anschliessend zur Bank bringen wollte.

Bis 2004 erhielt der Verein jährlich 50 000 Franken vom Kanton Basel-Landschaft. «Dann hab ich den Subventionsvertrag nicht mehr verlängert», sagt Mandel. Warum denn das? «Ich bekam überall zu hören, wie gut wirs ja hätten als Subventionsnehmer. Das nervte, denn die 50 000 Franken machten gerade mal zwei Prozent des Umsatzes aus, schon nur die Suisa-Gebühren, die wir jährlich zahlen müssen, betragen das Dreifache.»

Mandel ist es zudem zu mühsam, politisch zu lobbyieren. «Das ist nicht meine Welt», sagt er, der sich selbst bei Verhandlungen mit Banken noch nie eine Krawatte umgebunden hat. Undankbar ist er nicht für die Subventionen. Aber der KMU-Chef, der drei Festangestellte und fünfzig Leute im Nebenerwerb beschäftigt, ist eigensinnig und stolz. So stand er jahrelang mit der Computerwelt auf Kriegsfuss, was einmal dazu führte, dass er einen PC in die Mitte der Halle schleppte und ihn auf den Boden krachen liess. Damit klar war, wer das Sagen hatte. Der Mensch, nicht die Maschine.

Mit einem Fassungsvermögen von 1500 Besuchern und hundertdreissig Konzerten jährlich ist das Z7 unbestritten das grösste Rock-Lokal der Nordwestschweiz. Dennoch ziert sich die Basler Szene, zu Konzerten nach Pratteln zu kommen. Der Standort ist ein Grund dafür, die programmatische Ausrichtung ein anderer. «Es wundert mich schon, wie gerne Pratteln in Basel vergessen geht. Aber zum Glück sind wir nicht davon abhängig. Unser Publikum nimmt auch weitere Strecken auf sich», sagt Mandel. Tatsächlich zeigt sein Durchhaltewillen seit dem Jahr 2000 Wirkung. Die Halle ist etabliert, viele hart rockende Bands, die früher im Zürcher Volkshaus aufgespielt haben, setzen nun Pratteln auf die Agenda. Der Verein schreibt schwarze Zahlen.

«Heute stehen wir an einem Scheideweg», bilanziert Mandel. «Ich überlege mir ernsthaft, noch einen draufzusetzen, wie am Anfang nochmals richtig Gas zu geben.» Er meint damit mehr Konzerte, mehr Risikofreude. Denn die Gefahr, bequem zu werden, ist ihm bewusst. Und die Infrastruktur steht, sie ist gar im Besitz des Vereins, der 2009 die Halle erworben hat. «Damit ist der grösste finanzielle Druck weg.» Jedoch wurde durch diese Investition eine andere weiter auf die lange Bank geschoben: die Renovation der Toilettenanlagen. Die ‹Klokasse›, vor Jahren initiiert, ist zum Running Gag mutiert. Die Klokasse zu spülen, sprich, die Spendenaktion einzustellen, steht aber ausser Diskussion. Immerhin befinden sich mittlerweile 124 000 Franken darin, ein gutes Drittel der Kosten wäre damit gedeckt.

Wie das Z7-Spektrum erweitert werden soll, ist noch offen. Bands wie die Folk-Punk-Gruppe Flogging Molly, die ihm der Sohn ans Herz gelegt hat, ziehen, wie Norbert Mandel festgestellt hat. Und ihm ist bewusst: «Von Uriah Heep leben wir in zehn Jahren nicht mehr.» Viele Bands, die seit Jahren ein Z7-Abo haben, werden dereinst altersbedingt wegfallen, die Repetition im Programm birgt Gefahren. «Nur tue ich mich schwer mit neuen Acts, ich kenn mich da zu wenig aus, verstehste», sagt der Mann. «Eine Verjüngungskur würde dem Programm nicht schaden. Aber ich alleine mags nicht richten.»

Seine Lust, wie in den 90er-Jahren sechzehn Stunden am Tag vor, neben und hinter der Bühne zu verbringen, hält sich in Grenzen. «Im Gegenteil, ich möchte gerne ein bisschen reduzieren, nach einem Konzert mal vor vier Uhr nach Hause kommen.» Nach Hause heisst ins grenznahe Elsass, wo er lebt. Nach Ende der Veranstaltungen weiterzuarbeiten, hat er sich angewöhnt. «Erst dann herrscht hier die Ruhe, die ich für die Buchhaltung brauche.» Opa Mandel möchte mehr Zeit für die Familie. Das ist auch das Einzige, was er bedauert: dass seine Kinder auf seine Präsenz verzichten mussten, auf manche Annehmlichkeit. Als er im Wohnwagen lebte, da gabs beim Sonntagsausflug Eis am Stil statt Bananensplit.

Wenn er sich auch mehr Zeit für die Familie wünscht, seine berufliche Leidenschaft mag er nicht wegdenken. «Solange ich eine Band wie Uriah Heep noch buchen kann, tue ich das auch. Denn die locken nicht nur die alten Fans an, sondern auch Jugendliche, was mich erstaunt und erfreut.» Sagts und bekommt von der Tochter den Enkel auf den Schoss gesetzt. Der schreit, noch eine Oktave höher als die Metal-Shouter. Norbert Mandel brummelt das Kind mit Doomes-Stimme an: «Hör doch auf.» Die Zärtlichkeit ist dem Vorwurf anzuhören. Ein prinzipientreuer Mann, dieser Norbert Mandel – mit einer harten Schale und einem weichen Kern.

Das erste Album, das Sie sich gekauft haben?
Weiss ich nicht mehr. Entweder ‹In Rock› von Deep Purple, ‹Gypsy› von Uriah Heep oder ‹Paranoid› von Black Sabbath.

Ihr erstes Konzert als Veranstalter?
Ich hab Anfang der 70er im Kohlenpott in einer Krautrock-Band gespielt. Und mit achtzehn auch meine ersten Konzerte veranstaltet, darunter auch eines mit der jungen Band Scorpions, die vor hundertfünfzig Leuten im Jugendhaus Hamm auftrat.

Ihr grösstes Konzert als Veranstalter?
Nightwish, 2004, in der ausverkauften St. Jakob-Arena mit 7800 Zuschauern.

Die grösste Ernüchterung?
Die Mitglieder der Band Manowar verhielten sich wie Diven, brachten gar Security-Leute für den Backstage-Bereich mit, sodass ich mich als Veranstalter ausweisen musste, um in mein Büro zu kommen. Zudem durfte die Vorgruppe weder Soundcheck machen noch essen oder duschen. Diese Band hat bei mir ausgespielt.

Ihr peinlichstes Erlebnis?
Wofür ich mich schäme? Dafür, dass ich eine Zeit lang fast mein Privatleben geopfert habe.

Die höchste Konzertgage, die Sie ausbezahlt haben?
Darüber redet man nicht. Aber ich kann den Betrag nennen. Bei einem ausverkauften Konzert 2009 verdiente eine Metal-Band 46 948.05 Franken.

Inhaber Simon Lutz (*1965) und Programmchefin Stefanie Klär (*1974) sind Herz und Seele des Basler Club-Triumvirats Kuppel, Acqua und Annex.

Simon Lutz, Sie begannen als alternativer Idealist und haben ein kleines Imperium geschaffen. Was sind Sie heute? Ein Club-Pascha? Ein Gastrounternehmer?

LUTZ: Ich bin Veranstalter. Ein Macher, aber das klingt blöd. Vielleicht müsste ich auf meine Visitenkarte «Simon Lutz, Bauchspeicheldrüse» schreiben – denn bei mir kommt alles aus dem Ranzen.

Widmet sich ein Club-Macher von morgens bis abends dem Dolce Vita?

LUTZ: Nein. Oft stellen sich die Leute unter meiner Arbeit etwas sehr Schillerndes vor. Das ist es aber gar nicht. Ein grosser Teil davon ist schlicht Büroarbeit, dazu gehören auch viele Sitzungen und Gespräche.

Was führte dazu, dass Sie 1993 die Kuppel im Nachtigallenwäldeli übernommen haben?

LUTZ: Ich kam zur Kuppel wie die Jungfrau zum Kind. In der damaligen Zirkus-Kuppel hatte ich einen Catering-Auftrag für eine russische Theatergruppe. Als der Besitzer mit der Kasse verschwand, half ich, die Notsituation zu meistern. Und dachte mir plötzlich: Eigentlich ein toller Ort, es wäre schade, ihn vor die Hunde gehen zu lassen.

Also verwandelten Sie die Kuppel in einen Party- und Konzertbetrieb?

LUTZ: So schnell geschah das nicht. Freunde aus der Salsa-Szene suchten einen Ort. Ich lud sie in die Kuppel ein, daraus entstanden die Tropical-Abende. Ich hatte stets verschiedene Interessen und wollte mich nicht auf eine Richtung festlegen. Hier fand ich dafür eine ideale Plattform.

Die Vielfalt der Kuppel ist auf Ihre Unentschlossenheit zurückzuführen?

LUTZ: Ja, denn was wir für gut befanden, machten wir. Im Laufe der Jahre stieg aber der Anspruch an Professionalität. Manche Dinge konnten wir nicht mehr realisieren, weil wir mit der Qualität nicht zufrieden waren oder weil sich die Veranstaltungen organisatorisch zu beissen begannen.

Wie meinen Sie das?

KLÄR: Es kam vor, dass wir sonntags eine Jazz-Matinee hatten, danach ein Kindertheater stattfand und am Abend ein Rock-Konzert. Hinter der Bühne wartete immer schon die nächste Gruppe mit ihren Koffern.

LUTZ: Vor zehn Jahren wollten wir es einfach wissen und veranstalteten ein Sieben-Tage-Programm. Die einzige nutzungsfreie Zeit waren jene Stunden, in denen die Putzequipe aufräumte.

← 118-1 **Herz und Seele.** Simon Lutz und Steffi Klär vom Basler Club-Triumvirat Kuppel, Acqua und Annex.

Führte das nicht zur Erschöpfung?

LUTZ: Erschöpfung war weniger das Problem, aber mit den Jahren änderten sich die Bedürfnisse, und die Musik wurde elektronischer. Neue Technologien brachten neue Klangbilder – und neue Probleme mit den Nachbarn. So leben wir seit zehn Jahren mit angezogener Handbremse. In anderen Clubs wammst den Besuchern aus den unteren Regionen eine ganz andere Power entgegen.

Druck aus unteren Regionen, der in der Kuppel ausbleibt?

LUTZ: Genau. Und so was ist natürlich auch sexuell frustrierend. (lacht)

Probleme mit Lärmschutz, Nachbarn, Behörden: Dachten Sie schon daran, die Kuppel dichtzumachen?

LUTZ: Oh ja, mehrere Male sogar. Aber es ist wie in einer Beziehung. Heute nehme ich vieles gelassener – eine Krisensituation mit vierzig ist nicht mehr so dramatisch wie mit zwanzig.

Die Kuppel hatte Probleme, als Sie sie übernahmen. Auch das Atlantis steckte tief in der Krise, als Sie sich 1999 darauf einliessen. Welches war die schwierigere Aufgabe?

LUTZ: Rückblickend kann ich sagen, dass es bedeutend angenehmer ist, einen Unort zu übernehmen und ihn zu einem Ort zu machen, als einen Ort zu übernehmen, der in Ungnade gefallen ist und bei dem man einen grossen Rucksack an Altlasten übernehmen muss. Der Erwartungsdruck war enorm. Was mich in den fünf Jahren Atlantis am meisten Kraft kostete, war die Tatsache, dass alle mitreden wollten.

Damals richteten sich selbst die Blicke der nationalen Medien auf das ‹-tis›. Auch ein Zeichen dafür, dass sich in Basel in Sachen In-Lokalen so wenig tut?

LUTZ: Ja, bestimmt. In Basel gäbe es viel mehr Clubs, wären die Behörden flexibler und kreativer und das Stimmvolk mutiger. Die Realisation von verrückten und interessanten Projekten sollte erleichtert werden. Auch städtebaulich betrachtet.

Doch fehlt es oft an Grösse und Grosszügigkeit. Die einen finden, es bräuchte mehr Bäume, andere denken an mehr Parkplätze. Die einen fürchten Schatten, die anderen Reflexionen. Und am Schluss entsteht gar nichts – oder eine Kompromisslösung, die niemanden begeistert, aber auch niemanden aufregt.

Für Aufregung haben Sie nach Ihrem Atlantis-Seitensprung gesorgt. So entwickelten sich neue Affären: Acqua, Annex, Baracca. Ist die alte Frau Kuppel heute überhaupt noch attraktiv für Sie?

LUTZ: In langen Beziehungen kann es geschehen, dass die Liebe vom Erotischen ins Freundschaftliche kippt. Die Kuppel ist nicht mehr die junge Geliebte, aber auch nicht die Alte am Herd. Eher eine treue Wegbegleiterin. Der Neubau wirkt da vielleicht als Paartherapie.

2011 soll dieser Kuppel-Neubau Realität werden. Was wird anders?

LUTZ: Das Nachtigallenwäldeli soll tagsüber belebter werden. Ich stelle mir vor, dass Leute sich ins Gartencafé setzen und hier arbeiten. Ziel ist ein Ensemble, ein Miteinander der einzelnen Betriebe.

Ein Neubau der Kuppel birgt auch Gefahren: Wie wollen Sie ihren eigentümlichen Charme bewahren?

LUTZ: Indem der Bau keine klinische Atmosphäre entstehen lässt. Die Stimmung der alten Kuppel soll in den Neubau integriert werden.

Wird die Kuppel weiterhin ein wichtiger Ort für die Sozialisation der Basler Jugend bleiben?

LUTZ: Ja, aber wir wollen das Spektrum erweitern. Die Kapazität wird um fünfzig Prozent gesteigert, das lässt mehr Möglichkeiten zu. Ich wünsche mir auch, dass der Kuppel nicht ausschliesslich das Image eines Jugendclubs anhaftet.

KLÄR: Die regionale Szene wird weiterhin eine grosse Rolle spielen. Ich würde gerne wieder mehr Schweizer Acts präsentieren und Clubnights etwas abseits vom Mainstream veranstalten.

121-1 **Ein DJ tanzt selten allein.** Der britische Drum 'n' Bass-Star Goldie in der Kuppel, 2000.

Im neuen Jahrhundert wuchs die Konkurrenz: Orte wie Das Schiff und das nt/Areal entstanden, die Kaserne lockte vermehrt mit Konzerten. Ging das der Kuppel ans Eingemachte?

KLÄR: Klar, und wir mussten uns diesen Wellenbewegungen stets anpassen. Nebst der Konkurrenz haben wir auch 9/11 zu spüren bekommen. Nach den Anschlägen gab es weniger Besucher – die Leute suchten vermehrt andere Werte, wie Freunde und Familie.

Wie gross ist der Neid auf eine Kaserne, die subventioniert wird?

LUTZ: Natürlich ist man manchmal neidisch. Aber schauen Sie: Die Zirkus-Kuppel war subventioniert und ging zugrunde. Ich strebte nach der Übernahme eine interne Quersubventionierung an – kommerzielle Veranstaltungen sollten nicht kommerzielle unterstützen. Wir sind noch immer so schlank, weil wir uns nicht zurücklehnen können.

KLÄR: Ich will für Veranstaltungen auch kämpfen. Wenn alles machbar wäre, würde ich den Draht zur ganzen Sache verlieren.

LUTZ: Als Steffi Klär vor zehn Jahren dazustiess, kam die Seele der Livekonzerte in die Kuppel. Ich glaube, deshalb gibt es die Kuppel trotz ihres Alters noch immer: Viele Leute investieren hier ihr Herzblut – und solange wir unsere Seele hingeben, ist es egal, wenn mal ein Schuss hinten rausgeht, ein Projekt eingestellt wird.

Die DJ-Kultur sorgte Mitte der 90er-Jahre für einen Abschwung im Livesegment. Sind Konzerte heute ein Verlustgeschäft, das sich Veranstalter aus purem Idealismus gönnen?

KLÄR: Nein. Ich habe den Eindruck, dass die Bands wieder die Clubs zurückerobern, indem sie sich tanzbarerer Musik zuwenden. Wir programmieren Konzertabende mittlerweile meist so, dass im Anschluss noch Partys stattfinden. Der Übergang von der Bühne zum DJ-Pult ist fliessend. Das funktioniert gut, und ich könnte nicht behaupten, dass die Konzerte weniger Leute anziehen als die Party danach. Dass diese Kombination beliebt ist, zeigt sich allein schon darin, dass die Urheberrechtsgesellschaft Suisa ein Abrechnungspapier für solche Mischformen kreiert hat.

Angenommen, Sie hätten dank Subventionsgeldern mehr Spielraum: Welchen Traum würden Sie sich gerne erfüllen?
KLÄR: Ich wünschte mir Tom Waits. Grosse Namen in der Intimität der Kuppel zu haben, war immer ganz speziell: Züri West, Drum'n'Bass-Legende Goldie oder RZA vom Wu-Tang Clan.
LUTZ: Ich würde einen Abend mit dem Namen ‹Trouvailles› gestalten – eine Plattform für Jazz über Kleinkunst bis Puppentheater. Mit einem Glas Wein und etwas Parmesan.

Das erste Album, das Sie sich gekauft haben?
STEFANIE KLÄR: ‹She's so unusual› von Cyndi Lauper.

Ihr erstes Konzert als Veranstalterin?
Es muss im Herbst/Winter 1999 gewesen sein, vermutlich Ms/4, The Moondog Show oder Les Trois Suisses.

Ihr grösstes Konzert als Veranstalterin?
Das Konzert mit den meisten Händen in der Luft: RZA in der Kuppel, 2003. Das Konzert mit den meisten glücklichen Menschen: Züri West in der Kaserne, 2008. Das Konzert mit den meisten Gänsehaut-Momenten: Naked Raven, 2005. Das Konzert mit dem grössten Zitterfaktor: Marla Glen in Koproduktion mit der Schüür Luzern, 2004.

Die grösste Ernüchterung?
Dass sich eine Mehrzahl der Menschen nur selten für Neues begeistern lässt, dass der Wunsch, tolle Musik und Künstler zu entdecken, nicht in einem Ausmass vorhanden ist, der es (ohne Subventionen) erlauben würde, stets neue Perlen aufzuspüren und vorzustellen.

Ihr peinlichstes Erlebnis?
Als ich mich am Anfang meiner Veranstalterlaufbahn nicht getraut habe, K's Choice in die Kuppel zu holen, weil wir an dem entsprechenden Abend bereits die sehr gut laufende Oldies-Party geplant hatten.

Die höchste Konzertgage, die Sie ausbezahlt haben?
Knapp 20 000 Franken.

Das erste Album, das Sie sich gekauft haben?
SIMON LUTZ: Bin ich aber froh, dass nicht die Frage nach der ersten Single gestellt wurde! Die Antwort hätte nämlich ‹Girls, Girls, Girls› von den Sailors gelautet – und so was zuzugeben, wäre mir schon ein wenig peinlich gewesen. Mein erstes Album war das tierisch tiefblaue ‹Broken English› von Marianne Faithfull.

Ihr erstes Konzert als Veranstalter?
1989, ein tingelndes Russenquintett spielte traumhaft-zwirblige Zigeunerpolka. Dies im Garten unserer fröhlichen WG an der Basler Solothurnerstrasse. Standesgemäss kam dann auch die Polizei.

Ihr grösstes Konzert als Veranstalter?
Hui, wir machen doch nur kleine … und feine!

Die grösste Ernüchterung?
Die wachsende Erkenntnis, dass die Leute nur sehr schwer für Neues zu gewinnen sind. Seit aus der Erkenntnis Gewissheit wurde, tut es allerdings nicht mehr so weh.

Ihr peinlichstes Erlebnis?
Als ich Steffi Klär aus kommerziellen Gründen nicht dabei unterstützt habe, statt der Oldies-Party die Band K's Choice auf die Bühne zu hieven.

Die höchste Konzertgage, die Sie ausbezahlt haben?
Siehe Steffi Klärs Antwort.

→ 123-1 **Tune in!** Rapper Griot schürft im Basler Rheinhafen ‹Strossegold›.

08 Basel, dä Rap isch für Di!

08–1 Basel, dä Rap isch für Di!

Wie Jugendliche mit Graffiti dem grauen Alltag den Garaus machten. Warum eine Baslerin von der Deutschschweizer Hip-Hop-Szene als Königin betrachtet wurde. Und wie zuerst Drogen und später die Popularisierung die Hip-Hop-Szene spalteten.

Wir schreiben das Jahr 1992. Nachdem hundert Vinylplatten von ‹Fresh Stuff 1› im Nu vergriffen waren, schiebt der Ostschweizer Musikproduzent Pascal De Sapio einen zweiten Sampler mit Schweizer Rap nach. Diesmal auf CD und in grösserer Auflage. Darauf zu hören sind Stücke der bekanntesten Rapper im Lande, E.K.R. aus Zürich und Sens Unik aus Lausanne. Der Auftakt auf ‹Fresh Stuff 2› stammt jedoch aus der dritten Hip-Hop-Metropole der Schweiz.

124-1 **Skelt!** Mitglied der Formation P-27.

Y bin e Schprayer, und y schpray' won y will
Das isch e Basler Rap, drum loos' zue und sig schtill
D'Polizei will mi schtoppe, dass schaffe die nie
Wenn die mi schtresse wänn, hänn sie nur drmit mieh
Dir saget ych vrschmier' alles und sig e Vandal
Doch y vrzier' nur Betonwänd, wo gruusig sin und kahl
Ych trag' nur zur Vrschönerig vom Schtadtbild bi
Graffiti isch e Kunscht, Kunscht isch alles für mi

Der diese Zeilen dichtete heisst Urs Baur alias Black Tiger. Die Crew P-27 125-2/3 gewährte ihm einen Gastauftritt. Seine Idee, nicht wie in der Szene üblich auf Englisch zu rappen, wurde skeptisch aufgenommen. «Das klang so ungewohnt wie Metal auf Esperanto», erinnert sich Darko Delic alias Skelt! 124-1 von P-27. «Aber der Groove war da, zweifelsohne.» Das bestätigte sich nach der Veröffentlichung von ‹Fresh Stuff 2› 124-2: Die Verse wurden in Jugendzentren und auf Schulhöfen zitiert, ‹Murder by Dialect› verhalf dem Mundart-Rap zum Durchbruch.

124-2 **Sampler.** Durch die Hip-Hop-Compilation ‹Fresh Stuff 2› fand ‹Murder by Dialect› rasch Verbreitung.

Ych hass' Dr graui Alldaag, vo däm han y gnueg
Y will nümm schtill sy, y gib' nie meh Rueh
Es git Lütt, die saagen ych sig e Typ ohny Niveau
Doch die wärde mi nie vrschtoh
In den Auge vo dr Polizei bin ych kriminell
Zue dene sag' ych nur eins: Go to hell!
Löhnd mi in Rueh und schtööret mi nid
Wenn ych am Bahnhof schpray, sunnscht fänd' ych das shit

Dass Black Tiger 126-1 ausgerechnet das Sprayer-Dasein beschrieb, hat einen Grund: Wie fast alle Basler Rapper hatte auch er zuerst Skizzen gezeichnet, ehe er Reime schmiedete. Von allen vier Elementen, die Afrika Bambaataa unter dem Begriff Hip-Hop zusammengefasst hat – Rap, DJing, Break-dance und Graffiti –, etablierten sich die Basler am schnellsten im Graffiti-Writing. 1981/82 tauchten erste Bilder auf, zu dieser Zeit nahm auch der fünfzehnjährige Pietro Del Sonno erstmals eine Sprühdose in die Hand. 1987 war er Mitbegründer des Szenemagazins ‹Aktion 4000› 125-1. Im selben Jahr richtete er sich unter dem Pseudonym ‹g204› ein eigenes Atelier ein. In Nacht- und Nebelaktionen machte er zusammen mit anderen Spray-ern die Stadt bunter – besonders begehrt waren die Betonflächen entlang der Basler Bahnhofseinfahrt. ‹Line› nannten sie die nahtlos aneinander an-knüpfenden Writings, die in ganz Europa bekannt wurden und sich heute über Kilometer erstrecken. Guido Magnaguagno bekannte 2007 in einem Interview mit der ‹Basler Zeitung›: «Etwas vom Besten an Basel sind die Graffiti, die den Zugreisenden empfangen. Diese reichen bis nach Liestal. Ich warte auf den Moment, wo sie Zürich erreichen. Zürich steht ja in die-ser Hinsicht ganz kümmerlich da.» Dass der Eingang zur Kunststadt mit öffentlicher Kunst gepflastert sei, das liebe er, fügte der damalige Direktor des Tinguely-Museums hinzu. Das sahen Behörden wie auch Privatperso-nen anders. Die Sprayer wurden verfolgt, wie Black Tiger in ‹Murder by Dialect› dokumentierte.

125-1 ‹Aktion 4000›.
Das unter anderem von Pietro ‹g204› Del Sonno initiierte Heft für die Graffiti-Szene. Cover der Dezember-Ausgabe 1992.

Bulleschtress und Bürgerwehr
Lütt mit Hünd, bewaffnet mit Gwehr
Dummi Type, die mache mi vrruggt
Die sölle mi in Rueh loh susch schlohn' y zrugg
Die wänn mi manipuliere, fruschtriere
Damit ych nümme due Wänd vrschmiire
D'Polizei will mi schtoppe und ins Gfängnis kheie
Damit ych ändlig uffhör', alles z'vrschpraye
Nur kai Angscht, ych wird nie uffhöre
Denn ych bi au aine vo dene Vrschwörer
Aine wo d'Schtadt e chli farbiger macht
Graui Wänd loht vrsuffen in dr Farbepracht
Im Farbemeer, das isch nid schwer
S'einzige, wo schtört, isch d'Bürgerwehr
Die sött me abschaffe, wie d'Armee
In e Kischte vrpagge und ab drmit in See

125-2/3 Drehmoment.
1992 steht für den Durchbruch des Basler Rap. Crews wie P-27 wurden auch in St. Gallen (Grabenhalle) begeistert empfangen.

Black Tiger war zwar der erste Mundartrapper. Doch zählt er sich schon zur zweiten Generation der Basler Hip-Hopper. Was den Sprechgesang anbe-langt, «so war Luana 127-1 damals die unbestrittene Königin», erzählt er. «Ihr Konzert 1990 in Biel mit den südfranzösischen IAM zum Beispiel war legendär und inspirierte mich.»

Stefania Cea alias Luana hat der Basler Rap-Szene tatsächlich entscheidende Impulse gegeben. Sie war fünfzehn, als sie 1983 im Radio das Scratch-Instru-mental ‹Rockit› von Herbie Hancock sowie ‹(Hey You) The Rock Steady Crew› hörte. Begeistert vom neuen Sound begann sie, erste Texte zu schreiben. Auf Englisch. «Weil ich gut war in dieser Sprache – und weil ich nicht wollte,

126-1 **Alte Schule.** Die Reimschmiede MC Rony und Black Tiger in der Kaserne, im Rahmen des Club-Festivals ‹BScene›, 2004.

dass andere verstanden was ich da erzählte. Ich war wohl ein bisschen schüchtern», sagt sie grinsend. Wie viele Basler Hip-Hopper der ersten Jahre, so etwa auch Rap-Kollege Kalmoo von der TNN-Crew, wuchs sie in einer italienischen Immigranten-Familie auf. In den Jugendtreffs – namentlich Eulerstrasse, Gundeli und Birsfelden – fand Stefania Gleichgesinnte. Hier wurden Tanzschritte geübt, Platten gedreht, Skizzen gezeichnet und Reime geschmiedet. Jungs und Mädels waren in ihren vier Elementen. Sie trafen sich vermehrt auch beim Theaterplatz und in der Steinenvorstadt. Clubs, die ihre Musik spielten, waren Mangelware. «Am Samstag gingen wir manchmal ins Fairytale», erinnert sie sich. Die Diskothek bei der Heuwaage (später Mad Max, heute Mad Wallstreet) spielte Funk und Rap, «wozu wir Electro Boogie tanzen konnten».

Stefania schmückte sich mit dem Pseudonym, begeisterte mit ihren Raps und ihrem Soulgesang. Wollte sie aber ihre Vorbilder live erleben, dann musste sie raus aus Basel. Die Coupole, der Gaskessel des Autonomen Jugendzentrums Biel, war jahrelang Anziehungspunkt für Hip-Hopper aus der ganzen Schweiz. Beim Ausflug nach Biel zeigte sich auch die Grösse und Geschlossenheit der Basler Szene. «Der Kern umfasste in den späten 8oern hundertfünfzig Leute», resümiert Sprayer Dest, bürgerlich Philipp Tschanz. «Aber manchmal marschierten fünfhundert Basler in Biel ein. Es war ein regelrechter Mob.» Und ein gespaltener. Denn während die einen Partys feiern wollten, ging es den anderen ums Prügeln. Strassengangs und Fussballhooligans hängten sich den Musikern, Tänzern und Sprayern an. «Wir wollten nichts mit ihnen zu tun haben, aber waren froh, wenn wir Schutz brauchten», erklärt Luana die paradoxe Situation. Denn auch Gangs aus anderen Regionen und anderen Milieus waren bereit, grundlos zuzuschlagen. «Praktisch alle, die kreativ tätig waren, distanzierten sich von der Gewalt», bestätigt auch Sprayer Dest. Gewalt wurde nicht nur in Biel, sondern auch in Basel Alltag. In der Steinenvorstadt mussten Passanten damit rechnen, dass sie verprügelt, und dass ihnen Schuhe und Jacke abgenommen wurden. Im Unterschied zu den Punks ging es den Streetfighters nicht um den Kampf gegen das System, sondern um Macht und Vorherrschaft. Der gesamten Szene wurde ein kriminelles Image angehängt. Es war nicht das einzige Problem der Basler Hip-Hop-Familie. «1990 stürzte der Heroinpreis in ganz Europa. Homies kauften sich auf einmal ‹Sugar›, da sie so für läppische zwanzig Franken ein ganzes Wochenende geflasht waren», erzählt Dest. Das Folienrauchen breitete sich wie ein Flächenbrand aus, den wenigsten schien die Sucht- und Gesundheitsgefahr bewusst zu sein. «95 Prozent meiner Kollegen stürzten ab», so Dest.

Einige Rapper, die klaren Kopf bewahrten, beschlossen, eine CD mit Songs gegen den Drogenkonsum zu produzieren. Der Verein für Gassenarbeit ‹Schwarzer Peter› unterstützte das Projekt ‹Wake Up›. Luana – von Pionier Afrika Bambaataa unterdessen zur Zulu Queen ernannt und damit quasi zur Hohepriesterin der Deutschschweizer Szene – trat mit Kalmoo und Konsorten als Präventionsbotschafterin an Veranstaltungen in der ganzen Schweiz auf. Die gemeinsame Initiative war erfolgreich, deren Ernsthaftigkeit rief aber auch Satiriker auf den Plan: 1995 tauchte aus dem Nichts eine Crew namens Revolting Allschwil Posse mit einer CD auf, deren Inhalte gar nicht dem Conscious-Rap-Konsens entsprachen: Da wurden Drogen verherrlicht und Kultverse veräppelt («Basel, dä Song isch für dy/du alti Schlampe-Stadt am Rhy»). Die Medien griffen den Skandal auf und erkannten die Parodie erst, als sich der Zürcher Boni Koller und der Berner Bubi Rufener als Urheber der CD outeten. Das kam in der Hip-Hop-Szene allerdings nicht gut an. Die beiden Rap-Komiker erhielten anonyme Prügeldrohungen, sollten sie je in der Stadt am Rhein auftreten. Die ansonsten so friedfertigen Basler Rapper waren eingeschnappt, ein Stück weit verständlich, da sie gegen Klischees, Negativimage und Drogenproblematik ankämpften. Dennoch hätte man sich gewünscht, sie hätten die Affäre etwas lockerer genommen. Erst zehn Jahre später sollte es – ohne Zwischenfall – zu einem Gastspiel der beiden auf Basler Boden kommen.

«Manchmal marschierten fünfhundert
Basler in Biel ein. Es war ein regelrechter Mob.»
Sprayer Dest

Lockerheit und Offenheit fanden sich Mitte der 90er-Jahre auf dem Land. MC Shape (Emanuele De Caro) hatte den Hip-Hop-Impuls ins Waldenburger Tal überführt, eine Posse von rund fünfzehn Jugendlichen bildete sich, traf sich anfänglich in Langenbruck, später allabendlich in einem Raum in Niederdorf. Auch bei ihnen führte der Weg zum Rap über Graffiti und B-Boying. Shape und MC Poet (Raphael Flury) versuchten sich in Mundarttexten, Freestyles wurden zelebriert, Shape wurde über die Kantonsgrenzen hinaus bekannt und später Teil von Wrecked Mob, einem Rap-Kollektiv aus Luzern, das als erste Deutschschweizer Crew einen Major-Vertrag unterzeichnen konnte. Flury hielt im Waldenburger Tal die Stellung, führte

127-1 **Zulu Queen.** Luana, von Afrika Bambaataa geehrt, von der Szene verehrt.

127-2 **Gang-Stars.** Gruppen wie die Fuckbrothers markierten 1987 ihr Revier auf Basels Strassen.

ein auf Hip-Hop spezialisiertes Label und eine Booking-Agentur. Dadurch wurde ‹WB Tal› für Rapper und DJs aus der gesamten Deutschschweiz zum Qualitätsbegriff, zur Anlaufstelle. Gäste wie Bligg oder Luut & Tüütli wurden mit offenen Armen empfangen, einzig die Basler Szene tat sich schwer mit den umtriebigen ‹Landeiern›. «Wir hatten Kontakte von St. Gallen bis Luzern, von Zürich bis Bern, nur von den Stadtbaslern wurden wir nicht akzeptiert. Black Tiger war lange der Einzige, der über den Tellerrand hinausschaute», erinnert sich MC Poet.

129-1 **Pionierleistung.** Das Hip-Hop-Theater ‹Gleis X› sorgte 1997 überregional für Gesprächsstoff.

Tatsächlich schienen die Basler Musiker allzu sehr mit sich selbst beschäftigt, der Schwung nahm ab, die Popularisierung des Genres nahm zu. Zwar leisteten die gestandenen Grössen mit dem 1997 unter der Federführung von Skelt! entstandenen Theaterstück ‹Gleis X› 129-1 noch einmal nationale Pionierarbeit und sorgten 1997 für überregionalen Gesprächsstoff. Doch später zeigten sich in der Szene Risse. Luana geriet in eine Sinnkrise. Sie entdeckte den tiefen Glauben für sich, fand mehr Halt in der Kirche als in der Hip-Hop-Szene, aus der sie sich allmählich zurückzog. Andere definierten ihre Lebensprioritäten neu, da Hip-Hop zur Volkskultur eines primär pubertären Publikums wurde. Oder sie versuchten, mit ihrem Talent Karriere zu machen. «Ich kam zum Punkt, dass ich mir sagte: ‹Entweder verdiene ich mir mein Leben damit – oder ich werde mein Leben lang dafür zahlen›», erzählt Dest. Er nahm vermehrt legale Aufträge an und widmete sich der Malerei und Sprayerei in verschiedenen Formen, machte seine Kunst zum Beruf, wie auch Pietro ‹g204› Del Sonno, Dare, Tarek Abu Hageb oder Smash 137, der mit seinen Graffiti weltweites Renommee geniesst. Auch einige Breakdancer schafften den Sprung ins Profifach, allen voran Boris Jacot 128-1. Mit seiner Crew Basel City Attack (heute Ruff 'n' X) wurde er vier Mal Schweizer Meister und zwei Mal Fünfter an der Weltmeisterschaft. Im Rahmen seiner Diplomarbeit zum Abschluss seiner Ausbildung als Gymnasialsportlehrer veröffentlichte er eine Lern-DVD und eine Audio-CD, absolvierte eine Workshoptour im Auftrag des Bundesamts für Sport und baut sich seither ein eigenes Unternehmen auf. «Ich vergleiche die Entwicklung, die Breakdance in der Schweiz gemacht hat, mit jener im Snowboarding: Am Anfang gibts eine kleine Gruppe von Pionieren, die sich eigentlich gar nicht öffnen, sondern lieber unter sich bleiben möchten. Dies ändert sich mit der Frage der Finanzierung: Will man es professionell machen, so muss man das Betätigungsfeld ausdehnen», begründet Jacot seinen Schritt – eine Einstellung, die bei einigen Leuten in der Szene verpönt ist. «Diese eigenbrötlerische Haltung findet sich aber in den USA, dem Ursprungsland von Hip-Hop und Breakdance, nicht: Dort wollte und will sich seit jeher jeder verkaufen. Jeder wünscht sich doch, von seiner Kunst leben zu können.» So auch der Basler DJ Ace (Arsal Caglar) 129-2, der als Turntablist in den 90er-Jahren Trophäen abgeräumt hatte, ehe er seinen eigenen Plattenladen eröffnete.

129-2 **Platten-Spieler.** Der Basler Scratchmeister DJ Ace.

Erfolge feierte auch eine neue Generation Musiker: Das Trio TAFS stärkte mit seinen Alben und mitreissenden Liveshows (zeitweise mit den Scrucialists als Band) den Kultstatus des Waldenburger Tals. Im stadtnahen

← 128-1 **Die Welt steht Kopf.** Boris Jacot alias Jay-Roc wurde mit seiner Crew Basel City Attack mehrfach Schweizermeister im Breakdance.

Allschwil formierten sich 1996 Brandhärd 131-1, sie feierten 2003 mit ‹Noochbrand› den grossen Durchbruch: Weit über zwölftausend Exemplare der Maxi-Single wanderten über die Ladentische. «Manche brandmarkten uns als zu poppig», sagt Brandhärd-Rapper Fetch alias Joël Gernet. «Aber unter den melodiösen Beats von Produzent Fierce hatten wir immer beinharte Drumsets. Dazu authentische persönliche Texte. Diese Mischung kam offenbar bei den Leuten an. Den Kritikern innerhalb der Szene könnte man im Gegenzug vorwerfen, dass sie zu wenig fokussiert sind. Denn wir sind nicht unbedingt talentierter als andere Crews, aber wir sind hartnäckig, hungrig und veröffentlichen regelmässig.» Eres Oron, der als DJ Montes eine Hälfte des Duos The Famous Goldfinger Brothers bildet, schliesst sich dem an: «In Basel scheint die Verlockung gross, sich auf seinen Lorbeeren auszuruhen. Die Szene hat sich nach ihren grossen Jahren zu lange als Mekka betrachtet und wurde im neuen Jahrtausend von Erfolgen wie jenem der Bündner Sektion Kuchikäschtli überrumpelt.»

Eres Oron, der wie sein Bruder und Partner von DJ-Gigs und Beat-Produktionen lebt, schiebt aber nach: «Das Potenzial der Basler Szene ist nach wie vor gross.» Und vielfältig: Da ist der überaus umtriebige Berner Profi Greis (Grégoire Vuilleumier), seit Jahren Wahlbasler, der genreübergreifend arbeitet. Da sind Makale, die türkischen Migranten-Rap in die Stadt bringen, Amici Del Rap und Tre Cani (die Nachfolge-Crew von Tempo Al Tempo), die die Italianità der Migranten zelebrieren. Und inspiriert vom harten Strassenrap, wie ihn etwa Bushido und Sido auf dem Label ‹Aggro Berlin› populär gemacht haben, basteln sich auch Basler ihr Getto zusammen. Allen voran Griot (Mory Kondé) 123-1, der 2006 mit ‹Strossegold› vorspurte und in den Charts landete.

Von den Strassenrappern hebt sich Pyro (Daniel Kern) ab, einer der grössten Hoffnungsträger der jüngsten Zeit. Kern, Jahrgang 1982, hörte einst ‹Murder by Dialect› und fasste den Entschluss, selbst zu rappen. Er ist offen für andere Stile – wie zehn Jahre zuvor P-27 – kollaboriert mit Heavy-Metallern oder Afro-Musikern, «denn eine gesunde Kultur lebt vom Austausch, von der Innovation». Dass die Kommerzialisierung und Popularisierung des Hip-Hop zu einer Uniformierung geführt hat, stört ihn ebenso wie die Tatsache, dass die alten Grundsätze in Vergessenheit geraten sind. Das will er rückgängig machen, indem er die vier Elemente des Hip-Hop wieder zusammenführt. Das ist ganz im Sinne der Pioniere: «Uns ging es nicht darum, woher du kommst oder wer du bist, sondern was du kannst», betont Skelt! «Der Zusammenhalt, die Familie, hat uns stark gemacht und beflügelt», ergänzt Dest, lehnt sich in sein abgewetztes Sofa zurück, und denkt nostalgisch an die goldenen Jahre zurück, als der Stolz ebenso gross war wie die Innovationen, als ein Black Tiger im ersten Schweizer Mundartrap proklamierte:

Du findisch Baseldütsche Rap nid guet
Doch du muesch zuegäh, ych ha wenigschtens Muet
Ych bi dr erschti Typ wo uff Baseldütsch rappt
Das isch erschte Vrsuech, drum isches noni perfäggt
Toys und Suckers, wo mi aabemache
Über sönigi Lütt chan ych nur lache
Die sölle mi in Friede loh
So dummi Type loss' ych aifach schtoh
In Basel, dört bin ych daheim
D'Hip Hop Szene isch dört nid glai
Es wimmelt dört vo Schprayer und Rapper
Breakdancer, DJs und Tagger
Unseri Hip Hop Szene isch im cho
Und sie wird sich nid uffhalte loh
Hip Hop, Boom, isch alles für mi
Basel, dä Rap isch für Di!

→ 131-1 **Die echte Allschwil Posse.** Brandhärd lieben's laut: DJ Johny Holiday, Rapper Fetch und Beatproduzent Fierce.

130

Zum Glück für uns

Mattias Leimgruber (*1979), besser bekannt als Taz, hat mit dem Mundartrap-Kollektiv TAFS das Waldenburger Tal landesweit bekannt gemacht.

Eine Fahrt nach Waldenburg ist eine Fahrt ins Grüne. Ländliche Idylle, Provinz. Eigentlich das Letzte, was ein pubertierender Gymnasiast in Aufbruchstimmung sucht, könnte man meinen. Dennoch zog es Mattias Leimgruber 1995 aus der Baselbieter Kantonshauptstadt Liestal ins Waldenburger Tal. Es war die innere Unruhe, die ihn aufs Land trieb, die Neugierde, die Suche nach einer Identität. In beschaulichen Ortschaften wie Niederdorf hatte sich eine Hip-Hop-Szene gebildet, wie Mattias Leimgruber, der mit vierzehn Jahren während des Schulunterrichts erste Reime zu Papier gebracht hatte, zu Ohren gekommen war. Hinten im Tal würden wortgewandte Jungs rappen, wusste er: «Ich erinnere mich, wie ich einen Abend der LBU-Crew erlebte, der Langenbruck Union. Ihre Freestyle-Raps klangen tausendmal besser als meine geschriebenen Texte. Wieder zu Hause büffelte ich Wörter und übte täglich, indem ich in meinem Zimmer zu einem Instrumentalstück Texte improvisierte.» Inspiriert wurde er von zwei starken Einzelfiguren der Posse aus dem Waldenburger Tal: den Rappern Shape und Poet. Sie führten ihm vor, wie mit Sprache gespielt werden kann, wie sich Reime formen lassen. Und Sie ermutigten ihn, all dies in seiner Mundart zu tun.

Mit siebzehn lernte Leimgruber, durch seine Tags alsbald in der Szene unter dem Pseudonym Taz bekannt, einen angehenden Zimmermann kennen, der seine Freizeit ebenfalls im Waldenburger Tal verbrachte und sich der Hip-Hop-Kultur verschrieben hatte: André Schmid alias Aman. Mit ihm sowie dem DJ Flink (Singoh Nketia) gründete er 1996 das Trio TAFS (Taz-Aman-Flink Squad). «Der Ehrgeiz hatte uns gepackt, wir feilten an unseren Texten und packten unser Lebensgefühl in Reime», erinnert sich Taz. So entstand auch einer ihrer Schlüssel-Tracks: ‹8i Bahnhof›, in dem die beiden Rapper zu Flinks reduzierter Instrumentierung die Samstagabend-Prozession beim Liestaler Bahnhof beschrieben:

8i Bahnhof bim Kiosk, vo Schalter bis Palazzo –
vrsammle sich d Amigos. Frog nid was, wo, wie, wenn, denn
mir gsehn uns sowiso.
D Homies chömme nodisno.
S Ziel isch bekannt wie dr Weg bim Domino.

Mit Nummern wie dieser reisten die drei TAFS durch die Deutschschweiz und liessen kaum eine Freestyle-Session aus. Bald eilte ihnen der Ruf eines hervorragenden Liveacts voraus. Ende der 90er-Jahre gehörten sie zu den Vorzeige-Crews der Nordwestschweiz. Weil ihr erstes Studiowerk noch nicht reif für eine Veröffentlichung war, begab sich Taz auf einen Solopfad und

← 132-1 **Nächster Halt: Waldenburg.** Rapper Taz
(Mattias Leimgruber) reist in die Vergangenheit.

134-1 TAFS. Taz, Aman und DJ Flink – drei Jungs, zwei Ziffern, eine Postleitzahlregion: ‹44›.

veröffentlichte 2001 ‹Introspektion›. Eine Platte, auf der er manchmal an den eigenen Ansprüchen zu scheitern schien. Der Hauptunterschied zwischen Taz und TAFS: Im Kollektiv hat der Partyfaktor einen höheren Stellenwert, Lieder wie ‹Zit für chli Etschgen› sind gute Beispiele dafür. Bei Taz solo sind die Zwischentöne feiner, stehen philosophische Reflexionen im Vordergrund.

So war es auch 2006, als Taz mit ‹Zum Glück› ein zweites Mal den Alleingang wagte. Zum Glück für uns präsentierte er ein ausgereiftes Werk. In seinen Texten liess er durchblicken, wie er während seines Studiums der Wirtschaftspsychologie menschliches Verhalten neugierig beobachtet und hinterfragt hatte. So karikierte er den Drang der Teenager nach Schönheit, Reichtum und Erfolg in seinem Lied ‹So eifach›. Unmissverständlich auch seine Botschaft im Song ‹Sturm›:

Ich find gnue Seeleverwandti,
doch ha s Gfühl meh als nur mängisch,
Rap sig e Krippe für gfrusteti Wohlstandskiddies,
und rappendi Volldeppe Idol für so vili.

Wagt da einer, sich über die eigene Szene aufzuregen? «Klar», sagt Taz, «zumindest über einen Teil». Er habe nichts gegen Teenager an sich: «Die jungen Leute sind ein dankbares Publikum, auf das ich nicht verzichten möchte – sonst verkäme ein Auftritt zu einem lahmen Abend. Das merke ich an mir: Fand ich es vor zehn Jahren noch genial, mich an einem Konzert in die erste Reihe zu quetschen und mein Shirt nass zu schwitzen, so stehe ich heute lieber hinten an der Bar. Hip-Hop spricht grundsätzlich eher ein pubertäres Publikum an. Mein Ziel ist es aber, dass meine Musik auch von all jenen gehört wird, die sich vom Rap abgewandt haben.» Leute in seinem Alter, um die dreissig, denen es stinke, wie sich die Bewegung entwickelt habe, die sich nicht blenden lassen vom oberflächlichen Gehabe, von den Bildern, die durch amerikanische Stars in unsere Wohnzimmer transportiert werden: knallharte Machos in Cabrios, dralle Blondinen auf den Kühlerhauben. «Ein weltfremdes Bild, das leider immer öfter auch von Schweizern übernommen wird», bedauert er. Und fügt an, dass er diese Oberflächlichkeit, diese Attitüden nicht ernst nehmen kann, dass er ein ausgesprochener Kopfmensch sei.

Vermehrt lüftet er diesen Kopf im Freien durch, statt ihn in schlecht belüftete Clubs zu stecken. Wie zu Beginn seiner Hip-Hop-Karriere, als er in die rot-weisse Regionalbahn einstieg und ins ‹WB Massiv› eintauchte, zieht es ihn auch heute raus, in die Natur. Allerdings nur noch selten ins Waldenburger Tal. Taz bevorzugt Gewässer. Wenn sich der Berner Mundart-Rocker Büne Huber in einem Lied von Patent Ochsner wünschte, er wäre «scho geng gärn e Fischer gsi», dann kann der Baselbieter Mundart-Rapper Taz entgegnen: «Ich bin es von Kindesbeinen an.» In Bern zur Welt gekommen, lebte er Haus an Haus mit den Jungs, die als Hip-Hop-Kollektiv Wurzel 5 bekannt wurden, ging mit Rapper Baze in die Kinderkrippe und mit den anderen Jungs angeln. In den letzten Jahren hat der brevetierte Sportfischer seine alte Leidenschaft wieder entdeckt. Seither zieht es ihn immer wieder an ein Ufer. «Dort kann ich abschalten, finde ich zur Ruhe», erzählt er. Glücksmomente, die er auch gerne mit Freunden teilt, etwa dem deutschen Rapper Germany.

Seit er 2006 sein Studium der Wirtschaftspsychologie und die darauffolgende Solotour mit ‹Zum Glück› abgeschlossen hat, ist es um den Rapper Taz ruhiger geworden. Den Grossteil seiner Zeit verbringt er als Mattias Leimgruber, Leiter der Marktforschung der Basler Warenhauskette Manor – die Reflexion von Trends und Szenen hat er sich so quasi zum Beruf gemacht. «Manchmal vermisse ich die Unbeschwertheit von früher», bekennt er. «Andererseits mag ich mir in der aktuellen Lebensphase nicht vorstellen, immer und immer wieder durch die Clubs zu tingeln.» Eine Zeit lang hatte er von der Musik leben können, angesichts des grossen Tourplans aber eine einjährige Uni-Pause einlegen müssen. Den Druck, mit den Auftritten Geld verdienen zu müssen, will er aber nicht mehr auf seinen Schultern spüren. «Nach über fünfhundert Konzerten bin ich an dem Punkt angelangt, wo ich mir Auftritte nur noch bewusst aussuchen möchte. Hip-Hop ist Jugendkultur, der musikalische Aspekt ist bei vielen Teenies, die an Partys gehen, zweitrangig. Ich

aber werde älter.» Was nicht heisst, dass ihm die Lust auf Partys ganz vergangen ist. Seinen dreissigsten Geburtstag feierte er 2009 im Querfeld, einem Club im Gundeldinger Feld – standesgemäss auf der Bühne, mit seinen Freunden aus den alten Waldenburger-Tal-Zeiten.

Das erste Album, das Sie sich gekauft haben?
‹Profumo› von Gianna Nannini, 1987.

Ihr erstes Konzert?
1995 im Pfarrhauskeller Waldenburg an einer Geburtstagsparty von Poet; Aman und ich bestritten fünfzehn Minuten Freestyle.

Ihr grösstes Konzert?
Es gab zwei grösste Konzerte: Mit den TAFS (und der Liveband Scrucialists) am Zürifest 2004, vor fünfzehntausend Leuten, und mit Rap-Kollege Greis auf der Hauptbühne des ‹Open Air St. Gallen› 2008.

Die grösste Ernüchterung?
Wir haben ein Jahr lang eine Tour mit vierzig ausverkauften Shows gespielt – aber keine Alben verkauft.

Ihr peinlichstes Erlebnis?
1998 gab ich in Solothurn ein Konzert mit offenem Hosenladen. Ein Jahr später lernte ich einen kennen, der sich an keine einzige der zwanzig Crews, wohl aber an den Typen mit dem offenen Hosenladen erinnern konnte.

Ihre höchste Konzertgage?
Ein paar Nike Air Max 1. ;-)

«Ich mag den Rummel um meine Person nicht»

Urs Baur (*1972) alias Black Tiger hat dem
Mundartrap zum Durchbruch verholfen.
«Basel, dä Rap isch für Di!» verkündete er 1992 und
schrieb Schweizer Hip-Hop-Geschichte.

Urs Baur, was führte Sie zum Hip-Hop?
Meine Mutter. Ich war zwölf, als sie mich 1984
ins Basler Gewerbemuseum mitnahm, um mir
eine Foto-Ausstellung über Graffiti zu zeigen.
Am gleichen Abend noch malte ich meine ersten
Bilder, Sketches, wie wir sagen, also Skizzen. Kurz
darauf sah ich ‹Beat Street› im Kino Capitol. Da
sassen nur etwa fünf Leute im Saal, und mir war
es ein wenig unheimlich, weil ich das erste Mal
alleine ins Kino ging. Was ich dann aber auf der
Leinwand sah, faszinierte mich völlig.

**1984 war Hip-Hop in der Schweiz noch
absolute Subkultur. Ihre Mutter schien sehr
aufgeschlossen zu sein.**
Ja. Meine Mutter bewegte sich vor allem in der
Künstlerszene, verkehrte aber auch mit Theater-
leuten wie Miriam Goldschmidt und Urs Bieler.
Ich wurde schon früh in Galerien mitgenommen
und sah dadurch viel verschiedene Kunst. Das
prägte mich. Künstler zu sein, war für mich nichts
völlig Abgefahrenes. Im Gegenteil: Am Anfang
wollte ich sogar selbst Sprayer werden.

Und wurden Rapper.
Aber nicht von einem Tag auf den anderen. 1987
schrieb ich meine ersten Texte, anfänglich in Englisch, bald auch mal in Schweizerdeutsch. Ich
dachte mir nicht viel dabei. Rap fand in meiner
Schule ohnehin niemand cool. Im Humanisti-
schen Gymnasium am Münsterplatz hörten alle
nur Klassik, Rock und Pop.

← 136-1 **Walk the line.**
Vom Sprayer zum Rapper:
Black Tiger nahm 1992
den ersten erfolgreichen
Dialekt-Rap auf.

Sie fielen auf?
Wie ein bunter Hund. Ich verkörperte damals alle
Ängste, die man vor dieser Szene hatte, in einer
Person: Schlägereien, Frauen, Kiffen, Drogen im
Allgemeinen.

Und was traf auf Sie zu?
Nichts! Mit siebzehn begann ich, Zigaretten zu
rauchen, aber sonst nahm ich weder Drogen noch
trank ich. Und Frauen hatte ich auch keine. Dieses Bad-Boy-Image wurde auf mich projiziert.

Wie erklären Sie sich diese Projektionen?
Durch Unkenntnis, durch Vermutungen, durch
Geschwätz. Die Lehrer merkten, dass ich in der
Hip-Hop-Szene zu verkehren begann. Und diese Szene galt als böse. Logischerweise war ich das
dann in ihren Augen auch. Das Klima war mitunter
rau, klar. Aber für mich war Gewalt kein Thema.

Was inspirierte Sie zum Pseudonym Black Tiger?
Der Name lehnt sich an die Black Panthers an, aber
auch an die Bürgerrechtsbewegung mit Martin
Luther King und Malcolm X. Ich setzte mich als
Teenie damit stark auseinander und merkte, dass
wir in der westlichen weissen Welt falsch aufgeklärt wurden. Malcolm X war zwar eine zwiespäl-
tige Person, aber sicher nicht einfach der radikale
rassistische Schwarzenführer, wie er in den Ge-
schichtsbüchern dargestellt wurde. Der gleichnamige Film von Spike Lee zeigt die Hintergründe
neutraler und positiver auf.

**Jetzt müssen Sie uns aber erklären,
was Malcolm X mit Black Tiger zu tun hat.**
Hip-Hop faszinierte mich, weil ich mich in dieser
Kultur zum ersten Mal zu Hause fühlte. Meine
Mutter hat afrikanische Wurzeln, ihr Vater war
ein schwarzer Jazz-Musiker.

Bemerkenswert, ja, exotisch, dass sich ein Fünfzehnjähriger in Basel so stark mit der schwarzen Bürgerrechtsbewegung in den USA auseinandersetzt.

Das ist vermutlich darauf zurückzuführen, dass ich den Rassismus mitbekommen habe, dem meine Mutter hier ausgesetzt war. Die Blicke, die Beleidigungen, die ihr galten. Ich erlebte zum Beispiel, wie wir Bus fuhren und ihr wildfremde Leute ohne zu fragen durch die Haare fuhren, als sei sie ein Tier aus dem Streichelzoo. Apropos: Ich war vier oder fünf, als ich sie mal im Zolli verloren habe. Die Frau, die mich fand, wollte mich meiner Mutter nicht zurückgeben, da sie dachte, es handle sich ‹nur› um meine Nanny. Bis ich zu weinen anfing und nach meiner Mutter schrie. Das Gleiche erlebte ich mit acht Jahren in einem Hotel, als man nur mich bediente und nicht auch meine Mutter, weil man sie für das unmündige Kindermädchen hielt. Solche Erlebnisse prägten mich.

Inwiefern?

Ich blieb als Kind immer in der Rolle des Beobachters, liess mir nichts anmerken und wurde dadurch radikaler. Rap war für mich ein Ventil, um alles rauszulassen, was mich an der Gesellschaft und an der Welt störte. Mein Künstlername steht noch heute für den Widerstand.

Eine Kampfansage war 1992 auch der Song ‹Murder by Dialect›, und zwar an die Adresse der Polizei und Bürgerwehr, die den Sprayern das Schaffen schwer machten.

Absolut. Der Text ist authentisch. Ich war oft auf den Bahngeleisen und sprayte, war einer unter vielen. Eines Nachts schoss ein Mann über unsere Köpfe. Wir rannten davon und hatten tierisch Angst.

Wer schoss auf die Sprayer?

Wir wissen es bis heute nicht genau. Die Polizei war es nicht, wir vermuten, es war ein Nachtwärter oder eine Privatperson. Wir wussten damals, dass sich Leute in einer Bürgerwehr zusammengeschlossen hatten, um gegen die Graffiti-Szene vorzugehen. Wir fürchteten diese Patrouillen und hassten sie gleichzeitig. Uns ging es ja nicht um Zerstörung oder Vandalismus, zumindest mir

nicht, sondern um Kreativität. Hätte es genügend amtlich bewilligte Graffiti-Wände gegeben, hätte ich dort gesprayt.

Aber die Illegalität gab den Sprayern doch auch einen Kick?

Manche reizte das, stimmt. Für mich aber stand es nie im Vordergrund. Im Gegenteil: Mich beschäftigte es, dass unser Schaffen nicht als Kunst sondern als Vandalismus angesehen wurde. Ich wollte die Stadt farbig machen, den tristen Alltag verschönern. Zudem ging es mir um die Selbstverwirklichung. Als Sprayer konnte ich eine andere Identität annehmen, blieb anonym und wurde dennoch bekannt.

Sie sprayten. Seit zwanzig Jahren rappen Sie, legen auch vereinzelt Funk- und Soul-Platten auf. Und wie siehts mit dem vierten Standbein der Hip-Hop-Kultur aus, dem Breakdance?

Habe ich nie gemacht. Aber Sie nannten eben den Grund, warum mich Hip-Hop so anzog. Jeder hatte die Möglichkeit, sich in einer Form kreativ verwirklichen zu können, sei es im Tanz, in der Malerei, in der Musik oder im Rap. Die Grundidee, mit diesen vier Elementen die Gesellschaft positiv zu verändern, fand ich grandios. Wenn auch manche Gedanken utopisch waren.

War es anfänglich auch utopisch, im Dialekt zu rappen?

Ja. 1989 korrigierte eine Kollegin meine englischen Texte und fand meine Aussprache ungenügend. Kurz darauf sah ich in Paris eine Gruppe, die französisch rappte. Da machte es bei mir klick. Ich war fasziniert davon, dass sie ihre eigene Sprache benutzten. Alle Zuschauer verstanden sie und schrien mit. Also konzentrierte ich mich vermehrt auf den schweizerdeutschen Rap.

Dann kam eine Anfrage von den Hardcore Lyrics, also von Tron und Scen, die später unter dem Namen P-27 bekannt wurden. Sie fragten mich, ob ich Lust hätte, ein Featuring für einen Sampler zu machen. Ich sah meine grosse Stunde gekommen und schrieb zwei Songs dafür, einen auf Englisch und einen auf Schweizerdeutsch. Ich fand den

139-1 **Showmaster mit Gettoblaster.** Hip-Hop zog Black Tiger an, «weil jeder die Möglichkeit hatte, sich kreativ verwirklichen zu können».

schweizerdeutschen besser. Doch die meisten anderen waren skeptisch. Trotzdem bekam ich die Möglichkeit, den Track einmal aufzunehmen. So entstand ‹Murder by Dialect›.

Warum waren die anderen skeptisch? Fanden sie es provinziell?
Nein, ich glaube, sie konnten sich Rap in Mundart schlicht nicht vorstellen.

Fast gleichzeitig erschien ‹Die da› von den Fantastischen Vier. In der deutschsprachigen Szene wurde über den Hit heftig geschnödet.
Ja, die Fantas galten als Sell out. Der Fachstreit in der Szene war im Nachhinein übertrieben, die Fantastischen Vier schlugen einfach einen poppigeren Weg ein als jene Crews, die sich dem Untergrund verpflichtet fühlten. Ich verstand beide Seiten. Bei mir stand nie ein kommerzieller Gedanke zuvorderst, sondern die Möglichkeit, meine Gedanken weiterzugeben.

Kann man Kommerzialität überhaupt erzwingen?
Ich meine: bis zu einem gewissen Punkt, ja. Schweizer Rapper wie zum Beispiel Gimma, Bligg oder auch Stress wissen ziemlich gut, wie sie sich verkaufen müssen. Ein bisschen Provokation, aber auch Kooperation kann zusätzlich hilfreich sein. Das nützt aber nur, wenn man auch ein gutes Produkt am Start hat, und wenn man das glaubwürdig rüberbringen kann. Bliggs Idee mit der Volksmusik finde ich zum Beispiel super. Mir selber fehlt der persönliche Bezug zur Schweizer Volksmusik, deshalb hätte es bei mir auch niemals so funktioniert. Ausserdem muss man dieses Sich-in-den-Massenmedien-Präsentieren mögen. Ich begann mich in letzter Zeit eher zurückzuziehen.

Warum?
Ich mag den Rummel um meine Person nicht. Ich stehe gerne auf der Bühne, aber will mein Privatleben nicht gegen aussen stülpen. Meine Musik muss reichen. Die ist schon genug persönlich.

Früher wollte ich präsent sein, aber viele Leute missverstanden das und hatten das Gefühl, ich fände mich selber eh am geilsten. Heute will ich das einfach nicht mehr. Ich hatte zum Beispiel auch Differenzen mit meiner Plattenfirma, weil ich mein Gesicht nicht auf dem Cover wollte.

Apropos: Warum dauerte es über zehn Jahre, bis Black Tiger sein erstes Soloalbum rausbrachte?
Ich hatte in den 90er-Jahren ein fixfertiges Album, war aber unzufrieden damit. Irgendwann merkte ich, dass die Perfektion, die ich angestrebt hatte, mich blockierte. Mein Bestmögliches war für mich nie genug. Als ich meine Einstellung änderte und mir sagte, ich gebe immer mein Bestes, auch wenn es zu diesem Zeitpunkt vielleicht nicht das Ultimative ist, ging plötzlich alles wie von selbst.

Nach ‹Murder by Dialect› jahrelang nichts nachzuschieben, war das nicht kommerzieller Selbstmord?
Vielleicht, aber ich hatte nicht die Mittel, mir ein Studio et cetera zu leisten, und konnte und wollte mich nicht für die damaligen Plattenfirmen, die keine Ahnung von unserer Musik hatten, verbiegen. Ausserdem ging es mir nicht um kommerziellen Erfolg, sondern in erster Linie um die Musik selbst.

Aber durch diesen Song wurde doch Basel in der medialen Wahrnehmung plötzlich zum Zentrum des Schweizer Rap.
Ja, aber wir wurden gebremst. Der Schweizer Rap als Musikform war immer noch nicht akzeptiert. Wir waren zwar medial präsent, aber stiessen innerhalb der Musikszene Schweiz auf grosse Ablehnung.

Warum?
Weil wir in den Augen gewisser Leute keine ‹richtige› Musik machten. Wir wären nicht würdig, uns als ‹Musiker› zu bezeichnen, wurde uns vorgeworfen. Dabei hatten wir damals diesen Anspruch noch gar nicht.

Und heute?
Heute ist der Respekt gross, und zwar gegenseitig.

Das erste Album, das Sie sich gekauft haben?
War eines von Kurtis Blow, gekauft in der EPA für 5 Franken.

Ihr erstes Konzert?
1991 im Rahmen eines Graffiti-Wettbewerbs vor dem Fussballstadion St. Jakob. Ich trat zusammen mit Kristian Nicotra alias [kei] auf und war mächtig nervös.

Ihr grösstes Konzert?
Da gab es verschiedene auf dem Basler Barfüsserplatz vor mehreren Tausend Menschen, ebenso auf dem Bundesplatz in Bern. Aber nicht nur die Grösse macht ein Konzert aus. Ich spiele gerne in kleinen Clubs.

Die grösste Ernüchterung?
Die Feststellung, dass die Schweizer Musikszene anders funktioniert als die deutsche. Wir Rapper konnten nicht an den Erfolg anknüpfen, den deutsche Kollegen in ihrem Land hatten. Der Schweizer Markt ist hierfür einfach zu klein. Zusätzlich kommt die Sprachbarriere erschwerend dazu.

Ihr peinlichstes Erlebnis?
Weiss ich nicht. Aber falls ich irgendwelche Menschen im Laufe meines Lebens ungerechterweise vor den Kopf gestossen haben sollte, dann tut mir das leid.

Ihre höchste Konzertgage?
Geht niemanden was an … nur so viel: War ein vierstelliger Betrag.

→ 141-1 **Begründer des Basler Reggae.** William Martin alias Sugardaddy an einem Liveauftritt im Sommercasino.

09 Rastas am Rhein

Wie der Sound aus Jamaika durch die Clubkultur in Basel endgültig Fuss fasste. Und warum die einzige renommierte Reggae-Band der Region erst ohne festen Sänger zum Erfolg finden konnte.

142-1 Sugardaddy.
Vor seinem Studio an der Basler Kleinhüningerstrasse.

In einer kalten Winternacht im Januar 2004 war die Stimmung in der Kaserne Basel aufgeheizt. Draussen fielen dicke Schneeflocken, drinnen waren die Wände nass vor Schweiss. Beim ersten ‹Soundclash› der Basler Reggae-Szene kämpfte man um den Titel ‹Basels Sound Of The Year 2004›. Die acht führenden Soundsystems der Region – DJ-Kollektive plus Sänger – traten gegeneinander an, und alle hatten ihren Anhang dabei. «Fiel eines der Soundsystems aus dem Wettkampf raus, gab es Stress in der Halle. Da war zu viel Ehrgeiz dabei», erinnert sich Nic Plésel, damals Partyveranstalter in der Kaserne.

Reggae erlebte zu dieser Zeit in Basel, aber nicht nur hier, den Höhepunkt eines Booms. Der jamaikanische Sänger Sean Paul schaffte es mit seinen Hits ‹Get Busy› und ‹We Be Burnin'› weltweit in die Spitzenplätze der Charts, in den deutschsprachigen Ländern zog der Kölner Gentleman nach. Der Dancehall, eine schnellere, härtere und tanzbare Spielart des Reggae, eroberte die Clubs und konkurrierte erfolgreich mit dem Hip-Hop, der nach jahrelanger Dominanz des Gangsta-Rap zu statisch, zu maskulin geworden war.

«Der Dancehall hat viel ruiniert.»
Sugardaddy

142-2 Lady Dawn.
Geboren in Jamaika, dem Reggae in Basel die Stange gehalten.

In der Deutschschweiz war Zürich bei der Reggae-Musik tonangebend: Dort entstand mit den Ganglords 1988 die erste namhafte Deutschschweizer Reggae-Band, die Läden ‹Reggae Fever›, ‹Jamarico› und ‹16 Tons› verkauften Platten, und der Zürcher Sandro Galli war bereits in den frühen 8oer-Jahren als Roots Operator mit dem ersten Soundsystem unterwegs. «Basel brauchte eine Generation länger», erinnert sich Philipp Schnyder von Wartensee, der Festivalleiter von ‹M4Music›, des Branchentreffs der nationalen Pop-Szene, und als Bassist Gründungsmitglied der Ganglords. «In den späten 9oer-Jahren fiel mir eine Single der Band The Scrucialists 145-1 in die Hände, etwa zeitgleich spielten wir ein paar Konzerte mit der in Basel sesshaften jamaikanischen Sängerin Lady Dawn 142-2. Da erst realisierte ich, dass in Basel eine Reggae-Szene existierte», sagt Schnyder von Wartensee. Diese Szene aber hatte ihren Ursprung nicht in den Clubs und Treffpunkten der Innenstadt, sondern in einem kleinen Laden an der Peripherie, im ‹Vybez Studio› an der Kleinhüningerstrasse 117.

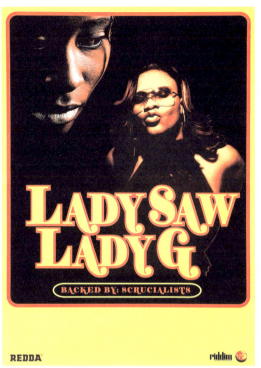

143-1 **Samuel Downer alias Supa Sonic.** Der einzige Basler Reggae-Sänger, der über ein eigenes mobiles Soundsystem verfügt, 2007.

143-2 **Backingband.** The Scrucialists begleiteten 2002 die jamaikanische ‹Queen of Dancehall› Lady Saw auf ihrer Europatour.

Dort sitzt William Martin, geboren 1967, den jeder nur Sugardaddy 141-1/142-1 nennt, noch heute in einem Hinterzimmer und bastelt in seinem Kleinstudio an Gesangsspuren für neue Tracks. Vor fünfzehn Jahren richtete er hier einen Laden ein, verkaufte Reggae-Platten, und später, als ab der Jahrtausendwende immer mehr seiner Kunden die Musik aus dem Internet holten, veränderte er sein Sortiment zu T-Shirts und anderen Accessoires.

Geboren ist Sugardaddy in der Karibik, in Antigua, und als er 1992 in Basel landete, litt er bald an Heimweh, suchte die Musik der Karibik und fand sie nicht. Also begann er selbst damit und wurde, wie er sagt, zum «Godfather» des Basler Reggae. «Ich fand in Basel schnell Leute aus Afrika oder der Karibik, denen fehlte ihre Musik auch. In den Discos hörte man damals vielleicht mal ‹Could you be loved› oder sonst einen Hit von Bob Marley, und das wars dann.» Die erste Reggae-Party veranstaltete er 1993 im Hirscheneck-Keller, er legte seine Platten auf und sang dazu. Ein Anfangserfolg:

«Die Leute mochten es, also machte ich weiter.» Sugardaddy tat sich mit Anatol Plésel zusammen, ebenfalls ein Karibe und Vater des späteren Kasernen-Bookers Nic Plésel. Anatol Plésel veranstaltete damals die Partyreihe ‹Mama Africa›, wo Salsa, Black Music und Afrosound aufgelegt wurde, und bediente die schwarze Community in Basel mit ihrer Musik. Diese zog dann auch vermehrt junge Schweizer an – unter anderem knüpfte auf solchen Partys Thomas Nikles alias Famara die ersten Kontakte zu afrikanischen Musikern.

Sugardaddy steuerte bei ‹Mama Africa› den Reggae bei und baute nebenher sein eigenes Soundsystem Uprising auf, das erste seiner Art in Basel. Er legte auch in den Basler Clubs auf, in der Stückfärberei, im Totentanz und immer häufiger im Sommercasino. In diesem Jugendhaus an der Münchensteinerstrasse 1 brachte Sugardaddy ab 1994 Basel «den Reggae bei». Uprising war Probebühne und Durchlauferhitzer für junge lokale Acts: Stefanie Zimmermann alias DJ Super Stef, eine der

144-1 **Kalles Kaviar.** Ska kam und ging, aber die Kapelle um Sänger und Gitarrist Andreas Schär (Mitte) hat bis heute Bestand.

bis heute ganz wenigen Frauen in der Basler Reggae-Szene, lernte bei Uprising ihr Handwerk, auch The Scrucialists, die einzige lokale Band, die konstante überregionale Präsenz erreichte, hatten dort ihre ersten Auftritte.

Dies war die Gründerzeit der jamaikanischen Musik in der Stadt, die damals noch von Protagonisten aus der Herkunftsregion geprägt war. Auch Samuel Downer alias Supa Sonic 143-1, der einzige Jamaikaner, der über Jahre hinweg in Basel aktiv war, kam 1995 als Fünfundzwanzigjähriger aus Kingston ans Rheinknie, ein Hüne von Mann mit einer Donnerstimme.

Supa Sonic erinnert daran, dass Reggae in der Schweiz nie dieselbe Vielfalt entwickeln konnte wie in seiner Heimat. «In Jamaika», sagt er, «ist Reggae alles. Liebesmusik, Partymusik, Musik für Kinder und für die Alten. Hier gehört er einer kleinen Szene. Das ist heute wieder so, und das war auch in den 90er-Jahren nicht viel anders.»

Mitte der 90er-Jahre erlebte auch eine andere genuin jamaikanische Musikrichtung in der Schweiz eine kurze, aber heftige Blütezeit: der Ska. Amerikanische Punk-Bands wie Green Day oder The Offspring banden das hohe Tempo des Ska erfolgreich in ihre Songs ein, in Deutschland entstanden Ska-Festivals, und auch die grossen Schweizer Konzertclubs nahmen fortan regelmässig Vertreter dieses Stils in ihr Programm. 1995 erhielt auch Basel mit Kalles Kaviar 144-1 seine Ska-Band. «Ska ist Tanzmusik», so Andreas Schär, Sänger, Gitarrist und Gründungsmitglied der noch heute aktiven Band, «und wurde auch an den grossen Schweizer Festivals gerne gesehen». Dennoch blieb die Szene klein, «wenige Bands hielten länger als zwei, drei Jahre», sodass Kalles Kaviar bald auch für Konzerte ausserhalb der Region gebucht wurden. «Reggae und Ska waren damals noch eng verbandelt», so Schär. Luc Montini von The Scrucialists spielte eine kurze Zeit bei Kalles Kaviar mit, und 2002 traten die beiden Bands gemeinsam als The Reggae All-Stars am Basler Clubfestival ‹Bscene›

145-1 **The Scrucialists.** In der Besetzung Simon Hänggi (Keyboards), Eric Gut (Schlagzeug), Matthias Tobler (Bass) und Luc Montini (Gitarre).

auf. Der letzte gemeinsame Auftritt von Vertretern dieser Stile. «Ska ist heute praktisch tot», sagt Schär. Die Musik aus Jamaika veränderte sich und mit ihr wandelte sich die Szene.

«In Jamaika ist Reggae alles. Liebesmusik, Partymusik, Musik für die Kinder und die Alten. Hier gehört er einer kleinen Szene.»
Supa Sonic

Im selben Jahr war es auch mit Sugardaddys Vorreiterrolle als Reggae-Veranstalter in Basel zu Ende. Flex Movements von Arik Weiss hiess in den ersten Jahren des neuen Jahrtausends das aufstrebende Soundsystem der Stadt, ein reines Basler Gewächs. Arik Weiss, Jahrgang 1980, fuhr in den späten 90er-Jahren, als in der Roten Fabrik die ersten Dancehall-Acts auftraten, oft nach Zürich. «Die Partys in Basel, an denen eher klassischer und 80er-Reggae gespielt wurden, interessierten mich weniger.» Im Jahr 2000 rief er Flex Move-

ments ins Leben und veranstaltete bald eigene Partys – im Tresor, dem Kellerclub des Sommercasinos. Das gab Probleme. Oben war Sugardaddy, der ‹Godfather›, unten die neue Generation mit dem aktuellen Sound. 2002 kippten die Macher des Sommercasinos Sugardaddys Uprising-Reihe und holten Flex Movements nach oben in den Club. Da war die Missstimmung zwischen den Soundsystems, die sich zwei Jahre später am ‹Soundclash› in der Kaserne zuspitzen sollte, bereits entfacht. Weiss, der gute Kontakte zu Veranstaltern in der Romandie hatte, holte internationale Soundsystems nach Basel, die Silly Walks aus Hamburg kamen und bereits 2002 auch Sean Paul. «Den kannte damals kaum jemand in Basel», erinnert sich Weiss, «mit nur etwa hundertfünfzig Leuten war das Konzert auch schlecht besucht».

Das änderte sich, und der kurze, aber heftige Boom des Dancehall beschleunigte auch den Generationenwechsel im Basler Reggae. «Der Dancehall hat viel ruiniert», davon ist Sugerdaddy noch

146-1 **Lukas Wyniger.** Auftritt des Soundsystems On Fire in der nt/Lounge, 2008.

heute überzeugt, «mit der Musik wurden auch die Leute härter, und mit dem Erfolg und dem Business dahinter sowieso». War die Szene anfangs noch von Einwanderern aus der Karibik geprägt, übernahmen nun vermehrt Schweizer die Reggae-Partys, Leute, die sich nicht nur mit der Musik, sondern auch mit Eventmanagement auskannten wie Arik Weiss von Flex Movements, Nic Plésel und Lukas Wyniger 146-1.

Nic Plésel lernte von seinem Vater, der zehn Jahre zuvor die Reihe ‹Mama Africa› in verschiedenen Clubs der Stadt organisiert hatte, wie man eine Party auf die Beine stellt. Im Jahr 2000 absolvierte er ein Praktikum als Kulturveranstalter im Sommercasino und holte erstmals den Briten David Rodigan nach Basel, einen der populärsten und erfahrensten Reggae-DJs Europas. 2003 wechselte Plésel in die Kaserne und blieb dort fünf Jahre. Es waren die Erfolgsjahre des Dancehall: Ausser in der Kaserne heizten Flex Movements im Sommercasino und On Fire in der Kuppel bei der Heu-

waage die Nächte an. Plésel hatte schliesslich die Idee, die renommiertesten Basler Soundsystems an einem Abend im Januar 2004 zum ‹Soundclash› zusammenzuführen und gegeneinander um die Gunst des Publikums antreten zu lassen. Auch Lukas Wyniger nahm daran teil. Zusammen mit seinem Partner Nicolas Mosimann bildete er das Soundsystem On Fire und traf am ‹Battle› in der Kaserne auf seinen früheren Mentor Sugardaddy. Vier Jahre zuvor hatte er, knapp dreiundzwanzigjährig, Sugardaddys Soundsystem Uprising verlassen und begonnen, mit On Fire einmal im Monat eine eigene Party zu veranstalten. Bald hatte er, der heute bei der Major-Firma ‹Warner Music› in Zürich als Promotion Manager arbeitet, die Marketingmechanismen des Musikmarkts kennengelernt. 2003 veröffentlichten On Fire das Mixtape ‹On Fire Vol. 1› bei ‹EMI Music›, «das erste Reggae-Mixtape der Schweiz, das von einer grossen Plattenfirma vertrieben wurde». Und als ein Jahr später der ‹Soundclash› in der Kaserne angesagt war, liessen On Fire zwei Rapper aus

Birmingham einfliegen. «Falscher Ehrgeiz», sagt Wyniger heute, aber am Ende des Abends wurden On Fire, die damals noch als Emporkömmlinge galten, von den Veranstaltern zum Sieger erklärt – vor ‹Godfather› Sugardaddy, vor den Dancehall-Pionieren Flex Movements.

Sugardaddy ist noch heute von einer «unfairen Entscheidung» überzeugt, sein Uprising Soundsystem habe schliesslich den Abend dominiert, «aber damals war bereits nicht mehr die Musik das Wichtigste, sondern wer die grösste Gang anschleppt. Die Soundsystems unterstützten sich nicht mehr, sondern traten in einen steten Wettkampf.» Nic Plésel spricht gar von einem «musikalischen Krieg: Fiel jemand aus dem Wettbewerb, machten die Anhänger im Publikum Stress. Ich kam als Veranstalter ins Schwitzen.» Durch den Hype des Dancehall «nahmen einige Leute sich selbst und die Bedeutung des Auftritts wohl etwas zu wichtig», glaubt Plésel, und vielleicht könne man sagen, dass es danach eine notwendige Atempause in der Szene gab: «Kein Boom hält lange an, und Dancehall war damals auf dem Höhepunkt.»

Heute ist die Stadt aufgeteilt: Lukas Wyniger und On Fire haben sich etabliert und veranstalten ihre Partys in der Kaserne, im Annex und in der Erlkönig-Lounge auf dem nt/Areal, Nic Plésel ist als unabhängiger Booker auf dem Schiff und im Nordstern aktiv. Die Nachfrage nach Reggae ist gesunken, jüngere Soundsystems rückten kaum nach, und die grossen Stars aus Jamaika kommen nur noch selten nach Basel. Und wenn doch, dann kann es geschehen, dass ihr Auftritt verhindert wird, wie im November 2008, als der Sänger Capleton für ein Konzert in der Kaserne anreiste. Weil einige seiner Texte unter dem Verdacht der Homophobie standen, protestierte eine Interessengruppe von Homosexuellen vehement gegen den Auftritt – mit Erfolg. «Diese Debatte ist alt», sagt Wyniger. Dass sie nun an die Öffentlichkeit gezerrt werde, hält er grundsätzlich für richtig, in den Reaktionen aber für unverhältnismässig. Bevor man sich auf eine Textsprache stürze, die stark von spiritualistischen Metaphern durchdrungen sei, und sie für bare Münze nehmen wolle, solle man sich zuerst mit den soziokulturellen Umständen eines Drittweltlandes wie Jamaika auseinandersetzen, mahnt Wyniger. «Aber diese Anstrengung wird kaum unternommen, vor allem nicht von denjenigen Gruppen, die Dancehall-Auftritte verbieten wollen.»

So ist Reggae aus den Programmen der grossen Clubs gefallen und in Basel wieder in den Nischen angekommen. Es sei ein kurzer, aber heftiger Boom gewesen, sagt Nic Plésel. Einige Jahre nach jenem hitzigen Abend in der Kaserne wollte er es noch einmal wissen und versammelte erneut alle Soundsystems, die in den letzten zehn Jahren den Reggae in der Stadt geprägt haben, für eine Nacht im Club Das Schiff, an einem Samstag im Mai 2009. Ohne ‹Soundclash›, ohne ‹Battle›, nur eine Nacht lang Musik auflegen, trinken, tanzen. «Sie kamen alle, teilten sich die Bühne, spielten ihre Platten und feierten in Freundschaft. Es war unbeschreiblich gut.»

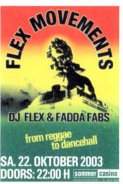

147-1/2/3
Im Sommercasino.
Flyer von den Partys des Soundsystems Flex Movements, darunter von Auftritten des britischen DJs David Rodigan und des Jamaikaners Sean Paul, der Dancehall in die Hitparaden brachte.

Der Mann, den sie Star nannten

Thomas Nikles (*1968) fuhr 1996 nach Afrika und kehrte als Famara zurück. Seither spielt er losgelöst von Szenen und Trends seinen Afroreggae – so lange, bis sich der Sargdeckel über ihm schliessen wird.

In Gambia nannten sie ihn den ‹Swiss Reggae Star›, und immer wieder muss Thomas Nikles seine Geschichte erzählen. 1996, er habe zuerst die Reife von achtundzwanzig Lebensjahren erlangen müssen, fuhr er erstmals auf eigene Faust nach Afrika, in den Nordwesten, nach Gambia und Senegal. Dort blieb er drei Monate. Er trommelte als Perkussionist bei einigen lokalen Musikern mit, die ihm einem Journalisten der Tageszeitung ‹Observer› vorstellten, der dann einen Artikel über ihn schrieb. Auf diesem Weg wurde das Fernsehen auf ihn aufmerksam, er landete in der Show eines nationalen Senders und ging anschliessend mit gambischen Musikern auf Tournee: sechzig Konzerte, beinahe auf jeder Bühne des Landes. So kam das mit dem ‹Swiss Reggae Star›, der eigentlich noch gar keiner war und in der Schweiz erst eine einzige Single veröffentlich hatte: ‹Sunshine Bubbler›, ein Song mit Ragga-Gesang, afrikanischen Beats und viel, viel Pop. In Gambia aber gaben sie ihm den Namen ‹Famara›, und mit dem kam er zurück.

Die Musik wurde ihm nicht in die Wiege gelegt. Sein Vater ist Fabrikunternehmer, «ein Businessman, aber ich tauge nicht für die Privatwirtschaft, das habe ich früh gemerkt. Man liess mich machen.» Und so machte er. Im Familienurlaub in Paris kaufte er auf den Flohmärkten seine ersten Platten, afrikanischer Soul und viel Perkussionsmusik, «wahre Schätze, die man in der Schweiz nie zu Gesicht bekam», und diese Musik prägte ihn. Im ‹Musik Hug› kaufte er noch in der Schulzeit für 35 Franken seine erste Bongo-Trommel aus Plastik und spielte damit an Klassenpartys. Später besuchte Nikles manche afrikanische Party, im Saalbau Rhypark, im Gundeldinger Casino und im Hallenbad Rialto. Musikalisch sozialisiert wurde Nikles aber vor allem in der Babalabar, «damals der Place-to-be für afrikanische Musik, und der DJ hatte immer zwei Congas dabei, zwei grosse Trommeln, auf denen liess er mich spielen, und durch ihn lernte ich einige afrikanische Musiker kennen, die ich fortan als Perkussionist begleitete. Das lag mir. Ich weiss nicht, woher das kommt, aber irgendetwas ist in mir drin, das sehr stark auf diese afrikanischen Rhythmen reagiert.»

Aber Thomas Nikles war damals noch nicht der Famara, noch nicht der Showman, der eine Bühne beherrschen kann, sondern jemand, der sich inmitten von afrikanischen Musikern gerne hinter den grossen Trommeln versteckte. Zehn Jahre lang war er Perkussionist, lange für die Basler Sängerin Luana, später als Studiomusiker für afrikanische Gruppen. Beim ersten Basler ‹Jugendkulturfestival› 1997 probierte er erstmals den Ragga-Gesang aus und erhielt anschliessend die Möglichkeit, seinen ‹Sunshine Bubbler› als Single pressen zu lassen.

← 148-1 **Stets in Tropen.** Famara in seiner Wohnung in Binningen, Basel-Landschaft.

Danach verlief seine Karriere zweigleisig. Jeden Winter fuhr er nach Nordwestafrika, in Urlaub und auf Konzertreise mit lokalen Musikern – als einziger Weisser unter Afrikanern –, bis er 2006 mit diesen Trips aufhörte. «Die guten Musiker waren alle weg, in Frankreich oder England, wo sie Geld verdienen konnten. Die Szene war zerschlagen. Und nur für den Urlaub wollte ich da nicht mehr hin, dazu hab ich zu viel erlebt dort.» Nach ihm haben andere Reggae-Sänger Gambia als Inspirationsort für ihre Aufnahmen entdeckt, der Zürcher Phenomden, heute der bekannteste Schweizer Reggae-Sänger, war auch schon dort. «Aber der, der dies hier begründet hat, sitzt hier», sagt Famara und drückt sich den Finger auf die Brust. In der Schweiz und besonders in Basel hat Famara kaum je in der lokalen Reggae-Szene Fuss fassen können. «Der Roots-Reggae, das urjamaikanische Ding, war mir immer zu einseitig. Ich mag die Einflüsse aus der afrikanischen Musik und der World Music allgemein. Auf die kann ich nicht verzichten. Das ist mein Ding.»

Sein Ding, seinen Afroreggae, hat er mittlerweile auf sechs Alben verewigt und auf mehreren Konzerttourneen in der Schweiz und in Deutschland gespielt. Konstant geblieben ist der transatlantische Stilmix und der spirituelle Grundton seiner Texte, denn spirituell war er immer. Auch heute noch wandert er oft hoch zum Wallfahrtsort Mariastein und betet dort unten in der Felsengrotte. Auch deswegen konnte er sich nie mit der «Jamaika-verrückten Basler Szene anfreunden, deren Reggae-Songs vor allem von Frauen und Mackern handeln». Das habe ihn nie interessiert, wie ihn auch Trends nie interessiert hätten, weder der harte Dancehall noch die Verbindungen zum Hip-Hop, und vielleicht ist es diese Eigenbrötlerei, die Famara nun sagen lässt: «Für einen wie mich wird es in Zukunft schwieriger. Reggae ist eine junge Szenemusik geworden, aber ich gehe nicht mehr an Partys, ich werde auch nicht gehypt. Ich bin ein starker Wert, der über Jahre hinweg gute Konzerte liefert, aber ob das noch reichen wird?»

Zukunftspläne hat Famara keine, «Vater werde ich wohl nicht mehr, und auch sonst habe ich nicht viel neben der Musik. Ich mache weiter, bis ich im Sarg liege.» Und sollte es doch nicht mehr gehen, sucht er sich ein Häuschen neben einem Wasserfall, irgendwo draussen in der Natur. «Und jeden Morgen wache ich neben einem rauschenden Gewässer auf. Das wäre es.»

Das erste Album, das Sie sich gekauft haben?
Die Maxi-Single ‹Such A Shame› von Talk Talk.

Ihr erstes Konzert?
Im jurassischen Delémont, mit einer fünfzehnköpfigen kongolesischen Band. Als Perkussionist.

Ihr grösstes Konzert?
‹Openair St. Gallen›, 2005.

Die grösste Ernüchterung?
Die gibt es immer wieder. Gerne hätte ich an bestimmten Orten gespielt, wie etwa auf dem Berner Gurten, doch bisher hat es nie geklappt. Daran nagt man, muss aber auch damit leben.

Ihr peinlichstes Erlebnis?
In Gambia, beim Fernsehinterview, riss mir die Hosennaht, und ich stand plötzlich in Unterhosen da. Vor laufender Kamera.

Ihre höchste Konzertgage?
3000 Franken. An einem Privatanlass.

→ 151-1 **Der ‹Swiss Reggae Star›.** Famara bei einem Auftritt mit Begleitband und Tänzerin in Gambia, Westafrika, 1998.

«Klischees wollten wir nie bedienen»
Luc Montini (*1977) ist Gitarrist bei The Scrucialists,
der einzigen Basler Reggae-Band,
die von internationaler Bedeutung ist.

**Luc Montini, Sie sind seit vierzehn Jahren Gitarrist der
Scrucialists und damit Gründungsmitglied der nahezu einzigen
nennenswerten Basler Reggae-Band. Ist Reggae eine Nischen-
erscheinung in der Nordwestschweiz?**

Nein. Aber in Basel wie an den meisten Orten der Welt dominieren im Reggae die Soundsystems, bestehend aus DJs, Sängern und Rappern. Es ist ganz
einfach viel weniger aufwendig, mit ein paar hundert Franken in einen
Plattenladen zu gehen, sich einen Stapel Reggae-Platten zu kaufen und ein
Soundsystem zu gründen, als eine Band auf die Beine zu stellen. Allerdings
ist es auch falsch, uns als einzige Reggae-Band der Region zu nennen. Der
Sänger Famara war schon vor uns aktiv. Auch sonst gab es immer wieder andere Bands, Shabani & The Burnin' Birds etwa, die Shumba Brothers – oder
neu Schwellheim, eine ganz junge Formation aus dem Kanton Baselland.

**1995, als sich die Scrucialists formierten, war Reggae über
Bob Marley, Peter Tosh und Jimmy Cliff hinaus kaum bekannt.
Wie kamen Sie zu dieser Musik?**

Ich hatte keine Ahnung von Reggae, sondern war eher der Rocker, hörte
AC/DC, Iron Maiden und solche Sachen. Eingeführt hatte mich der erste
Sänger der Scrucialists, Richard White aus Barbados, der Bruder des nun
etwas berühmten Songwriters William White. Richard war ein paar Jahre
älter als wir und brachte aus Barbados den Reggae mit – den echten jamaikanischen Roots-Reggae. Und dann gab es in Kleinhüningen den Plattenladen von Sugardaddy aus Antigua, der ist heute noch dort. Bei ihm kauften wir unsere ersten Platten.

**Die Scrucialists wurden zur Backing-Band – und damit
zu einer der wenigen namhaften Schweizer Reggae-Bands.
Bebauten Sie ein leeres Feld?**

Beinahe. In Zürich gibt es noch die Dubby Conquerors, die den Sänger Eli-
jah begleiten, und bereits seit den 80er-Jahren die Ganglords. Die waren die
Ersten in der Deutschschweiz. Wie in den meisten anderen Fällen hinkte
Basel auch im Reggae hinter Zürich her. Dort gab es die ersten Plattenlä-
den, die ersten Soundsystems, die ersten Bands und Partys. Noch heute ist
die Rote Fabrik der Ort, wo schweizweit die namhaften Reggae-Acts auftreten, und nicht die Basler Kaserne. Nachdem Richard White die Band verlassen hatte und nach Barbados zurückgekehrt war, fanden wir uns in einem
Dilemma wieder: Es gab keinen, der ihn ersetzen konnte. Also begannen
wir, mit wechselnden Sängern und Rappern zu arbeiten, mit Leuten aus

← 152-1 **Im Keller.** Luc Montini, Gitarrist von The Scrucialists,
im bandeigenen Tonstudio ‹One Drop›.

154-1 **Zöglinge.** Junge Reggae-Bands wie Schwellheim gehen für ihre Aufnahmen zu den Scrucialists ins Tonstudio.

Strasbourg und Mulhouse, mit Dr. Ring Ding aus Deutschland, mit Lady Saw aus Jamaika und mit King Django aus New York. Die Scrucialists haben sich als Dienstleister ihren Namen gemacht, das kann man ruhig sagen.

Auf der anderen Seite verfügten die Scrucialists nie über eine konstante, medienwirksame Frontfigur …

… und sind deshalb auch nicht berühmt, richtig. Aber die, die uns kennen müssen, kennen uns. In Europa gibt es wenige Backing-Bands mit unserem Status. Aktuell sind wir nun mit dem Zürcher Sänger Phenomden unterwegs. Das hat eine gewisse Konstanz. Aber einen fixen Sänger wollen die Scrucialists nicht mehr.

→ 155-1 **Die Anfänge.**
Das erste Bandfoto der Scrucialists 1999:
Richard White, Matthias Tobler,
Luc Montini, Eric Gut, Simon Hänggi.

Ihr Album ‹All The Way› haben Sie 2004 in Jamaika produziert. Die Erfüllung eines Traums?

Ja, schon. Unser Ziel als weisse Mittelstandsjugendliche war es von Anfang an, so jamaikanisch wie möglich zu klingen. Aber nach Jamaika gingen wir in erster Linie, weil dort alle guten Reggae-Sänger waren.

Wie macht man sich als «weisse Mittelstandsjugendliche» einen genuin aus der Dritten Welt stammenden Musikstil zu eigen?

In Jamaika ist man schnell mit den Leuten auf Augenhöhe, wenn man das Engagement für ihre Musik teilt. Aber Reggae war historisch das Sprachrohr des kleinen Mannes gegen den grossen weissen Kolonialisten. Eine Kampfmusik, die viel mit der Erfahrung von Ungerechtigkeit zu tun hat. Da können wir natürlich nicht mitreden. Aber dennoch ist uns dieser Aspekt viel näher als die Rastafari-Elemente, die hippieske One-

Love-Schiene, die man in Europa vor allem unter Jugendlichen findet und die nur Stereotypen wiederkäut.

Sie sassen nie als Rasta am Rhein, haben getrommelt, gekifft und Bob Marley gehört?
Ich nicht, nein. Auch als Teenager nicht. Wir waren Metal-Kids und tranken Bier, andere waren Hip-Hopper und kifften, und dann gab es noch die Punks, die taten beides. Aber diese Klischees wollten wir nie bedienen, davon distanzieren wir uns. Der Rastafarismus ist eine widersprüchliche und auf dem antikolonialistischen Reflex aufgebaute spirituelle Bewegung. Und wenn weisse Europäer diese Religion leben wollen, ist das für mich schwer verständlich und zeugt meist davon, dass sich da jemand nicht richtig über die Hintergründe informiert hat.

Der Reggae wurde in den 90er-Jahren aus der Karibik nach Basel importiert: Sugardaddy aus Antigua veranstaltete die ersten Partys, Supa Sonic und Lady Dawn, beide aus Jamaika, standen für verschiedene Soundsystems am Mikrofon, Ihr erster Sänger Richard White stammte aus Barbados. Wie wichtig sind Musiker aus der Karibik oder Afrika heute für die Basler Reggae-Szene?
Als Veranstalter nicht mehr so wichtig wie am Anfang. Sugardaddy hat sich etwas zurückgezogen, Supa Sonic und Lady Dawn singen nur noch selten, und Richard ist weg. Der Erfolg der hiesigen Szene kam mit den Basler Soundsystems – mit Leuten, die wussten, wie man Trends aufschnappt. Als Reggae und vor allem Dancehall ab dem Jahr 2002 durch den Erfolg von Sean Paul einen gewaltigen Schub erfuhren, waren Schweizer Soundsystems zur Stelle, die sich auch mit Marketingmechanismen auskannten. Lukas Wyniger von On Fire ist ein gutes Beispiel. Wyniger sagte sich: Reggae ist im Aufwind, wir brauchen einen Namen, eine fixe Location und ein regelmässiges Datum, und dann kommen die Leute. Er sollte recht behalten.

Das erste Album, das Sie sich gekauft haben?
Die Kassette ‹Seventh Son Of Seven Sons› von Iron Maiden.

Ihr erstes Konzert?
Gymfest mit einer Jazzfunk-Soloband in Münchenstein, etwa 1992. Zwei Akkorde, viele lange und schlechte Instrumentalsoli. Eine Tortur.

Ihr grösstes Konzert?
Das Festival ‹Dour› in Belgien, wo wir Ward 21 begleiteten. Vor rund fünfzehntausend Leuten.

Die grösste Ernüchterung?
Dass man mit Musik und Plattenverkäufen nichts mehr verdienen kann, sondern alles aus dem Internet runtergeladen wird, sogar auf unserem Level. Wir arbeiten in einem sterbenden Gewerbe.

Ihr peinlichstes Erlebnis?
Gabs bisher keines, wir geben uns Mühe.

Ihre höchste Konzertgage?
800 Franken war das Höchste, was ich als Musiker für einen Auftritt erhielt. Die Band verdiente einmal 10 000 Euro, darin war aber nicht nur die Konzertgage, sondern die ganze Produktion enthalten, inklusive der Gage für den Sänger. Wo das war, darf ich leider nicht sagen.

→ 157-1 **Kunstvolle Heldinnen.** Les Reines Prochaines im Anflug: Michèle Fuchs, Muda Mathis, Sus Zwick und Fränzi Madörin.

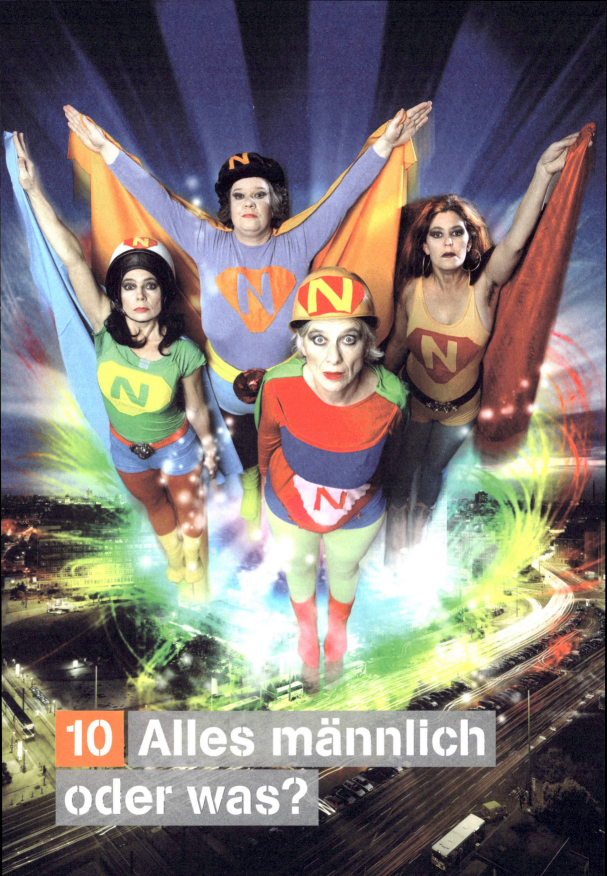

10 Alles männlich oder was?

10–1 Alles männlich oder was?

Wie die Frauen von Les Reines Prochaines dank einem Schuss Dilettantismus frisch bleiben. Und wie in Basel die erste DJ-Schule für Mädchen und Frauen ins Leben gerufen wurde.

158-1

Les Reines Prochaines. Sus Zwick (Saxofon), Fränzi Madörin (Gesang), Michèle Fuchs (Euphonium) und Muda Mathis (Bass) kombinieren 2004 in der Kuppel Konzertantes mit Kunsteinlagen und Kostümshow.

158-2

Barbara Frey. Ehe sie sich ganz dem Theater verschrieb, gab sie bei Rock-Bands wie Action Office den Takt an.

158-3

Mithras Leuenberger. Die DJ-Schulleiterin nimmt neugierigen Mädchen die Angst vor der Technik.

Wer hat mit ‹Hound Dog› den Rock 'n' Roll geprägt? Elvis Presley sagen wir mit Bestimmtheit – und liegen falsch. Denn Presley nahm das Lied erst auf, nachdem ihm eine Frau gezeigt hatte, wo der Hammer hängt: Big Mama Thornton hiess sie und sang sich 1953 mit ‹Hound Dog› an die Spitze der amerikanischen Billboard-Charts. Sie starb 1984 in aller Stille. Frauen im Rock-Zirkus: keine selbstverständliche Sache.

Auch die Basler Pop-Geschichte wurde mehrheitlich von Männern geschrieben. Aber sie wäre in den letzten dreissig Jahren ohne weibliche Beteiligungen undenkbar gewesen. War die Rock-Szene in den 60er- und 70er-Jahren noch ebenso von XY-Chromosomen geprägt wie die Fussballfangemeinschaft, so drangen in den 80er-Jahren zunehmend Frauen in die Männerdomäne ein. Das Do-it-yourself-Prinzip der Punk-Ära war befreiend und ermutigend, wirkte nach. So traten 1987 im Rahmen eines Carteblanche-Abends Les Reines des Couteaux in der Alten Stadtgärtnerei auf: Ausgerüstet mit einem Synthesizer präsentierten die Kunststudentinnen ein musikalisches Geschnetzel, ein «Küchenliedprogramm», wie sich Mitbegründerin Muda Mathis erinnert. Die aktionistische Postpunk-Haltung und der Feminismus trieben die Künstlerinnen an, die sich bald Les Reines Prochaines 157-1/158-1 nennen sollten. «Performances dienten als Ausgangssituationen für Konzertprogramme», führt Fränzi Madörin aus. Im Laufe der Jahre folgten mehrere Albumproduktionen, die Musikalität nahm zu, die Theatralik rückte zwischenzeitlich in den Hintergrund, Künstlerinnenkolleginnen wie Pipilotti Rist traten ein, traten aus, die Band blieb, das Publikum ebenfalls. Was ist das Geheimnis? «Wir arbeiten auch nach zwanzig Jahren noch mit einer gewissen Rauheit, mit Tempo und Risiko. Und bewahren uns durch diese Unmittelbarkeit auch ein Stück Dilettantismus», sagt Muda Mathis. «Für mich bedeuten Les Reines Prochaines Ferien von meiner Arbeit in der bildenden Kunst.» Was in ihrer Kunst wie auch in ihrer Musik stets präsent ist: das Spiel mit Geschlechterrollen, der feministische Ansatz. Denn, so erklärt Muda Mathis: «Einmal da hineingeboren, bringt man es nicht mehr los.»

Das trifft auch auf Mithras Leuenberger 158-3 zu. 1981 legte sie erstmals auf, an einer Hippie-Party im Sommercasino. 1989 professionalisierte sie ihre Arbeit an den Plattenspielern, liess Acid Jazz sowie Hip-Hop, später auch Techno und Elektro rotieren. 1998 entwickelte sie das Konzept ‹Mädelz an die Technic› und begann erste DJ-Kurse anzubieten. Drei Jahre später nahm sie am Ideenwettbewerb ‹Basel denkt› der Christoph Merian Stiftung teil und erhielt 60 000 Franken Startkapital zur Gründung von ‹Rubinia DJanes›, der weltweit ersten Discjockey-Schule für Mädchen und Frauen. Über siebenhundert Schülerinnen hat Mithras Leuenberger seither in die Grundlagen des Plattenauflegens eingeführt, darunter auch Isabella Zanger, die als Miss Sheila in der Trance-Szene mitmischte und heute als Herzschwester auftritt. Dass es eine geschlechtsspezifische DJ-Schule braucht, davon ist Mithras Leuenberger überzeugt. «Frauen treten im öffentlichen Raum grundsätzlich zurückhaltender auf, es fällt ihnen schwerer, sich zu exponieren. Hinzu kommt, dass die technische Hemmschwelle bei Mädchen meist grösser ist.» Unter ihresgleichen falle es ihnen leichter, die ersten Drehversuche am Plattenspieler zu unternehmen. Leuenberger sieht ihre Arbeit noch lange nicht beendet: «In den Vereinigten Arabischen Emiraten ist erst kürzlich die erste DJane in Erscheinung getreten. Und bei uns? Steigt zwar die Nachfrage von Frauen fürs Auflegen, aber nicht das Angebot. Wenn ich das Programm in Clubs wie der Kaserne anschaue, dann ist da von Gleichstellung keine Spur.» Kämpferische Töne, in die Kat Fischer 160-2 alias DJane Kat La Luna so nicht einstimmen mag. Als sie in der Stückfärberei aufzulegen begann, kam es «einige Male vor, dass ich die Platten in die Ecken schmiss, weil aller Anfang schwer war. Aber auch männliche DJs müssen sich durchkämpfen», sagt sie, die in diversen Basler Clubs gearbeitet hat. «Feministisch-philosophische Ansätze lagen mir fern, mir gings einfach ums Machen.»

Eine Haltung, die viele Musikerinnen teilen – und Musiker. «Die Geschlechterfrage spielte für mich nie eine Rolle. Wenn ich eine Gruppe formierte, stand die Musikalität, das Gefühl, das eine Person mitbrachte, im Vordergrund», erzählt Jakob Künzel, einer der profiliertesten Pop-Musiker der Region. Mit der Berner Sängerin Denise Hinz rief er 1983 das Projekt Hinz + Kunz ins Leben, holte später für die Lazy Poker Blues Band die Saxofonistin Corinne Arnoud und die Sängerinnen Liliane Michel und Cristina Weber an Bord. 1986 gründete Künzel Bartrek 159-1, entdeckte Sarah Cooper 160-3 (später bei Daddy Long Legs und Taïno) und Nadia Leonti (später Popmonster und

Solo). Beide gehören seit den 90er-Jahren zu den auffälligsten Sängerinnen der Nordwestschweiz – neben Bettina Schelker, Claudia Bettinaglio (ex Lazy Poker Blues Band, Mudphish) und Silvy Buonvicini, der Sängerin des mittlerweile aufgelösten Experimental-Pop-Duos Knut & Silvy. Den Grund dafür, dass Frauen lange Zeit rar waren in der Szene, sieht Künzel einerseits im Mangel an Vorbildern. Tatsächlich war eine Schlagzeugerin wie Barbara Frey 158-2, die heute als Intendantin das Schauspielhaus Zürich führt, in den 80er-Jahren als Frau allein auf weiter Flur. Damals spielte die Studentin in der Basler Rock-Band Action Office, «sehr tough, auf hohem Niveau», wie sich Künzel erinnert.

Dass die Frauenquote bis in die 90er-Jahre niedrig war, lässt sich aber nicht nur auf den Mangel an professionellen populären Vorbildern und auf fehlendes Interesse an ambitioniert betriebener Rock-Musik zurückführen. «In einer Band zu spielen, hiess für viele Jungs immer auch einfach: Sich zurückziehen, ein Bier trinken, unter sich sein», sagt Künzel. Selbst für viele Musiker, bei denen professionelle Kriterien klar im Vordergrund standen, seien Frauen in der Band kein Thema gewesen, erinnert er sich, «da diese eine Unruhe reinbringen würden, wie mir Dominique Alioth von den Wondertoys einst gestand».

159-1 **Bartrek.** Dino Tereh (Schlagzeug), Jakob Künzel (Gesang, Gitarre), Corinne Arnoud (Saxofon), Nadia Leonti (Keyboards), 1996. Im Unterschied zu anderen Rock-Musikern seiner Zeit spielte die Geschlechterfrage für Künzel nie eine Rolle.

160-1 **Maja Schwarz.** Die studierte Rock-Gitarristin kennt keine Berührungsängste, was harte Riffs angeht.

160-2 **Kat Fischer.** Hat als DJane Kat La Luna Disco-Besuchern jahrelang Beine gemacht.

160-3 **Sarah Cooper.** Die Baslerin mit britischen Wurzeln beweist Sinn für Soul und Show.

Ausgerechnet die Rock-Musik, eine Kunstform, die für sich immer den Ausdruck ‹Freiheit› reklamierte, hatte also mit Gleichberechtigung ihre liebe Mühe. Dass es an Rollenmodellen mangelte, bestätigt Maja Schwarz 160-1 – «für mich aber kein Grund, nicht doch in die Saiten zu greifen.» Schwarz studierte am Guitar Institute of Technology in Los Angeles. Bei Konzerten als E-Gitarristin der Basler Industrial-Rock-Band Undergod erlebte sie, dass ihr Bühnentechniker automatisch das Gesangsmikrofon hinstellten. «Als ich dann sagte, dass ich Gitarre spiele, schauten sie mich zuerst mit grossen Augen an, stellten dann aber brav meinen Gitarren-Amp hin.» Dass sie die schweren Boxen nicht selbst schleppen müsse, sei einer der Vorteile, den sie als Gitarristin geniesse. Nervtötend hingegen, dass sie in Interviews stets Fragen zum Geschlecht beantworten müsse. «Ich würde doch viel lieber über Gitarren sprechen.»

Die gleiche Erfahrung machten die Mitglieder der mittlerweile aufgelösten hart rockenden Band Zero2nine. Johanna Kalla (Schlagzeug), Verena Sturm (Bass), Nicole Dill (Gitarre) und Viviane Laissue (Gesang, später ersetzt durch Petra Spring) hatten 2002 die Band gegründet. Als 2006 das weibliche Rock-Trio The Delilahs aus Zug durch einen Medien-Hype auf einmal in aller Munde war, profitierten auch die Baslerinnen vom Interesse der Medien. So landeten sie unverhofft in der Schweizer Zeitschrift ‹Annabelle› und sahen sich dort mit dem ungeliebten Etikett ‹Frauenband› versehen. Auch wenn sie stets betonten, dass es ihnen schlicht um die Musik ging und nicht um ein ‹Gender-Statement›.

Doch darin sind sich die meisten Basler Rock-Frauen einig: Das Exotinnendasein bringt mehrheitlich Vorteile mit sich. Sie geniessen den medialen Bonus, den sie gegenüber männlichen Vertretern haben. Dass sie sich für eine Schlagzeile und einen Abdruck der Promo-Fotografie nicht so billig verkaufen müssen wie leicht bekleideten Pop-Sternchen und It-Girls, hat der jüngste Erfolg der Zürcherin Sophie Hunger bewiesen. Frau fällt auf, auch wenn sie dezentere Töne anschlägt. Ob junge Basler Singer-Songwriterinnen wie Nicole Schelker (Dew), Anna Aaron 161-1, Jana Kouril oder Nora Born vom Independent-Star-Effekt einer Sophie Hunger profitieren können, steht allerdings noch in den Sternen.

→ 161-1 **Fragil.** Die junge Basler Singer-Songwriterin Anna Aaron.

Eine Frau boxt sich durch

Einst lebte sie im Wohnwagen und schlug sich als tingelnde Singer-Songwriterin und Boxerin durch. Seit Bettina Schelker (*1972) mit der Gründung einer Privatschule ein zweites Standbein hat, kann sie ihre Musikkarriere gelassener angehen – und hat mehr Erfolg denn je.

Zum Gespräch rollt sie heran. Auf einem Skateboard. Das passt. Bettina Schelker ist ständig auf Achse – und es läuft rund für die Singer-Songwriterin. 2007 nahm sie am John Lennon Songwriting Contest teil. Die prominent besetzte Jury – unter anderem mit Fergie von den Black Eyed Peas, John Legend und Al Jarreau – kürten sie für ihr Lied ‹The Honeymoon Is Over› zur Siegerin in der Sparte Folk. Es folgte eine Tour, die sie um die Welt führte, von Kontinentaleuropa über England und Amerika bis nach Australien. Als sie zurückkehrte, fühlte sie sich ausgebrannt. «Merkwürdig», sagt sie bei einer Tasse Kaffee im Schützenmattpark, «je älter ich werde, umso erfolgreicher läufts in der Musik. Nur muss ich meine Zeit einteilen, sonst reklamiert mein Körper.» Das will was heissen. Immerhin holte sie 2004 den Schweizermeistertitel im Halbmittelgewichtsboxen. «In sieben Fights ungeschlagen», vermeldete der Basler Boxclub stolz auf seiner Internetseite. Die Handschuhe hängte Schelker danach an den Nagel. «Zum einen, weil ich für die internationalen Kämpfe die Trainingseinheiten hätte steigern müssen, was sich zeitlich nicht mehr mit der Musik vereinbaren liess. Zum anderen, weil es in den Kämpfen auch schmerzhaft zur Sache ging. Beim letzten Kampf riss ich mir eine Sehne am linken Daumen.» Alles andere als ideal für eine Sängerin, die die Gitarre täglich in die Hand nimmt.

Für ihre Karriere nahm Schelker zwei Anläufe. 1996 drängte die damals vierundzwanzigjährige Strassenmusikerin als Mundartsängerin auf den Markt, ‹Polygram Schweiz› im Rücken und eine Chartplatzierung in Aussicht. Polschtergruppe hiess die Band, ‹Rose› das Debütalbum. Das wars aber auch schon. So vielversprechend es war, eine Major-Company hinter sich zu wissen, so ernüchternd war die Bilanz: Die Plattenfirma vermochte wenig mit dem fixfertig angelieferten Album anzustellen. Ausserdem gab es nur wenig Konzerte, trotz Agentur. «Mir kams vor, als hätten sie uns nur unter Vertrag genommen, um gegen aussen zu signalisieren, dass sie nebst den globalen Playern auch den Nachwuchs unterstützen würden», resümiert Bettina Schelker.

Schelker nahm ihr Glück selbst in die Hand. Sie setzte die Polschtergruppe vor die Tür, rief im April 1999 mit ‹foundagirl› ein eigenes Label ins Leben, veröffentlichte die CD ‹Durst› und hatte Hunger nach mehr: mehr Reichweite, mehr Sprachen. ‹Klischee› hiess das nächste Album – und von Klischees verabschiedete sie sich folgerichtig: «Grenzen gibt es für mich keine mehr»,

← 162·1 **Ständig auf Achse.** Bettina Schelker reist mit ihrer Gitarre um die Welt – und zurück.

sagte sie in einem Interview mit der ‹Basler Zeitung› im April 2001. Tatsächlich durchbrach sie mit ‹Klischee› sowohl musikalische als auch sprachliche Barrieren. Bald darauf machten hochdeutsche und englische Texte ihre Anfänge als Mundartsängerin vergessen: «Wenn mir etwas zu persönlich ist, dann wechsle ich automatisch die Sprache. Es fällt mir leichter, gewisse Texte in Englisch auszudrücken, intime Geständnisse wie etwa ‹Anchored On Your Skin›. Dass ich mir vom kommerziellen Standpunkt her mit der Sprachdurchmischung selber Steine in den Weg lege, das ist mir klar. Aber für mich stimmt das so.»

Wie viel ihr Freiheit bedeutet, bewies Bettina Schelker mit Ihrer (Selbst-) Aufgabe: 1999 schmiss sie ihren Job als Lehrerin hin, lebte aus Kostengründen auf einem Campingplatz im Baselbiet. «Bis ich merkte, dass ich keinen Boden mehr unter den Füssen hatte – keinen Job, keine Wohnung, nichts von materiellem Wert.» Der Ausstieg wirkte sich wider Erwarten negativ auf ihre Kreativität aus. «Mir fehlte die Geborgenheit, ich fühlte mich gehemmt und gelähmt. Diese Feststellung hat mich selber überrascht, hatte ich doch zuvor immer davon geträumt, allem zu entsagen, um mich nur noch auf die Musik konzentrieren zu können. Aber die Meinung, dass das Aussteigen für die Kreativität das Grösste sei, ist eben auch nur ein Klischee. Kaum hatte ich wieder ein Dach über dem Kopf, begann ich eine neue Platte aufzunehmen.»

‹Willkommen› nannte sie diese. Willkommen im Club der Selbstbestimmten könnte man anfügen, denn mit einem breiteren Stilspektrum und der geschäftlichen wie auch künstlerischen Autonomie wandelte sie auf den Spuren von US-Musikerinnen wie etwa Ani DiFranco. Sie betonte aber stets, dass sie nicht feministisches Gedankengut predigen wolle. Sie, die in ihren Songtexten keinen Hehl daraus macht, dass sie sich zu Frauen hingezogen fühlt, mag sich nicht als Sprachrohr der Schweizer Lesben sehen. «Ich bin einfach ehrlich. Ich bin, wie ich bin. Und das will ich weder verstecken noch propagieren», bekannte sie noch 2002 im Gespräch. Fünf Jahre später überraschte sie mit einem Album, das klar politisch gefärbt war: ‹The Honeymoon is over› trägt ihre Vermählung mit ihrer US-amerikanischen Lebenspartnerin Ina Nicosia im Titel. Ein Album, das sie in den Liner Notes allen homosexuellen Menschen widmet, die diskriminiert wurden und den Kampf gegen die Ungleichbehandlung nicht aufgegeben haben. Ausschlaggebend dafür war eine ernüchternde Erfahrung: «Gleichgeschlechtliche Paare dürfen sich in der Schweiz zwar registrieren lassen. Aber als wir Flitterwochen in unseren Wunschdestinationen Jamaika oder Mauritius planten, mussten wir feststellen, dass die Homosexualität dort illegal ist, zum Teil steht darauf die Todesstrafe. Hinzu kam, dass uns die meisten Reisebüros keine vergünstigten Honeymoon-Tarife gewähren wollten, weil wir kein Hetero-Paar waren.»

Nach der Hochzeitsreise eröffnete das Paar in Basel eine Privatschule für Kinder im Vorschulalter mit den Schwerpunkten Musik und Sport. Eine perfekte Ergänzung, eine erfolgreiche Gründung mit inzwischen zehn Angestellten. Ina Nicosia-Schelker hat das künstlerische Management ihrer Gattin in die Hand genommen. «Sie hat Sportmanagement studiert und kann mich viel besser verkaufen, als ich mich selber.» So nutzte sie geschickt die Social-Community-Plattformen wie etwa MySpace und buchte eine US-Tour. Eine lohnende Angelegenheit, «denn das Reisen und die Begegnungen gehören mit zum Schönsten am Dasein als Musikerin», erklärt Bettina Schelker. Sie hatte in den Jahren zuvor schon ein Netzwerk mit anderen Musikern aufgebaut, namentlich den britischen Polit-Poppern Chumbawamba, für die sie auf einer Deutschlandtour dreiunddreissig Konzerte eröffnen konnte – und die seither ihre Musik produziert haben. Auch hier war sie erfolgreich: Von ‹The Honeymoon is over› – produziert von ihrem eigenen Label – hat sie bereits über dreitausend Exemplare im Eigenvertrieb verkauft.

«Ich wett emol uf Amerika», wünschte sie sich zu Beginn ihrer Laufbahn. Nun ist der Traum schon zwei Mal in Erfüllung gegangen. «Ich hatte Glück: Bei der letzten Tour waren mir für jedes Konzert 250 Dollar garantiert – das war früher längst nicht immer so, da reiste ich auch mal für 50 Dollar an und schlief im Büro des Veranstalters. Auf solche Erfahrungen möchte ich künftig verzichten», ergänzt sie und ist froh, dass sie sich solche Forderungen leisten kann, seit sie vom Musikgeschäft nicht mehr finanziell abhängig ist. «Ein richtiger Schritt», betont sie. Zumal sie am renommierten Clubfestival SXSW in Austin/Texas – wo sie 2008 ein Showcase geben konnte – feststellen musste, wie unglaublich viele talentierte Musiker, die den Durchbruch nie schaffen werden, dort auftraten. «Diesem Druck möchte ich mich nicht aussetzen müssen.» Sagts, kickt das Skateboard hoch und düst weiter. Die Flitterwochen sind vorbei. Es gibt viel zu tun.

Das erste Album, das Sie sich gekauft haben?
‹Fantastic› von Wham!, das war 1984.

Ihr erstes Konzert?
1989 an einem Fest in Bättwil, im hinteren Leimental. Unter anderem war Adrian Sieber, damals noch Schlagzeuger, in der Band. Wir nannten uns Big Bettys Birthday, weil wir an meinem Geburtstag auftraten und noch keinen Bandnamen hatten.

Ihr grösstes Konzert?
Solo: auf dem Berner Bundesplatz, 2003, an der Demo gegen den Irakkrieg. Mit Menschenskinder: im Vorprogramm von Nena, im Schlossgarten in Schwetzingen, vor siebentausend Zuschauern.

Die grösste Ernüchterung?
Als ich in Texas am Clubfestival SXSW merkte, wie gross die Konkurrenz ist. Das nimmt man in der Schweiz so nicht wahr.

Ihr peinlichstes Erlebnis?
Ende der 90er-Jahre wurde ich als Überraschungsgast für eine Hochzeit im Raum Bern engagiert. Ich fuhr hin, suchte das Restaurant Alpenblick auf, richtete mich ein. Ein Alleinunterhalter stiess dazu, wir machten gemeinsam Soundcheck. Als die Hochzeitsgesellschaft zum Apéro eintraf, wunderte ich mich noch, dass ich niemanden erkannte. Bis ich einen Anruf erhielt und man mich fragte: «Sag mal, wo steckst du?» Es stellte sich heraus, dass es in diesem Dorf einen zweiten Alpenblick gab. Ich packte alles zusammen, der Wirt war sauer, der Rest irritiert. Und mit Verspätung spielte ich schliesslich an der richtigen Hochzeit.

Ihre höchste Konzertgage?
An einem Apéro der Christoph Merian Stiftung. 2200 Franken für drei Songs.

«Ich geniesse einen Bonus»

Nadia Leonti (*1973) gehört zu den profiliertesten
Rock-Musikerinnen der Nordwestschweiz.
Nach Stationen in Bands wie Bartrek (Folk-Pop), Shilf
(Alternative Country) und Popmonster (Indie-Pop)
hat die Sängerin und Multi-Instrumentalistin 2009 ihr
erstes Soloalbum veröffentlicht.

Nadia Leonti, auf Ihrem ersten Soloalbum ‹Everyone/I› singen
Sie «Some get old and wiser, some get lost on the ship».
Für viele ist Musik machen einfach eine Phase, die mit dreissig
Jahren endet. Kommen Sie sich einsam vor?
Nein, mein engstes Umfeld besteht aus Leuten, die wie ich noch immer mit
Herzblut Musik machen. Und ich bin immer noch die Jüngste unter ihnen.

Hatten Rock- und Pop-Frauen einen besondern Stellenwert
bei Ihrer musikalischen Sozialisierung?
Ich war Fan von Suzanne Vega und Annie Lennox, deren Stimmen, ihre
Klarheit hat mich sehr berührt. Aber ich habe mir nie speziell Frauen als
Vorbilder ausgesucht, fand Männerbands wie Public Image Limited oder
Depeche Mode ebenfalls super.

Wie sind Sie zur Musik gekommen?
Ich bekam mit vier Jahren eine Gitarre geschenkt, spielte als Kind auch schon
Klavier und sang zu gehörter Musik spontan die zweite Stimme. Pop interessierte mich aber nicht wirklich, ich hörte eher klassische Musik. Doch
als ich mit dreizehn Jahren erstmals Lieder der Eurythmics kennenlernte,
wollte ich Pop-Musikerin werden.

Der musikalische Ehrgeiz packte Sie im Teeniealter?
Auf spielerische Art und Weise, ja. Ich war eine Träumerin, versank in der
Musik. Nach Schülerbanderfahrungen, etwa mit einer Band namens Die
Langen Erlen, bewarb ich mich mit neunzehn als Keyboarderin bei Bartrek.
Einer meiner ersten Gigs fand im Zürcher Volkshaus statt und wurde von
DRS 3 übertragen. Ich dachte mir relativ unbekümmert: So läuft das jetzt
also. Später bekamen die anderen Bandmitglieder mit, wie ich die Lieder
im Proberaum mitsummte, und stellten mir ein Mikrofon hin. Richtiger
Ehrgeiz kam erst nach Bartrek auf, 1999, mit dem Trio Popmonster. Seither
vergeht kaum ein Tag, an dem ich nicht ein Instrument in die Hand nehme.

War es früher schwieriger, als Frau in die von Männern
dominierte Musikszene hineinzukommen?
Ich war nie eingeschüchtert dadurch, dass vorwiegend Männer Rock machen. So zu denken, wäre mir gar nie in den Sinn gekommen, ich glaubte
an mich und hatte daher auch nie das Bedürfnis, mich feministisch zu po-

← 166-1 **Ohne Rock, mit Roll.**
Nadia Leonti, Velokurierin, Popmusikerin.

sitionieren. Einen Kampf habe ich im Übrigen auch mit Frauen geführt: Am Gymnasium gründeten wir eine Frauenband, was lustig aber auch anstrengend war, da es den anderen am Mut fehlte, etwas zu wagen. Mich dünkt, Jungs sind da lockerer drauf. Die probieren einfach mal etwas aus, selbst wenn es nichts taugt.

Mit Jakob Künzel hat Sie einer der profiliertesten Basler Songwriter entdeckt. Hatte er eine Coachfunktion für Sie?
Ich habe vieles von ihm gelernt, beispielsweise Aspekte der Technik und der Produktion. Was aber meine Ideen anbelangt, so hatte ich von Anfang an einen sturen Kopf.

Wo liegen in Ihren Augen die Vor- und Nachteile als Frau in diesem Business?
Nachteile habe ich kaum erlebt. Ich geniesse einen Bonus, die Medien wollen eine Story machen, weil ich als Frau immer noch eine Exotin bin. Womit ich kein Problem habe, ich bin mir noch nie ausgenutzt vorgekommen.

Sie bekamen nie ‹unfriendly offers›?
Nein, aber das liegt auch daran, dass ich gar nie in dieser Plastic-Pop-Welt verkehrte. Ich war immer im Untergrund tätig.

Auch, weil Sie kein ambitioniertes Management für sich arbeiten liessen.
Das stimmt. Was im Fall von Popmonster auch an uns selber lag: Kein Bandmitglied war ein grosser Networker, wir waren alle gegen innen gerichtet. Das ist ein Manko. Zudem hatten wir wenig professionelle Hilfe in der Nähe.

Was unternehmen Sie dagegen?
Ich halte Ohren und Augen offen, versuche mich zu verlinken, Plattformen zu nutzen. Die Möglichkeiten hierfür waren noch nie so gut wie heute. Aber schliesslich geht es ja darum, dank guter Songs irgendwo Fuss fassen zu können und in eine Maschinerie reinzukommen.

Das klingt nach Schicksalsergebenheit. Ist der Mangel am unbedingten Willen, den Durchbruch zu schaffen, ein baslerisches Problem?
Glaube ich nicht. In Basel herrschte in den 8oer-Jahren eine unfreundliche Stimmung unter Bands. Diese Missgunst war sicherlich kontraproduktiv und ist zum Glück verschwunden. Doch viele Musiker leben noch immer aneinander vorbei. Ich will mich da nicht ausnehmen, bin ebenfalls eher introvertiert. Und muss mich fast dazu prügeln, einen Massenversand für ein Konzert zu machen. Solche Aufgaben lähmen mich. Ich würde mein Schicksal gerne pushen. Aber mein Talent ist es, Songs zu schreiben, zu arrangieren und aufzunehmen.

Wenn man Popmonster etwas vorwerfen konnte, dann, dass man diese Introvertiertheit auch auf der Bühne spürte.
Das war sicher mit ein Grund, weshalb es nie zum grossen Durchbruch gereicht hat. Wir arbeiteten verstärkt mit Tapes und zu Click-Tracks, was uns zusätzlich hemmte. Wir konnten nicht ausbrechen. Dieser Mangel an Spontaneität, diese Trägheit, störte mich zunehmend.

Ist Ihr Soloprojekt eine Art Befreiungsschlag?
Das klingt zu drastisch. Leonti ist einfach eine logische Konsequenz. Popmonster schlummerten ein, und ich zog mit meinen eigenen Songs weiter.

Können Sie heute von der Musik leben?
Nein, ich bin Velokurierin und habe noch andere Brotjobs. Die Hoffnung, einmal von der Musik leben zu können, habe ich noch immer nicht aufgegeben. Doch wichtiger als dies ist für mich, ein eigenes Album in Händen zu halten, das mir gefällt, Marktpotenzial hin oder her.

Müssten Sie nicht stärker in Zürich oder gleich Berlin und London vorstellig werden, in Städten, wo das Business zu Hause ist?
Im Grunde schon, ja. Doch das Leben als Musikerin ist dort nicht wirklich einfacher. Wo ich konnte, habe ich viel gemacht. Aber mein Talent liegt in der Musik, nicht im Verkauf. Das müsste jemand für mich erledigen.

→ 169-1 **Vier Saiten für ein Halleluja.** Die Multiinstrumentalistin betört nicht zuletzt mit ihrem sanften Gesang. Hier bei einem Konzert mit Popmonster in der Kaserne Basel, 2003.

Warum wurden Sie bisher nicht fündig?

Vielleicht mache ich zu wenig konforme Musik. Bis heute wollte sich jedenfalls niemand derart für mich den Arsch aufreissen. Ich bin nicht einfach zu versorgen.

Können Sie sich vorstellen, so älter zu werden? Mit der Freude an der Musik, aber ohne Profikarriere?

Verstehen Sie mich nicht falsch. Klar hätte ich gerne den grossen Erfolg, aber es läuft doch darüber, ein gutes Produkt mit guten Songs zu schreiben. Wie gesagt, Networking ist meine Stärke nicht, aber ich glaube, dass auch dies mit dem richtigen Partner möglich wäre. Allerdings bin ich nicht mehr die Jüngste, und Rock ist ein jugendbesessenes Business.

Machen Sie sich Gedanken über das Älterwerden?

Am Rande. Die Beschäftigung mit meinen eigenen Songs war auf eine Art ein Erwachen für mich. Ich fragte mich auf einmal: Warum mache ich das erst jetzt? Was habe ich eigentlich davor gemacht? Musikalisch grenzt sich mein Soloprojekt nicht so sehr von Popmonster oder Shilf ab. Aber ich kann kompromissloser vorgehen, mich ganz von meiner Intuition leiten lassen.

Als Mann hat man im Pop-Geschäft den Vorteil, dass man sich über das Alter nicht so viele Gedanken machen muss.

Sie denken nun an einen Johnny Cash?

Zum Beispiel, ja.

Ach, so schön gemütliche Songwriter-Sachen könnte ich mir durchaus vorstellen. Von gesellschaftlichen Regeln lasse ich mich sicher nicht blockieren, ich lasse mich von der Lust leiten. Und vielleicht ist es irgendwann einfach gelaufen.

Das erste Album, das Sie sich gekauft haben?

‹Revenge› von den Eurythmics, 1986.

Ihr erstes Konzert?

1989 in einem Luftschutzkeller des Gymnasiums Bäumlihof. Wir spielten psychedelischen Synthie-pop mit Metal-Gitarren und deutschen Texten.

Ihr grösstes Konzert?

Mit Popmonster in Stuttgart, 2002, als Vorband von Fury in the Slaughterhouse, vor etwa 2500 Leuten.

Die grösste Ernüchterung?

Das Gedümpel von Popmonster, als alles langsam versandete.

Ihr peinlichstes Erlebnis?

Als Jakob Künzel und ich uns während eines Interviews in die Haare gerieten.

Ihre höchste Konzertgage?

2500 Franken, mit Popmonster.

→ 171-1 **Der Star, ein Held?** DJ Antoine auf dem Cover seines Albums ‹Superhero?›, 2009.

11 Von Musikstars und ‹MusicStars›

Von Musikstars und ‹MusicStars›

Wie ein Teenager aus Gelterkinden nach Zürich ging, um den erfolgreichsten Schweizer Song zu singen. Und warum Basler Pop-Musiker auf Szenenapplaus verzichten müssen, um von ihrer Passion leben zu können.

Basel liegt in der Nordwestecke der Schweiz, eingezwängt von Landesgrenzen und von der Restschweiz durch das Juragebirge abgetrennt – eine Randexistenz, aus der nur wenige regionale Pop-Musiker auszubrechen und landesweit Renommee zu erlangen vermochten. Der Erfolg der Lovebugs ist die Ausnahme. Noch bekannter dürfte DJ Antoine 171-1 sein. In der Basler Clublandschaft hat er als Plattenverkäufer, DJ und Partyveranstalter an-gefangen, sich jedoch von der Szene bald verabschiedet und ein international aktives Musik- und Eventunternehmen aufgebaut.

Bo Katzman 172-1, 1952 als Reto Borer geboren, war schon vor ihnen da, zu einer Zeit, als sowohl die Subgenres der Pop-Musik als auch die lokalen Szenen noch überschaubar waren. Trotzdem war er nie Teil von ihnen. Heute ist er landesweit bekannt als Leiter des nach ihm benannten Gospelchors, aber der studierte Gesangslehrer blickt auf eine Vergangenheit als Rock-Musiker zurück. «Ich wuchs mit Jazz und Dixieland auf», und in den 70er-Jahren warb ihn die Basler Rock-Band Monroe an. Diese hatte einen Vertrag mit der deutschen Plattenfirma ‹WEA Records› in der Tasche. «Bereits während der Aufnahmesession gerieten wir uns in die Haare, und die Plattenfirma trennte sich von der Band» – doch man erkannte Borers Talent als Sänger und Songschreiber, gab ihm den Namen ‹Beau› und hängte seinen Übernamen ‹Katzenmann› an, den er bereits in Basel erhalten hatte, als er als hippiesker Liedermacher mit Gitarre, Protestsongs und einer Katze auf den Schultern durch Pfarreisäle und Jugendzentren getingelt war. Aus Reto Borer wurde Bo Katzman und ‹WEA Records› setzte ihm für zwei laue Rock-Alben einen Produzenten vor die Nase, der Katzmans Songs verbog. Die grosse Karriere blieb aus, aber diese Zeit war wichtig für ihn: Er entdeckte die für einen jungen Mann angenehmen Seiten der Branche, er mochte die Partys, die Frauen mochten ihn, und er lernte, wie das Musikgeschäft funktioniert. Der Erfolg kam 1983 mit der Band Bo Katzman Gang und dem Hit ‹I'm in Love with my Typewriter›, mit dem er noch immer Geld verdient. Katzman war da bereits über dreissig Jahre alt, und wie neue Stile wie Punk oder New Wave die Musik veränderten und auch in Basel zarte Wurzeln schlugen, ging an ihm mehrheitlich vorbei. «Mit anderen Bands der Stadt hatten wir keinen Kontakt. Wir waren Aussenseiter, längst in der ganzen Schweiz unterwegs.» Bereits in dieser Zeit verlagerte sich das musikalische Interesse Katzmans weg von den neuen Schwingungen der Pop-Kultur. Er besann sich auf seine Ausbildung als Gesangslehrer, gründete zunächst den Kinderchor Katz Kids und dann einen Erwachsenenchor mit Schwerpunkt Gospel. Der Rest ist eine Erfolgsgeschichte. Der Bo Katzman

172-1 **Bo als Beau.**
Der Rocksänger Bo Katzman, 1980.

Chor bekam seit 1993 zwölf Goldene Schallplatten verliehen und lockte über 800 000 Besucher zu seinen Konzerten. In der Gospel-Nische ist Katzman unerreicht, und er ist froh, diese Nische früh gefunden zu haben. «Hätte ich auf die Anerkennung einer bestimmten Szene hoffen müssen, so wäre meine Karriere anders verlaufen», glaubt er. «Heute werden junge Sänger am Fernsehen verbraten, und Networking hat Talent als wichtigste Voraussetzung abgelöst. Ich bin froh, andere Zeiten erlebt zu haben.»

Auch Fred Herrmann ist einer, der die Basler Musikbiotope hinter sich gelassen hat. Er wuchs im jurassischen Delémont auf, kam 1994 als Teenager nach Basel und begann, für verschiedene Bands Schlagzeug zu spielen: für den Afroreggae-Sänger Famara und für die Band Coma Star von Emmi Lichtenhahn, mit dem er ausserdem die Dialekt-Band Die 3 Bundesröt ins Leben rief, die nur kurz Bestand hatte. Lichtenhahn war ein erfahrener Bassist, der unter anderem für Marc Storace und später für den Plüsch-Sänger Ritschi in die Saiten griff und durch Engagements bei Handsome Hank und Erotic Jesus in der Basler Szene gut verankert war. Coma Star, später umbenannt in Carma Star, setzten sich nach der Jahrtausendwende in die Vereinigten Staaten ab, um – erfolglos – an ihrem Durchbruch zu arbeiten. Fred Herrmann entschied sich, in Basel zu bleiben, um sein Schlagzeugstudium zu beenden. Und er verlagerte seine Tätigkeit zunehmend hinter die Regler: Er wurde Produzent. 2001 richtete der Autodidakt am Burgfelderplatz ein eigenes kleines Studio ein, «ein Loch», wie er heute sagt, und schöpfte aus seiner jahrelangen Banderfahrung. «Immer wenn eine Demoproduktion angesagt war», erinnert er sich, «hiess es: Der Fred soll das machen, der kann das.» Also machte er es. «Ich hatte nie eine grosse Ahnung von den technischen Aspekten und den ganzen Geräten, die man in einem Tonstudio braucht, aber eine Produktion ist wie Fahrrad fahren: Ein paar Mal fällt man um, dann hat man es gelernt.» In den folgenden Jahren arbeitete er bei den bedeutendsten Basler Musikstudios, ‹Q-Lab› und ‹Baselcitystudios›. Dort lernte er Roman Camenzind kennen, den ehemaligen Songschreiber der Zürcher Band Subzonic und seit einigen Jahren aufstrebender Deutschschweizer Produzent für radiotauglichen Pop. Mit dem Underground-Bewusstsein der meisten Musikszenen hielt sich Camenzind kaum je auf, ihn interessierte ausschliesslich der Erfolg in den Charts.

Camenzind kam auf Fred Herrmann zu, weil er einen Partner für seine neu gegründete Produktionsfirma ‹Hitmill› suchte. Herrmann sagte zu und zog 2007 nach Zürich. Dort verhalf er noch dem Basler Pop-Duo Myron zu seinem zweiten Album ‹One Step Closer›, das es in die Top Ten der Schweizer Hitparade schaffte, aber zur Basler Szene hatte er bald keinen Kontakt mehr. «Ich hatte genug davon, im Untergrund zu versumpfen und wollte Musik machen, die gehört wird. Ich habe ein Faible für kommerzielle Musik», bekennt Herrmann. Zürich, das sei die Stadt der Medien, der Plattenfirmen, der engagierten Musiker. «In Basel hat es eine tolle Bandszene, richtig. Aber manchmal habe ich das Gefühl, es fehlt die Offenheit, gute und eingängige Songs zu schreiben.»

Auch Baschi, der es als einziger Schweizer Castingstar zum kommerziell erfolgreichen Sänger geschafft hat, ist in Zürich präsenter als in Basel. In Zürich war 2003 vom Schweizer Fernsehen und der Musikfirma ‹Universal Music› das Format ‹MusicStar› entwickelt worden. Dieses verhalf fortan vielen hoffnungsvollen Nachwuchssängerinnen und -sängern über Nacht zu einer kurzzeitigen nationalen Bekanntheit. Mit dabei bei der ersten Staffel war auch Piero Esteriore 174-1, ein Coiffeur aus dem basel-landschaftlichen Städtchen Laufen. Wie Baschi ging auch Piero nicht als Sieger aus dem Wettbewerb hervor. Dennoch erhielt er einen Plattenvertrag, und sein Album ‹1 Secondo› schaffte es auf Platz 3 der Schweizer Hitparade. 2004 vertrat er die Schweiz am ‹Eurovision Song Contest› in Istanbul mit dem Lied ‹Celebrate›, einem substanzarmen Stück Eurodance, und er scheiterte: «Switzerland Zero Points», lautete das harte Verdikt. Nach einem hoffnungsvollen Start erlahmte die Musikkarriere Esteriores zusehends. Der Sänger mit italienischen Wurzeln, der inzwischen ein Café in der Basler Agglomeration eröffnet hatte und zeitweise wieder als Coiffeur arbeitete, erregte nur noch

174-1 **Keine Punkte.** 2004 trat Piero Esteriore mit anderen ‹MusicStar›-Finalisten am ‹Eurovision Song Contest› in Istanbul für die Schweiz an. Resultat: «Zero Points».

174-2 **Kein Hit.** Nubya, die Basler Popsängerin mit nigerianischen Wurzeln wartet noch auf ihren Chartserfolg.

mit bizarren Aktionen mediales Aufsehen: Im Herbst 2007 raste er nach negativer Presse in der Boulevardzeitung ‹Blick› mit seinem Auto in den Eingang des Medienhauses Ringier in Zürich. Im Frühling 2009 zog er in den Wohncontainer der deutschen Realityshow ‹Big Brother› und nach einer Woche bereits wieder aus. Es wird nicht sein letzter Versuch gewesen sein, im Showbusiness Fuss zu fassen: «Ich war immer ein Stehaufmännchen.»

2009 wurde die vierte und bisher letzte Staffel von ‹MusicStar› ausgetragen. Unter den zwölf Finalisten befand sich auch eine Baslerin, die sechzehnjährige Gioia Gerber aus Oberwil. Gioia schied – wie Baschi in der ersten Staffel – bereits früh aus, erhielt jedoch von ‹Universal Music› umgehend einen Plattenvertrag zugesichert. Ihr Album soll Ende 2009 erscheinen. ‹Universal Music› erhofft sich von ihr eine ähnliche Karriere wie die des Kantonsgenossen Baschi: Auch dieser war noch ein Teenager (siebzehn Jahre alt), als er bei ‹MusicStar› die ersten Schritte ins Rampenlicht tat.

Castingshows haben sich nicht nur in der Schweiz, sondern weltweit als Mittel etabliert, um kurzzeitige Prominenz zu erlangen. Das Versprechen hinter solchen Sendeformaten, hier würden unentdeckte Talente zu Stars aufgebaut, wird jedoch meist nicht eingelöst. Wie in jeder Fernsehshow kommt auch bei ‹MusicStar› die Quote vor der nachhaltigen Förderung, die Halbwertszeit der Berühmtheit reicht nur bis zur nächsten Staffel. Nach dem Star ist vor dem Star.

Was es heisst, in der Schweiz von der Musik leben zu wollen, ohne je Starstatus erlangt zu haben, wissen die Sängerin Nubya 174-2 und die Geschwister Phil und Tanja Dankner 175-1.

Nubya, geboren 1974, absolvierte nach dem Gymnasium ein Studienjahr an einer Jazzschule in New York und schärfte dort ihr Gesangstalent. Noch heute schwärmt sie von den New Yorker Nächten, in denen sie mit ihren Studienfreunden durch kleine Jazzclubs zog und an mehreren Jamsessions mitmachte. «Dort habe ich gelernt, wie man vor einem Publikum singt. Die Atmosphäre in den kleinen Clubs war so herzlich, so unverbraucht.» Seit 1998 arbeitet Nubya Vollzeit als Sängerin. Sie absolvierte mit dem Bo Katzman Chor und der deutschen Pop-Band Pur mehrere Tourneen, eröffnete 1999 im Zürcher Hallenstadion ein Konzert der amerikanischen Sängerin Whitney Houston und tourte 2005 mit der Pop-Show ‹The Nokia Night Of The Proms› mit arrivierten Sängern wie Roger Daltrey und Manfred Mann durch Deutschland. Achtbare Erfolge, aber der Durchbruch in der Hitparade blieb bisher aus. «Mein Gesicht und meine Stimme sind bekannter als meine Lieder», bestätigt sie und fügt hinzu, dass «es toll wäre, mit grossen Plattenverkäufen Erfolge zu feiern. Aber man muss Wege finden, wie man ohne die Erfüllung aller Träume seine Ziele verfolgen kann. Die Bühne war immer meine Heimat.» Nubya, die nie in der Basler Bandszene verankert war und mehrmals gespürt hat, dass über kommerziell ausgerichtete Pop-Musik in der Stadt die Nase gerümpft wird, hat sich ausserhalb der regionalen Szenen profiliert. Sie lebt von Konzertgagen, spielt zwischen fünfzig und hundert Auftritte pro Jahr, vorwiegend als ‹Showblock› an Privatanlässen und Firmenveranstaltungen sowie als Gastsängerin mit anderen Musikern, aber selten alleine in Konzertclubs. Kein Pop-Star, aber doch eine Prominenz? «Regelmässig erkennen mich Leute auf der Strasse, ja. In dieser Branche ist es immer von Vorteil, ein bekanntes Gesicht zu sein.»

Phil Dankner 175-1 ist kein bekanntes Gesicht, und trotzdem gehört er zu den aktivsten Basler Musikern. «Ich bin ein Spätzünder», sagt er. 1998, da war er bereits siebenundzwanzig Jahre alt, verabschiedete er sich aus seinem Beruf in der Modebranche, arbeitete Teilzeit in einem Plattenladen und die übrige Zeit als Studiomusiker am Piano. Und er versuchte, sich ein Netzwerk in der Unterhaltungsbranche aufzubauen. Bei einem Konzertengagement lernte er in der Garderobe den Schauspieler und Kabarettisten Marco Rima kennen. Man verstand sich. Seit acht Jahren begleitet Dankner Rima nun schon als Pianist. «Marco öffnete mir einige Türen, und ich merkte, jetzt muss ich dranbleiben.» Dankner ist ein Macher im Hintergrund, 2003 ging er als Keyboarder und

musikalischer Leiter mit DJ Bobo auf Europatour, «aber ich bin kein Pop-Star, dazu fehlt mir die Extrovertiertheit». Doch einmal schnupperte auch er kurz am Ruhm einer grossen Karriere. Mit seiner vier Jahre jüngeren Schwester Tanja gründete er die Band Soul Affair (später schlicht: Dankner), produzierte eine Demoaufnahme – er schrieb die Songs, Tanja sang sie – und drückte die CD an einem Showevent dem deutschen Musikproduzenten und Fernsehmoderator Stefan Raab in die Hand. Zwei Tage später klingelte bei Phil Dankner das Telefon. Raab lud die Geschwister zu sich ein, man sass bei Kaffee und Kuchen am Küchentisch und unterschrieb einen Plattenvertrag. «Ich dachte, jetzt werde ich ein Weltstar», lacht Phil Dankner.

Die Ernüchterung folgte. Das Album ‹Dankner›, erschienen 2001, war «ein Megaflop», in Deutschland wurden nur 7500 Stück verkauft. Stefan Raab verlor das Interesse an den Basler Geschwistern. «Eine harte Lektion», sagt Phil Dankner heute. «Ich erkannte, dass auch die Musik ein reines Investitionsgeschäft ist. Nach dieser Episode brauchten wir ein, zwei Jahre, um uns zu fangen.» Unabhängigkeit ist ihm, der lieber in der zweiten Reihe, als Veranstalter, Produzent und Komponist, aktiv ist, das entscheidende Kriterium, um als Berufsmusiker zu überleben. «Mehr kann man in dieser Branche kaum erwarten.» Dazu ist die Schweiz zu klein, zu unbedeutend im globalisierten Pop-Geschäft. Zumindest in dieser Hinsicht tickt Basel nicht anders als der Rest des Landes.

175-1 **Mit Stefan Raab.** Der deutsche TV-Macher produzierte ein Album für Phil und Tanja Dankner – ohne Erfolg.

Pop-Star fürs Volk

Der Baselbieter Baschi (*1986) ist der erste und einzige Schweizer Castingstar. Eigentlich wäre er lieber Fussballer geworden. Stattdessen sang er den erfolgreichsten Schweizer Song aller Zeiten.

Sebastian Bürgin war von Anfang an der Baschi. Als Baschi wurde er bekannt im Fernsehen und in den Zeitungen, vor allem in denen, die nichts kosten. Der siebzehnjährige Gelterkinder Teenager stand mit Snowboardmütze im Schweizer Fernsehen auf der Bühne und sang Lieder, die ihm von anderen vorgelegt wurden. 2003/04 war das, bei der ersten Staffel der Schweizer Castingshow ‹MusicStar›. Baschi war dabei und schied bereits nach der Hälfte der acht Runden aus.

Das hätte es gewesen sein können, ein kurzlebiger Ruhm wie bei den meisten hoffnungsvollen Teenagern, die in Talentshows verbraten werden. Aber fünf Jahre später, ‹MusicStar› hatte bereits die vierte Staffel hinter sich und noch keinen weiteren Star hervorgebracht, ist Sebastian Bürgin immer noch da und immer noch der Baschi. Aber das Etikett ‹Castingstar› hat er abgelegt, nach drei Alben und drei Singles, die es in die obersten Ränge der Schweizer Hitparade geschafft haben, darunter dieses Lied, das «mein Lied» ist, wie er sagt, so wie Züri West ihr Lied hätten mit ‹I schänke dir mis Härz› oder Patent Ochsner mit ‹Bälpmoos›. Sein Lied heisst ‹Bring ihn hei›, der erfolgreichste Schweizer Song aller Zeiten.

Das Lied, geschrieben von seinem langjährigen Produzenten Roman Camenzind, wuchs an den Fussballturnieren WM 2006 und Euro 2008 zur Stadionhymne heran. Es war ein massgeschneiderter Song für Baschi, der sagt, dass er in seiner Teenagerzeit kaum einen Gedanken an eine Musikkarriere verschwendet habe und lieber «tschutten» gegangen sei. «Ich hatte eine behütete Jugend und musste kaum je Verantwortung übernehmen. Da las ich im Internet von dieser Castingshow und beschloss hinzugehen. Ein Abenteuer, mal weg vom Land, einmal eine eigene Entscheidung fällen.»

Baschi wusste um den Charakter seiner rauchigen Stimme, wusste um seine Ausstrahlung, die er beim Singen haben konnte, und als er einmal Gölä live sah, im Vorprogramm von Florian Ast, und realisierte, wie sehr dieser bodenständige Mundartsänger die Leute bewegen konnte, da habe sie ihn gepackt, «die Mundart».

In die Stadt, nach Basel, ging er selten, «das war dann doch die grosse Stadt, ein anderer Kanton». Und als er später als Sänger dort erstmals auftrat, in der Kaserne oder an einem Radiokonzert in der Messe Basel, da erst erkannte er, was in dieser Stadt an Musik, an Bands eigentlich so geboten wird. «Aber da war ich durch mein Management, durch das Fernsehen und durch meine Band schon zu stark nach Zürich orientiert.»

Das Schweizer Fernsehen also hat ihn zu einer Prominenz geformt, zuerst als Castingstar, später in der Fussballsoap ‹Der Match›, in der er mit einer Prominentenmannschaft gegen Veteranen des nationalen Fussballs kickte, und schliesslich in ‹Baschi National›, einer Dokusoap über seinen Alltag mit seiner Freundin, der Sängerin Katy Winter. Dort sah man ihn beim Liederschreiben, im Liebesurlaub auf Island, beim Wechseln einer Glühbirne. «Ich bereue nichts», sagt Baschi nun mit seiner angekratzten, etwas hohen Stimme und drückt eine Zigarette im Aschenbecher aus, die Schulter hochgezogen und den Blick etwas gesenkt, sobald er über diese Episode im Fernsehen spricht: «Ich stehe zu allem, was ich gemacht habe.» Er fügt jedoch hinzu: «Es war hart an der Grenze. Ich denke nicht, dass ich eine solche Sendung nochmals machen würde.» Etwas für die Jungen habe dem Fernsehen wohl vorgeschwebt, als ‹Baschi National› konzipiert wurde, glaubt er, «eine Realityshow, wie sie auf MTV ständig zu se-

← 176-1 **Im Dorf.** Sebastian Bürgin, der ‹Baschi National› aus dem basellandschaftlichen Gelterkinden.

hen sind». Er würde es anders «aufgleisen» heute, er würde «den Finger draufhalten und darauf beharren, dass eine Dokumentation über die Entstehung eines Albums gedreht werde, nichts weiter».

Den Finger draufhalten, beharren – Baschi brauchte lange, um sein Image als Castingstar, als designtes Produkt der Unterhaltungsindustrie abzulegen. Es gab noch nie einen wie ihn in der Schweiz, keinen Castingstar, keinen Protagonisten einer eigenen Dokusoap, keinen Sänger, dessen Karriere so nachhaltig und umfassend von einer grossen Musikfirma aufgebaut wurde. Er ist, könnte man sagen, der erste amerikanische Pop-Star der Schweiz. Langsam emanzipiert er sich, ohne die Hand zu beissen, die ihn füttert.

Sein erstes Album, schlicht ‹Baschi›, war eine Platte, «wie die meisten Platten von Castingtypen sind, eingekaufte Songs, schnell produziert. Dafür war es eigentlich ziemlich gut.» Doch seine Karriere fing nach eigener Einschätzung erst mit dem zweiten Album an, ‹Irgendwie Held›, an dessen Texten er bereits massgeblich mitarbeitete. Beim Nachfolger ‹Fürs Volk› verstärkte er die Arbeit nochmals, richtete sich zu Hause, nahe dem Dorf Gelterkinden, dem Ort seiner Kindheit, ein kleines Studio ein, nahm Songs auf. Geplant ist die vierte Platte, auf Hochdeutsch gesungen, die auch in Deutschland veröffentlicht werden soll. Erstmals hat er eigene Songs dafür geschrieben. «Ich habe mir Respekt in der Firma erarbeitet», erklärt er, erinnert sich aber auch: «Als ich das erste Mal bei meiner Plattenfirma ankam mit zwanzig, dreissig eigenen Liedern und sie vorspielte, schauten die Leute dort schon zwei Mal hin. Das waren sie nicht gewohnt.»

Es war ein weiter Weg von ‹MusicStar› zum eigenen Heimstudio und zu eigenen Songs, und Baschi ist ihn gegangen. «Ich denke, ich werde noch immer unterschätzt. Ich bin in erster Linie Entertainer, das ist ein schöner Beruf.» Aber wenn er nach oben schaut, dann sieht er «Charakterköpfe», die ihm imponieren. Stephan Eicher, Herbert Grönemeyer, Musiker, die machen, was ihnen richtig erscheint. «Mein Ziel muss es sein, das Szepter ganz in die eigene Hand zu nehmen und meine eigenen Entscheidungen treffen zu können.» Einmal habe sich Stephan Eicher nach ihm erkundigt, nach diesem Burschen, der doch noch ziemliches Talent entwickelt habe. Baschi strahlt und fährt sich mit der Hand durch die hochgegelten Haare, als er diese Episode erzählt: «Das war mein bisher schönstes Kompliment.»

Das erste Album, das Sie sich gekauft haben?
Stephan Eicher, ‹Engelberg›.

Ihr erstes Konzert?
Im Marabu Gelterkinden, mit der Schülerband Pick-Up, im Jahr 2000.

Ihr grösstes Konzert?
‹Radio-Argovia-Fest›, in Birrfeld/AG, vor sechzigtausend Menschen.

Die grösste Ernüchterung?
Immer dann, wenn Konzerte schlecht besucht sind. Und wenn ich merke, dass ich von den Medien nicht ernst genommen werde.

Ihr peinlichstes Erlebnis?
Während ‹Baschi National› war ich mit meiner Freundin Katy in Island in den Ferien. Wir ritten mit einem Pony aus. Das Fernsehen filmte es. Es war schrecklich kitschig.

Ihre höchste Konzertgage?
25 000 Franken, aber für die ganze Band.

→ 179 -1 **‹Bring en hei!›** Fusballfan Baschi im Schweizer Nati-Shirt an einem Auftritt an der Euro 2008 in Basel.

«Ich bin ein Kontrollfreak»

Als House-DJ Antoine ist er der erfolgreichste und umstrittenste DJ der Schweiz. Als Antoine Konrad (*1975) ist er Geschäftsführer eines KMU-Betriebs mit zehn Angestellten in der Musik- und Eventbranche. Eine bürgerliche Existenz auf internationalem Parkett.

Antoine Konrad, Sie gelten als der Pop-Star aus dem Kanton Basel-Landschaft …

… dabei komme ich gar nicht von hier. Meine Villa, in der ich wohne und in der meine Firmenräume untergebracht sind, steht zwar im ländlichen Sissach, aber das ist ein Zufall. Ich kenne hier den Coop, die türkische Pizzeria vorne an der Ecke und den Geldautomaten, sonst habe ich keinen Bezug zu Sissach. Aufgewachsen bin ich in Basel. Aber das ist nicht das einzige Missverständnis.

Sondern?

Ach, da gibt es viele. Je protziger, desto wahrscheinlicher, dass sie gedruckt werden. Einmal stand in ‹20 Minuten› und im ‹Blick›, ich würde ein Schloss kaufen. Dabei wollte ich gar nie ein Schloss kaufen. Ich habe es nur für einen Videodreh besichtigt. Aber gut, kaufe ich halt ein Schloss.

Sie sind der bekannteste Schweizer DJ und haben den House in Basel bekannt gemacht. Woher kannten Sie diese Musik?

Es gab da ein Lied, 1994, ‹Show Me Love› von Robin S. Das war mein Kick. Das Lied war ein Pop-Song, sogenannter Vocal-House, der lief damals auch im Radio und auf MTV und schaffte es auch in die Charts. Zu dieser Zeit fand House langsam seinen Weg in die Schweiz. Ich kannte ihn aber schon länger, seit ich in Basel einen Plattenladen eröffnet hatte und die elektronischen Sounds direkt aus den Ursprungsländern importierte.

Waren Sie zuerst Unternehmer, bevor sie erstmals als DJ hinter dem Plattenspieler standen?

Nein, aufgelegt habe ich schon zu Lehrlingszeiten – keinen House, eher Hits, auch etwas Hip-Hop. Ich ging an alle möglichen Konzerte und an alle Partys, und weil ich schon immer älter aussah und gross gewachsen war, kam ich in die meisten Clubs rein. Da war ich stets fasziniert davon, wie es eine Band oder ein DJ schafft, die Leute mitzureissen. Das ist heute noch mein höchstes Ziel als DJ: Die Leute müssen nicht unterhalten, sondern gepackt werden. Sonst kann man gleich aufhören. Den Plattenladen habe ich als junger Mann gegründet, da war ich etwa neunzehn Jahre alt, zusammen mit zwei Kollegen. Wir mieteten ein Hinterzimmer im Kleiderladen ‹Soho› bei der Schifflände, jeder legte achthundert Franken auf den Tisch, damit flogen wir nach Holland und kauften Techno-Platten. Nach zwei Tagen

← 180-1 **Der hat was.** Antoine Konrad im Wohnzimmer seiner Villa in Sissach, Basel-Landschaft.

182-1 **Im Club.** Trotz KMU-Betrieb und Werbeaufträgen – Antoine Konrad ist ohne den DJ nicht zu haben. Hier im Oxa Zürich, 2006.

waren die verkauft, mit dem Gewinn flogen wir wieder los, bald auch nach London oder Belgien, und kauften neue Ware.

Dennoch: Sie führten den ersten House-Club in Basel, das Housecafé hinter dem Bahnhof, leiteten schon früh einen Plattenladen und später die Musik- und Partylabels ‹Global Productions› und ‹Houseworks›. Musik haben Sie immer als Unternehmen betrieben. Eine Grundvoraussetzung für den Erfolg?
Davon gehe ich aus, zumindest hat die Zeit es bewiesen. Das Housecafé war ein besseres Kellerloch, frei von Glamour. Im Januar 1995 haben wir es eröffnet, bereits am zweiten Abend begannen wir, die Leute auszuwählen: «Du kommst rein, dein Kollege nicht.» Da gab es keine Diskussionen, so sah es unser Geschäftsmodell vor. Und es funktionierte. Es funktionierte so gut, dass wir später, kurz vor dem Ende, sogar eine Party im Ausbildungszentrum der UBS veranstalteten. Als erfolgreicher Unternehmer in der Musikbranche sind

kreative Ideen von Vorteil. Aber Ideen kann auch jemand anders für dich entwickeln. Doch ohne Fleiss, ohne Durchsetzungswillen und ohne disziplinierte Unternehmensführung kann man es vergessen. Als ich als DJ angefangen habe, verdiente ich 100 Franken pro Nacht, schleppte meine Platten in einer Holzkiste an und bezahlte auch noch das Taxi selbst. Heute verlangt ein Newcomer 400 Franken pro Stunde. So geht das nicht. Später sassen schon ein paar Mal Kandidatinnen früherer Miss-Schweiz-Wahlen bei mir im Büro und hatten die vage Idee, sie könnten doch auch «ein bisschen DJ machen». Denen hab ich gesagt: Kauft euch zwei Plattenspieler und übt. Und wenn ihr nach einem halben Jahr noch immer DJ sein wollt, dann treffen wir uns wieder.

Wie sehen Sie sich selbst? Als Dienstleister? Als Künstler?
Ich bin ein Unternehmer in der Kreativbranche, das ist wohl am ehrlichsten. Ich veröffentliche Platten, mehr als jeder andere Musiker in der

183-1 **Geblitzt.** Helden der Nacht – DJ Antoine und Sängerin Tanja Dankner Arm in Arm im Atlantis Basel, 2001.

Schweiz, und ich verkaufe sie auch. Und ich bin noch immer in erster Linie DJ. Aber wie kreativ das nun ist ... Meine Musik muss nicht cool sein, ich will die Welt nicht neu erfinden. Das Rad ist rund. House ist Musik für die Disco, fertig. Aber ich provoziere gerne.

Wie?

Mit meinen Plattencovers. Ein früheres Album von mir heisst ‹Viva la Revolución?›. Mit dem Fragezeichen wollte ich andeuten, ob man nun wieder revoltieren müsse gegen den Regulierungswahn mit dem Rauchverbot und so. Meine aktuelle Platte zeigt mich als Superman, der Titel lautet ‹Superhero?›. Auch hier: Brauchen wir, inmitten von Finanzkrise und Schweinegrippe, einen neuen Superman?

Sie provozieren vor allem innerhalb der DJ-Szene. Es ist nicht einfach, jemanden zu finden, der sich wohlwollend über Sie äussert.

Das ist mir wurscht. Je mehr Erfolg ein DJ hat,

desto weniger Freunde findet er unter seinesgleichen. Das ist nun einmal so. Ich war der erste DJ in der Schweiz, der sich auch um sein Image gekümmert hat – immer auch mit einer ironischen Note.

Diese ironische Note wird selten wahrgenommen. Sie umgeben sich mit schönen Menschen und Insignien des Luxus.

Das tue ich gegen aussen, aber diese Zeit ist langsam vorbei. House, wie er in den USA entstanden ist, war immer eine glamouröse Musik. In der Schweiz gibt es aber keinen Glamour, an den Partys keine Celebritys. Als ich anfing mit dem Housecafé hatte ich keine Ahnung von Gucci und Dom Pérignon. Ich bin nicht reich geboren.

Sie haben sich hochgearbeitet. Kein anderer DJ der Schweiz hat über eine Million Platten verkauft. Heute legen Sie an den mondänsten Orten der Welt auf, in Dubai, Saint-Tropez, Moskau. Was hält Sie am Boden?

Die stete Arbeit, ich bin ein Kontrollfreak. Aber

man lernt mit den Jahren auch, wo das richtige Leben stattfindet – und dass es nicht von Kleidermarken abhängt. Ich habe Menschen getroffen, deren Welt besteht aus Ibiza, Saint-Tropez, Champagner und Dolce&Gabbana. Aber das ist noch lange nicht die Welt, auf jeden Fall ist es nicht meine Welt geblieben. An schönen Frühlingsabenden sitze ich zu Hause auf der Gartenbank und sehe meinem Sohn beim Fahrradfahren zu. Einmal die Woche höre ich mit ihm im Keller alte Platten an. Und dann wandere ich nach Mariastein hoch und bete in der Kathedrale. Das sind meine schönsten Momente.

Sie sind gläubig?
Ich bin gläubiger Katholik.

Wie verträgt sich das mit den Versuchungen, die einem Star-DJ in der Clubkultur begegnen?
Eigentlich eher schlecht, stimmt. Aber ich bin nicht der Typ, der anderen mit Moral kommt. Der Glaube ist mir ein inneres Gefühl und hat wenig mit meiner Aussenwelt zu tun. Ausserdem: Musik und Tanzen sind ja nicht grundsätzlich unmoralisch.

Zurück zum House: Ist er nun, nach zehn Jahren DJ Antoine, auch in der Schweiz glamouröser geworden?
House ist auch Ausgehkultur, man zieht sich schick an, macht sich zurecht, geht mit Stil aus. Glamour bedeutet mehr, als nur mit Geld um sich zu schmeissen. In Sotschi an der russischen Schwarzmeerküste gibts einen Club, der ist für mich das Sinnbild eines glamourösen Clubs, ‹Platforma› heisst der, eine umgebaute Ölplattform draussen im Meer. Wer dorthin geht, zieht sich gut an und will die ganze Nacht tanzen und feiern – mit Stil. In Russland mögen die Leute ja dekadent sein, aber sie wissen, wie man den Ausgang zelebriert, da taucht keiner in Jeans und Turnschuhen auf. Jede grössere Stadt der Schweiz sollte einen solchen Club haben.

Das erste Album, das Sie sich gekauft haben?
‹ … but seriously› von Phil Collins.

Ihr erster Auftritt?
Daran erinnere ich mich nicht mehr. Aber als ich 1994 das erste Mal in Zürich auflegte, im Oxa und im Garage Club, schnitt ich mir die Fingernägel drei Tage lang nicht, um das Gefühl für die Platten zu haben, so nervös war ich. Als kleiner Basler DJ nach Zürich zu gehen, das war damals das Grösste für mich.

Ihr grösster Auftritt?
Den habe ich im Februar 2009 erlebt, in São Paulo in Brasilien. Mit fünf Floors und über fünfzig Attraktionen und allen Gästen in weissen Kleidern. DJ Antoine und MC Roby Rob als Hauptact vor fünfzigtausend Zuschauern. Das war Adrenalin pur!

Die grösste Ernüchterung?
Ein Lieblingsalbum von mir verkaufte sich mit dreizehntausend Stück unter den Erwartungen. Das war eine Enttäuschung. Meine CD-Verkäufe sind ein Barometer dafür, was mein Publikum mag, und ich merkte, da muss ich aufpassen.

Ihr peinlichstes Erlebnis?
Ich nahm die falsche Plattentasche mit in einen Club. Da waren nur Flyer drin und keine Tonträger. Ich hatte nur mein neustes Album und vier, fünf weitere Songs dabei. So schob ich meine neue CD in den Player und performte, als ob ich auflegen würde. Niemand bemerkte etwas, doch für mich war es superpeinlich.

Ihre höchste Gage?
25 000 Franken, an einem öffentlichen Grossanlass.

→ 185-1 **Das Schlafzimmer ist auch ein Studio.**
James Gruntz setzt auf Homerecording.

12 Vom Wandel der Medien und des Marktes

Wie sich die globale Wahrnehmung und Verbreitung von Pop-Musik verändert hat. Wie der technologische Fortschritt die Studio- und Plattenindustrie zum Umdenken zwingt. Und wie Künstler neue Promotionswege beschreiten.

186-1 Goldene Zeiten. Studiokosten in Höhe von 25 000 Franken waren im letzten Jahrhundert die Norm, wie sich Audiotechniker Thomas Strebel (ex Blackwood, vorne rechts) erinnert.

Wer in den 70er-Jahren ein Album aufnehmen wollte, der tat gut daran, eine Plattenfirma hinter sich zu wissen. «Studiokosten in der Höhe von 25 000 Franken waren die Norm», erinnert sich der Audiotechniker Thomas Strebel 186-1. «Zudem war auch die Vinylpressung ein teurer Spass.» Kein Wunder, dass viele Basler Independent-Bands bis in die 90er-Jahre kaum (Ton-)Spuren hinterlassen haben.

Ganz anders sieht die Situation in der Gegenwart aus: Die technologische Entwicklung, der Wechsel von analogen zu digitalen Aufnahmen, von riesigen Mischpulten zum Computerprogramm haben die Anzahl der Musikproduktionen stark ansteigen lassen, ja, global zu einer Inflation an Aufnahmen geführt. Homerecording heisst das Zauberwort. Zum Beispiel James Legeres: Sänger Stefan Karrer nahm das Debütalbum der Softrock-Band im Wohnzimmer auf. Ein Notebook mit der nötigen Software und einer Audioschnittstelle, ein paar Mikrofone, das wars. Gesamtkosten: 3000 Franken. «In ein Studio zu gehen, ist mir gar nicht in den Sinn gekommen. Das kann ich genauso gut selber machen.»

Ein ähnlicher Fall ist der Songwriter James Gruntz 185-1. 2007 veröffentlichte er sein erstes Album – aufgenommen im Schlafzimmer. Bald darauf lief die Platte auf DRS 3 und war in mehreren Schweizer Musikläden zu haben. Was die Klangqualität betreffe, so könne sein Album nicht mit einer professionellen Studioproduktion mithalten, gesteht Gruntz. Aber: «Hätte ich mehr Geld, würde ich es sicher nicht im Studio ausgeben, sondern mir eine bessere Ausrüstung kaufen.»

Musiker wie James Gruntz und Stefan Karrer bedeuten für professionelle Kleinstudios einen Umsatzverlust, auf den diese reagieren müssen. Auch weil die Konkurrenz – trotz des Booms des Homerecordings – im neuen Jahrtausend zugenommen hat. Rund vierzig Tonstudios sind im Stadtbasler Branchenbuch aufgelistet. Ramon Vaca, Bassist von Phébus, betreibt im Gundeldinger Feld das Label und Studio ‹Helium Records›. Er weiss: «Wir müssen die Bands davon überzeugen, dass sie bei unserem Angebot besser aufgehoben sind als in ihrem Schlafzimmer. Bands überschätzen sich schnell. Das Equipment kann man kaufen, das Gefühl für eine gute Produktion nicht.» Coaching nennt Vaca dieses Angebot, das über den blossen Aufnahmeprozess hinausgeht und von Unterstützung beim Songwriting bis zur Beratung beim visuellen Auftritt reicht.

Betreuung ist der neue Mehrwert, bestätigt auch Philippe Laffer 187-1. Der frühere Sänger von Supernova und Zhivago hat 2007 zusammen mit Lovebugs-Gitarrist Thomas Rechberger auf dem Dreispitz-Areal ‹Alterna Recordings› eröffnet – in unmittelbarer Nähe zum grössten Player in Basel, den ‹Baselcitystudios›. Ein mutiger Schritt. «Anfänglich war ich mir nicht sicher, ob es schlau war, den sicheren Job an den Nagel zu hängen», sagt Laffer. Aber nach nur zwei Jahren lockt das Studio Musiker aus der ganzen Schweiz an und ist jeweils auf sechs Monate ausgebucht. «Zu uns kommt niemand wegen der technischen Ausstattung», sagt Laffer, «sondern wegen unseres Know-hows. Die Bands wollen nicht nur aufnehmen, sondern sich weiterentwickeln.»

«Hätte ich mehr Geld, würde ich es sicher nicht im Studio ausgeben, sondern mir eine bessere Ausrüstung kaufen.»
James Gruntz

Verändert haben sich auch die Plattenverträge. Für viele regionale Musiker ist ein Major-Deal kaum sinnvoll, da grosse Firmen ihre Investitionsrisiken minimieren und sich absichern, auf dass die Investitionen wieder in die eigene Tasche zurückfliessen, etwa indem die Künstler die Verlagsrechte abtreten und so auf Tantiemen verzichten müssen. Die Krise der Plattenindustrie hat seit 2004 auch zu einem Rückgang einheimischer Major-Signings geführt. So wurde der Schweizer Ableger von ‹Warner Music›, unter anderem Heimat der Basler Lovebugs, vom Mutterkonzern gezwungen, sein nationales Repertoire aufzulösen. Das Zürcher Managementfirma ‹Gadget› schloss die Lücke und gründete kurzerhand ein eigenes Label. Für die Lovebugs die bestmögliche Lösung, wie Gitarrist Thomas Rechberger damals gegenüber der ‹Basler Zeitung› (6. Mai 2004) bestätigte. «Für uns ist der Wechsel sogar mit einer Verbesserung der Situation verbunden. Wir haben mehr Kontrolle und ein grösseres Mitbestimmungsrecht, da unser Management zugleich unsere Plattenfirma ist.» Auch finanziell sei die Lösung vorteilhaft: «Wir haben ja keine festen Gehälter. Bei einer Firma mit so hohen Mitarbeiter- und Infrastrukturkosten wie ‹Warner Music› blieb unter dem Strich weniger hängen.»

187-1 **Ausgebucht trotz Studiokrise.** Philippe Laffer (‹Alterna Recordings›) kann sich nicht über mangelnde Aufträge beklagen.

Managements bieten Künstlern Rundumbetreuung, ein internationales Modell, das auch in Basel Schule macht. Bestes Beispiel neben Ramon Vacas ‹Helium Records› ist ‹N-Gage Productions› aus Liestal, das 1998 von Raymond Tschui (ehemals Schlagzeuger der Crossover-Band X-Rated) gegründet wurde. Seine Label-Aktivitäten für Künstler wie Famara oder Disgroove kombiniert er mit Booking- und Verlagsaktivitäten. Querfinanzierung lautet das Schlüsselwort, denn von den Plattenverkäufen allein lässt es sich nicht leben.

Zumal die neue Konsumentengeneration komplette Alben und klassische Distributionswege zunehmend verschmäht. Für sie ist das Internet zum

188-1 **Kunstprodukt und Promostunt.** The bianca Story brachten 2009 ihr ‹Unique Copy Album› für 10 000 Franken an den Mann. Elia Rediger (Gesang, Gitarre), Sebastian Bürgi (Schlagzeug), Romano Streit (Bass), Fabian Chiquet (Keyboards, kniend), Anna Waibel (Gesang, kniend).

weltweiten Umschlagplatz für Musik geworden, hier saugen sie sich ihre Songs billiger – vorzugsweise gratis – herunter. Dies brachte die Basler Band Cloudride 2008 auf die Idee, auf eigene Kosten zehntausend Exemplare ihrer Fünf-Song-CD ‹Vincent› zu pressen und zu verschenken. «Wir erhoffen uns eine Steigerung des Bekanntheitsgrades», teilte das Quintett mit.

Dasselbe Ziel hatten Mañana, deren Manager Marc Allenspach, einer der wenigen Profiagenten der Nordwestschweiz, 2004 an die Musikmesse Midem in Cannes reiste. Im Handgepäck hatte er die taufrische EP von Mañana. Seine Absicht war es, eine kleine Band aus dem Oberbaselbiet den Plattenbossen der Welt schmackhaft zu machen. Nach seiner Rückkehr erfuhr er, dass die Verantwortlichen der Gamefirma ‹EA Sports› den Song ‹Miss Evening› gehört und gemocht hatten. So kam es, dass mit Mañana 2005 erstmals eine Schweizer Band mit einem Lied auf dem Computer-Fussballspiel ‹Fifa Soccer› vertreten war. Zwar sei der Deal finanziell nicht sehr lukrativ gewesen, so Sänger Manuel Bürkli – aber da sich das Fussballspiel sieben Millionen Mal verkaufte, sei der zuvor unbekannten Band praktisch über Nacht landesweites Medienecho sicher gewesen.

Für Schlagzeilen sorgte auch die Aktion einer zweiten Band, die Marc Allenspach mit seiner ‹Inside Agency› vertritt: The bianca Story 188-1. Das Quintett stellte auf seiner Webseite neue Songs zum Gratis-Download zur Verfügung und liess lediglich ein Exemplar ihres ‹Unique Copy Albums› pressen. Das Unikat wurde 2009 in eine Kunstinstallation verpackt und von der Zürcher Galerie ‹Groeflin & Maag› im Kunsthaus Glarus versteigert. Startpreis der Auktion: 10 000 Franken. Als einziger Bieter erhielt der Basler Thomas Merian, Initiant der Bar ‹City-Beach›, den Zuschlag zum Minimalpreis. Dennoch war Keyboarder Fabian Chiquet zufrieden: «Das Konzept, als erste Band so etwas auf dem Kunstmarkt ausprobiert zu haben, kann uns niemand nehmen.»

Genommen wurde der Basler Szene im selben Jahr aber eine wichtige Promotions- und Verkaufsstelle: ‹Roxy Records›, das sich in fünfundzwanzig Jahren den Ruf des bestdotierten Independent-Geschäfts der Nordwestschweiz erarbeitet hatte. Den Untergang führte Inhaber Jürg Werber auf den Wandel der «Medien(-Nutzung)» zurück. Die Maustaste liegt dem Musikkonsumenten stets näher als der Rümelinsplatz. Hinzu kam, dass Discounter wie ‹Ex Libris›, ‹Media Markt› oder ‹Orange Citydisc› bei den Zulieferern bessere Margen herausschlagen konnten – was bizarrerweise dazu geführt hatte, dass ‹Roxy›-Mitarbeiter zeitweise im ‹Media Markt› einkaufen gingen, da man CDs dort billiger erhielt als via Plattenfirma. Werber musste den Fehler aber auch bei sich selbst suchen. Nachdem er das ‹Roxy› 2001 übernommen hatte, machte sich ein Klimawandel im traditionsreichen Plattenladen bemerkbar. Man hörte von Streitigkeiten, die Motivation sank, die Kündigungen mehrten sich im Laufe der Jahre, Fach- und Szenekompetenz – der Grund, weshalb man bereit war, mehr zu zahlen – gingen verloren.

«*Unsere finanziellen Mittel sind beschränkt, wir machen das meist im Low-Fi-Nacht-und-Nebel-Stil.*»
Chris Weber

Fachkundige Verkäuferinnen und Verkäufer zogen von dannen, unter ihnen der Rapper Black Tiger sowie Rock-Musiker wie Baschi Hausmann (Fucking Beautiful) und Giusi Ariniello (Phébus). Sie hatten den Draht zur regionalen Szene aufrechterhalten. Diese traf die Schliessung denn auch am härtesten: Im ‹Roxy› konnten Musiker prominent und originell ihre CDs anpreisen und Clubs Konzerttickets verkaufen und Flyer auflegen.

Gedruckte Flyer? So was von 20. Jahrhundert! Denn auch in der Bewerbung von Partys und Konzerten werden vermehrt digitale Netzwerke genutzt. Damit entschärfte sich der Konkurrenzkampf unter wilden Plakatierern ein wenig, der in den 90er-Jahren aufgekommen war und vor zentral gelegenen Hauswänden zeitweise zu kriegsähnlichen Zuständen geführt hatte. Dank dem sogenannten Web 2.0 und den Social-Network-Plattformen wie Facebook, MySpace oder YouTube vermögen nicht nur Künstler, sondern auch Veranstalter kostengünstig auf sich aufmerksam zu machen. Mittlerweile reichen wenige Klicks aus, um ein Demo, eine Party oder einen Videoclip der ganzen Welt bekannt zu machen.

Apropos Clip: Neue Wege der Promotion eröffneten sich Independent-Künstlern schon 1999 durch die Lancierung des Deutschschweizer Musikkanals Swizz. Ein elementarer Punkt in der TV-Konzession verlangte, dass fünfzehn Prozent des Programms dem Schweizer Musikschaffen zu widmen seien. Von der neuen Plattform profitierte vor allem die Hip-Hop-Szene. Ohne grosses Radio-Airplay erlangten Formationen wie die Allschwiler Brandhärd nationale Bekanntheit. Doch die Euphorie wich zunehmend einer Ernüchterung, wurden doch Videos vermehrt auch abgelehnt, da der Sender stärker auf Kommerzialität und Qualität der gespielten Musik zu achten begann.

Mittlerweile ist Swizz vom deutschen Sender Viva und dieser wiederum vom globalen Marktleader MTV aufgekauft worden. Die Musik spielt inzwischen nur noch am Rande, die Primetime ist platten Realitysoaps und noch hanebücheneren Gewinnspielen vorbehalten. Was Basler Musiker wie Chris Weber nicht davon abhält, Clips zu drehen. «Im Vordergrund steht der Spass, die Musik auch optisch umzusetzen. Unsere finanziellen Mittel sind beschränkt, wir machen das meist im Low-Fi-Nacht-und-Nebel-Stil», sagt der Bandleader von Featherlike. «In der Sendung ‹Roboclip› des Schweizer Fernsehens werden wir oft genug ausgestrahlt, um dank der Tantiemen die Kosten meist wieder einspielen zu können. Zudem verbreiten wir die Clips auf allen möglichen Internetkanälen – schliesslich versuchen wir alles, um die Welt zu erreichen.»

Vom Bassisten zum Veranstalter und dann zum
Juristen in der Teppichetage der Urheberrechtsgesellschaft ‹Suisa›: Poto Wegener (*1964) hat
den Rock'n'Roll auf allen Ebenen kennengelernt.

Er gehört zu den wenigen Menschen, denen Schweizer Bands gerne ihre
Verträge vorlegen: Poto Wegener kennt die Tricks und Kniffe der Plattenfirmen. Als Leiter der Urheberabteilung der ‹Suisa› berät er sowohl Musiker als auch Verleger. Beruflich zwar in einer Zürcher Teppichetage angekommen, ist er auf dem Boden der Tatsachen geblieben. Noch sind dem
gebürtigen Basler die eigenen Erfahrungen als Musiker allzu präsent: die
Hoffnung, es mit eigenen Songs zu schaffen, und die Enttäuschung, als sich
diese Hoffnung in Luft auflöste.

Mit der Solothurner Crossover-Band The Failures feierte Wegener in den
90er-Jahren über die Landesgrenzen hinaus Erfolge. Bereits zuvor hatte
der Bassist mit den Basler Bands Trashcats und Action Office Platten veröffentlicht und gelernt, dass sich «ein Musiker voll reinstürzen muss – aber
auch den Absprung rechtzeitig schaffen sollte, wenn er merkt, dass es nicht
zum Überleben reicht. Ich kam selbst in meinen besten Monaten nicht über
ein Einkommen von 2500 Franken hinaus.» Das Leben von Pop-Musikern
werde gerne verklärt, fügt er an und rechnet vor: «Selbst wenn einer mit
seiner Band in einem Jahr sechstausend CDs verkauft, monatlich Bruttoga-
gen in Höhe von 7500 Franken kassiert und regelmässig am Radio gespielt
wird, verdient er rund 2000 Franken pro Monat, liegt also noch immer unter dem Existenzminimum.» Auch für ihn selbst ein Grund für eine Neu-
orientierung: 1999 stieg er bei der ‹Suisa› ein, wo er seit 2001 als Leiter der
Urheberabteilung und seit 2009 als Leiter der Mitgliederabteilung tätig
ist. Mit seinem ersten Buch ‹Musik & Recht› legte er 2004 ein dickes Stan-
dardwerk vor. Sein zweites Buch, mit Klangbeispielen angereichert, machte ihn 2007 zum Doktor: ‹Sound Sampling› hiess seine Dissertation. Darin
schreibt er unter anderem, dass die Basler Band Phébus einen Groove von
Led Zeppelin gesampelt, verfremdet und zu einem eigenen Lied hinzugefügt habe. Frage an den Experten: Könnte Led Zeppelins Plattenfirma ‹At-
lantic Records› demnach Phébus verklagen? «Rechtlich gesehen durchaus»,
sagt Wegener. «Nur sieht die Praxis anders aus. In der Schweiz hat noch nie
ein Sampling-Prozess stattgefunden, weil sich eine Klage erst lohnt, wenn
ein gewisser Umsatz im Spiel ist. Viele Schweizer Künstler, die um Erlaub-
nis für die Verwendung eines Samples fragen, erhalten gar keine Antwort,
weil es sich für die Plattenfirma nicht rechnet, für tausend verkaufte CDs
die Buchhaltung zu aktivieren.»

Auch wenn für ihn die Zeit der Tourneen vorbei ist, auf Achse ist er noch
immer. Wegener pendelt zwischen seinem Arbeitsort Zürich und seiner
Heimatstadt Basel. Er besucht Kongresse, Messen und Schulzimmer:

← 190-1 **In der Teppichetage.** Poto Wegener,
Rockförderer und Urheberrechtsexperte.

192-1 Trashcats.
Wegener pumpt luftige Folklore in den Indierock-Sound.

‹Respect Copyright› heisst die Aktion der ‹Suisa›, mit der Jugendliche darüber aufgeklärt werden, welche Folgen Gratis-Downloads auf die Einkünfte der Musiker haben.

Die Grenzen der Legalität hat er nach seiner Matur selbst ausgelotet, als er Mitte der 8oer-Jahre in Basel illegale Konzerte auf öffentlichen Plätzen mitorganisierte. «Wir waren gewillt, der Stadt zu zeigen, weshalb wir mehr Freiräume forderten.» Wenn er auch mit kämpferischen Tönen die Stadt beschallte, ein Punk war er nicht. Vielmehr ein Rock 'n' Roller, auf der Bühne laut und exzentrisch, im Gespräch leise und sachlich. Ein Profilobbyist, der den ‹Rockförderverein› mitgründete und ihn aktuell wieder präsidiert.

Dass man ihm den Übernamen Doktor Rock geben könnte, bestätigt sich während unseres Gesprächs. Sein Neffe Tizian, der in der Metal-Band Total Annihilation spielt, ruft an und fragt um Rat. Er sei auf dem Weg zu einem Konzert und habe just erfahren, dass der Veranstalter am Abend zuvor die Bands um ihre Gagen geprellt habe. Poto Wegener gibt Anweisungen, wie sich die Band verhalten soll. Und sagt danach bei einer Tasse Kaffee schmunzelnd: «Das kennen wir doch.»

In den 9oer-Jahren unterschrieb er noch selbst Verträge, angesichts derer er heute nur den Kopf schütteln kann. «Ich kannte mich selber zu wenig im Business aus», gesteht er. Und erwähnt, dass er zum Beispiel die Rechte an einigen Co-Kompositionen bis Jahrzehnte nach seinem Tod an einen Verlag abgetreten habe. Solche Erfahrungen sind mit ein Grund dafür, dass er sich auf Musikrecht spezialisierte und heute auf diesem Gebiet als einer der profundesten Kenner in der Schweiz gilt. Dass er sich dadurch eine Karriere aufbauen konnte, war anfänglich «nur ein angenehmer Nebeneffekt. Noch mit dreissig hatte ich die Ambition, von der Musik leben zu können», erzählt er. Eine Umfrage unter den 26 500 ‹Suisa›-Mitgliedern zeigte unlängst, dass nur sehr, sehr wenige Menschen in der Schweiz ihren Lebensunterhalt durch ihre eigene Musik bestreiten können. «Am ehesten ist das in der Werbe- oder Filmmusik möglich oder als Songwriter.» Daran hat die Professionalisierung der Musiker, die Zunahme von Studienabgängern an den Musikhochschulen nichts geändert: «Die wenigsten können sich auf dem freien Markt behaupten», sagt Wegener, der selbst an der Jazzschule Luzern studierte und nach seinem Abschluss feststellte, dass «ich mich breiter orientieren wollte».

So verdiente er sich eine Zeit lang zusätzlich Geld als Veranstalter und freier Musikjournalist. Auf die Frontseite der NZZ schaffte er es jedoch als Musiker: Mit den Failures trat er 1993 am ‹Jarocin Festival› in Polen auf, damals eines der grössten Festivals in Osteuropa. «Nach einer halben Stunde stürmten auf einmal zweihundert Vermummte vor die Bühne, tanzten Pogo und bewarfen uns mit Pet-Flaschen, die sie mit Sand gefüllt hatten.» Wegener nahm irritiert zur Kenntnis, dass das TV-Team seine Kameramänner von der Bühne abzog, spielte aber mit seiner Band das Konzert trotz der chaotischen Umstände zu Ende. «Danach erhielt jeder Musiker der Band zwei Flaschen Wodka geschenkt, mit der Bemerkung, wir hätten gewonnen: Es sei Tradition, dass die Zuschauer ausländische Bands von der Bühne zu jagen versuchen. Wir hätten durchgehalten.» Am Abend zuvor war bei einer anderen Band das gesamte Equipment zertrümmert worden.

Seit zehn Jahren hat Poto Wegener, dessen Taufname Bernhard den wenigsten geläufig ist, kaum noch einen Übungsraum betreten. Und wenn, dann handelte es sich um einen Freundschaftsdienst, um die Beratung einer Band, der ein Plattenvertrag vorgelegt wurde. Bei solchen Verhandlungen rät er grundsätzlich, «dreissig Punkte einzufordern, im Wissen, dass man auf die Hälfte verzichten kann». Und er fügt hinzu, dass in der aktuellen Marktsituation ein Plattenvertrag für die wenigsten Musiker sinnvoll sei. «Meist ist man ‹überversichert›, gibt Rechte auf Management-, Label- und Verlagsebene ab und läuft zudem Gefahr, dass das Produkt nicht leidenschaftlich genug vermarktet wird.» Hinzu komme, dass der Boom bei Schweizer Major-Firmen, nationale Acts unter Vertrag zu nehmen, seit einigen Jahren wieder abflache. Wegener empfiehlt jungen Musikern daher, den Traum vom grossen Plat-

tenvertrag in den Hintergrund zu rücken. Denn, so seine Erkenntnis: «Im Vordergrund sollte eine musikalische Vision stehen, angereichert mit herausragender Musikalität und Kreativität. Aber in erster Linie entscheidet der richtige Zeitpunkt und das Glück über eine Profikarriere.»

Das erste Album, das Sie sich gekauft haben?
Daran kann ich mich nicht mehr erinnern. Wohl aber daran, dass mir meine Grossmutter meine erste Schallplatte schenkte: Sie ging in einen Plattenladen, fragte nach, was die Jungen hören würden, und kam mit dem roten Doppelalbum der Beatles nach Hause. Ein Hammer.

Ihr erstes Konzert?
Mit der Therwiler Schülerband Don Fiasco, am lokalen Kirchgemeindefest, 1984.

Ihr grösstes Konzert?
Mit den Failures am ‹Jarocin Festival› in Polen, auf der Hauptbühne vor 35 000 Leuten.

Die grösste Ernüchterung?
Wir erhielten 1993 einen Plattendeal von ‹Sony Frankreich› angeboten, unter der Bedingung, dass ‹Sony Schweiz› mitmachen würde. Diese aber lehnten ab, mit der Begründung, dass sie nur auf Mundart-Bands setzen würden.

Ihr peinlichstes Erlebnis?
Ich wohnte in den 90er-Jahren mit dem Schlagzeuger Hans Ulrich zusammen, und es war üblich, dass wir uns gegenseitig Streiche spielten. Während ich auf der Bühne stand, rief er im Atlantis an, meldete sich als Doktor des Frauenspitals und liess ausrichten, ich sei gerade Papa geworden. Die Leute applaudierten und spendierten mir den ganzen Abend über Biere. Merkwürdigerweise fragte niemand, warum ich nicht schon längst ins Spital gefahren sei. Das Peinlichste aber war, dass kurz darauf in der Wochenzeitung ‹Doppelstab› mein Vaterglück vermeldet wurde.

Ihre höchste Konzertgage?
10 000 Franken mit den Failures.

Christoph Alispach (*1951), Hobbyschlagzeuger und Radioprofi, verfolgt seit den 60er-Jahren die Entwicklung der Medien und der Schweizer Bands. Als Musikredaktor der ersten Stunde ist er DRS 3 bis heute treu geblieben.

Christoph Alispach, erinnern Sie sich noch, wie es vor rund fünfundzwanzig Jahren zur Gründung des ‹CH Special› kam?
Klar. Die Quotendiskussion stand zwar noch nicht so ins Haus wie in den 90er-Jahren, aber zumindest vor der Gartentür. Der damalige Musikchef suchte ein Format für einheimische Musik, also schrieb ich ein Konzept auf ein A4-Blatt und das ‹CH Special› war geboren.

Vom abendlichen ‹CH Special› schafften es in den 8oer-Jahren einige Songs ins Tagesprogramm, darunter auffallend viele aus Basel. Wie bedeutend war die Verwurzelung von DRS 3 auf dem Bruderholz für diesen Boom?
Ich denke, der Standortvorteil war wichtig, wir bewegten uns in der Stadt, kannten die Qualitäten von Bands wie den Wondertoys – und spielten diese Bands bei erstbester Gelegenheit in der Sendung ‹Sounds›. Doch darf der DRS-3-Standort Basel nicht überschätzt werden, zumal kein Radio Hits machen kann. Sonst wären die Wondertoys weltberühmt geworden, so oft, wie wir sie gespielt haben.

Warum wurden die Wondertoys denn nie weltberühmt?
Weil die Musik von Dominique Alioth wohl ein bisschen zu clever war.

Das ist aber keine Kritik, sondern ein Lob.
Schon, aber es erwies sich als nachteilig, dass er kein Bubblegum-Komponist war, der auf die Masse zielte. Das, obschon er gerne damit prahlte, dass er unzählige gute Songs in der Schublade habe und sie nur rausziehen müsse. Wie sagte doch Ray Davies von den Kinks? «Das Problem ist es nicht, einen Hit zu schreiben, sondern von hundert Songs jene neunundneunzig auszumisten, die sicher keine Hits sind.» Dominique Alioth war ein Eigenbrötler, wechselte oft seine Musiker aus. Es mangelte ihm an Kontinuität und womöglich auch an einem Coach. Hinzu kam, was heute noch gilt: In England oder Deutschland wartet kein Mensch auf eine Schweizer Band.

Mit Ausnahmen: Yello aus Zürich oder die Young Gods aus Genf wirkten international stilprägend. Warum ist das keiner Basler Band gleichermassen gelungen?
Yello und die Young Gods setzten Massstäbe in Stilen, die damals allenfalls jungfräulich vorhanden waren, und zogen kompromisslos ihr eigenes Ding durch. Das ist kaum zu wiederholen. Womöglich fehlte es den Basler

← 194-1 **Jäger nach verborgenen Schätzen.**
Christoph Alispach, Schlagzeuger und Musikredaktor.

Musikern an einer gewissen Schamlosigkeit, knüppelhart den ‹ultimativen› Pop-Hit zu schreiben. Hinzu kommt ein letzter Zwick in Sachen Raffinesse und Politur. Es gibt unheimlich viel Spannendes aus Basel, aber meistens bewegt sich das im Indie- und Alternative-Bereich.

Standen sich talentierte Songwriter wie Dominique Alioth oder Jakob Künzel jeweils selbst im Weg?

Ich glaube schon, ja. Nehmen wir Jakob Künzel: Seine Band Popmonster hatte viele coole Songs. Aber bei den meisten, so meine Einschätzung, wurde eine Spur zu wenig auf den zwingenden Refrain hingearbeitet.

Und was fehlt einer Band wie den Lovebugs für den grossen Durchbruch im Ausland?

Schon nur in Deutschland hat man leider nicht auf eine Band wie die Lovebugs gewartet, da bei unseren nördlichen Nachbarn genügend vergleichbare Bands in der Warteschlange stehen. Pop ist ein weites Feld, und den meisten talentierten deutschen Bands gelingt es umgekehrt auch nicht, unser Land zu erobern.

Es fehlt also an unverwechselbaren, stilbildenden Pop-Acts?

Ja, aber heute ist es kaum noch möglich, etwas Neues zu erfinden, das ist die Krux. Eine Sophie Hunger spielt in London auch mal nur vor fünfunddreissig Leuten. Sie macht das wenigstens. Das ist schon mal ein Unterschied zu vielen Schweizer Musikern. Ausnahmen gibt es auch in Basel, ich denke an Bands wie Navel oder die Lombego Surfers, die sich nie zu schade waren, auf versifften Luftmatratzen zu übernachten, die den steinigen Weg auf sich nahmen und sich so jenseits der Landesgrenzen ein Fanpublikum aufgebaut haben.

Wer ist für Sie die faszinierendste Erscheinung im Basler Pop?

Leute wie Bettina Schelker, Roli Frei, Pink Pedrazzi und Cla Nett. Vor ihnen ziehe ich schon fast ehrfürchtig den Hut oder Zylinder, weil sie seit Jahrzehnten kontinuierlich an ihrer Musik arbeiten und noch immer Freude daran haben.

Und welches ist die tragischste Figur?

Peter Rietmann, der seine Karriere in den 60ern als Profibassist bei den Dynamites startete, ein Gastspiel bei Les Sauterelles gab und in den 80ern bei den Lombego Surfers spielte. Er starb vor kurzer Zeit, man fand ihn erst nach einigen Tagen in seiner Wohnung auf. Er war ein herzlicher Mensch, ein toller Musiker. Dass er so einsam sterben musste, ist traurig.

**Schicksalhaft erachten manche Basler auch den Wegzug
von DRS 3 nach Zürich. Ist das der Grund dafür, dass weniger
Basler Musik gespielt wird als noch in den 90er-Jahren?**
Nein, Basel hat den Vorsprung, den es als einstige Britpop-Hochburg
innehatte, eingebüsst. Die Vielfalt an Schweizer Pop hat zugenommen. Wenn
ich heute auf der Internetplattform www.mx3.ch zähle, wie viele Bands
eingetragen sind, dann staune ich: 12 500 Schweizer Musikerinnen, Musiker und Bands buhlen da um Aufmerksamkeit. Durch die Globalisierung spielt es keine Rolle mehr, ob jemand in Martigny oder Romanshorn
zu Hause ist.

**Sie haben mx3 erwähnt, eine Reaktion auf internationale
Plattformen wie Last.fm und MySpace. Will Radio DRS damit die
Gefahr bannen, junge Hörer ganz ans Internet zu verlieren?**
Nein, ich sehe das Internet nicht als Gefahr, sondern als Ergänzung zum
Radio. Denn bei aller Vielfalt nimmt doch auch die Orientierungslosig-
keit zu. Die Aufgabe des Filterns bleibt, denn dem Grossteil der Musik-
fans fehlt die Zeit, im Internet Zehntausende Songs durchzuhören.

**Früher zeugte es von Professionalität, wenn eine Band eine
Platte herausbrachte. Durch die Technologisierung wird die Spreu
nicht mehr so klar vom Weizen getrennt. Was ist der Nachteil?**
Mir fällt auf, dass Bands heute allzu schnell eine CD produzieren. Früher
war eine Albumproduktion kostspieliger und kostbarer, es wurde länger
am Material gefeilt. Heute ist fast jedes Probelokal auch ein kleines Studio.
Bands machen allzu rasch Aufnahmen, was zu halbpatzigen, unfertigen
Produktionen führt. Die automatische Qualitätskontrolle fehlt.

Aber auch früher gab es schon schlechte Musik.
Das stimmt, ja. Was zugenommen hat, ist die Quantität in jeglichem Sinn,
im positiven wie im negativen.

**Im neuen Jahrtausend brachte es Schweizer Hip-Hop
auf einmal an die Spitze der Charts. Mit grosser Hilfe durch
den Musiksender Viva. Dachten Sie damals, jetzt wird
die Buggles-Aussage Realität: ‹Video killed the radio star›?**
Nein. Wir von DRS 3 waren es ja, die ‹Murder by Dialect› von P-27 und Black
Tiger als Erste gespielt hatten.

↑ 197-1 **Viva Brandhärd!** Das Hip-Hop-Trio erarbeitete sich mit Videoclips
Ruhm und Respekt (Szenen aus ‹Träne in de Auge›, 2007).

Gut, aber das war Jahre vor den kommerziellen Erfolgen der Bündner Sektion Kuchikäschtli oder den Allschwilern Brandhärd.

Das stimmt. Es gab eine Explosion der Rap-Szene. Viva brachte eine Veränderung, ein zusätzlicher Medienkanal machte sich auf nationaler Ebene breit. Der visuelle Aspekt gewann damit an Gewicht. Aber ich fürchtete nie, dass das Radio gekillt würde. Denn ferngesehen wurde ja nicht im Zug oder im Auto – dort genoss weiterhin das Radio die Vormachtstellung.

Zur gleichen Zeit, um die Jahrtausendwende, erlebte DRS 3 einen Kurswechsel: Der damalige Chef Andreas Schefer setzte voll aufs Formatradio.

Die dunkelste Zeit in meiner Radiokarriere. Tagelang stritt ich mit deutschen Beratern über einzelne Songs. Sie fanden, ein völlig beliebiger Albumtrack von Eric Clapton sei Rock, meinten jedoch damit eigentlich bloss, wir sollten die Hörer auf keinen Fall erschrecken. Nirvana lagen bei den ‹Specials› kaum noch drin.

Die Musikszene reagierte heftig, Züri West veröffentlichten gar ein Protestlied gegen DRS 3.

Sie hatten meinen Segen, die Proteste fand ich gerechtfertigt. Denn plötzlich galt bei DRS 3 musikalisch: Hier kocht der Chef. Und nicht mehr: Der Chef empfiehlt. Zu meinem Leidwesen als ‹Specials›-Redaktor. Es konnte doch für einen gebührenfinanzierten Sender nicht Ziel sein, noch gleicher zu klingen als die schon gleichen Lokalradios. Zum Glück änderte sich das wieder. Heute können wir auch im Tagesprogramm wieder Unbekanntes fördern.

Das erste Album, das Sie sich gekauft haben?
Trini Lopez: ‹Live at PJ's›, 1963.

Ihr erstes Konzert?
Als Schlagzeuger meiner ersten Band The MG's, im Säli des Restaurant Domstübli in Arlesheim, 1966.

Ihr grösstes Konzert?
1991, mit den Hi-Tones im Vorprogramm von Dread Zeppelin im Bierhübeli Bern.

Die grösste Ernüchterung?
Als die damalige Chefetage von DRS 3 der Ansicht war, dass deutsche Berater das Programm auf Durchhörbarkeit durchpflügen sollten. Schon das Wort ‹Durchhörbarkeit› müsste Musikfans Ausschläge verursachen.

Ihr peinlichstes Erlebnis?
Ein Auftritt im Mascotte Zürich, als wir vor nur sieben Leuten spielten und hinter mir einer allen Ernstes die Rauchmaschine voll aufdrehte, wie wenn es sich um ein Stadionkonzert handeln würde.

Ihre höchste Konzertgage?
Lässt sich nicht in Zahlen ausdrücken: ein Hochzeitskonzert in einem britischen Landhaus. Das Brautpaar liess uns, die Coverband Goldfinger, einfliegen. Das ganze Material stand bereit, selbst zwei Roadies waren zur Stelle. Ich fühlte mich für einmal selber wie ein Rock-Star.

→ 199-1 **Haut rein!** Eve Monney und Jari Altermatt von der Rockband Navel auf der Bühne der Grossen Freiheit in Hamburg, 2007.

13 Die Nische lebt

Nischen in der Basler Pop-Szene – das scheint ein Pleonasmus zu sein. Denn welche Schweizer Musiker schafften je den Sprung aus der Nische ihres Heimatmarktes ins internationale Scheinwerferlicht? Die wenigen, denen es gelang, sind bekannt: die Hardrocker Krokus, die Elektronikpioniere Yello, der Dancefloorunterhalter DJ Bobo.

Leichter ist der Schritt über die Landesgrenzen aus den vielen Nischen heraus, die die Spielarten der Pop- und Rock-Musik jenseits des kalkulierbaren kommerziellen Erfolgs bieten. Sie finden sich auch in Basel – vor allem im harten Rock.

200-1 Späte 80er-Jahre. V.O. Pulver bei der Trash-Metal-Band Poltergeist an der Gitarre.

Otto Pulver, den die meisten nur unter seinem Übernamen V.O. Pulver 200-1/201-1 kennen, wurde 1980 als Elfjähriger von seiner Tante zu einem Konzert ins Basler Fussballstadion ‹Joggeli› mitgenommen, zu Kiss und Iron Maiden. Dort hatte er sein Erweckungserlebnis. «Von da an gehörte ich dieser Musik», sagt er. Doch der Teenager Pulver hielt sich nicht lange mit dem pathosgeladenen und hochgeschminkten Hardrock der damals angesagten Gruppen auf. 1985 gründete er mit ein paar Schulfreunden seine erste Band, Carrion 200-2 hiess die, und weil sie ihre Gitarren kaum beherrschten, spielten sie umso härter, schneller, fieser, nach dem Vorbild des aufkommenden Speed- und Thrash-Metal. Carrion suchten auf den Rückseiten ihrer Lieblingsplatten nach den Adressen der Plattenfirmen und schickten ihre Demoaufnahmen nach Deutschland oder Holland, «und weil dieser Stil so angesagt war, erhielten wir sogar einen Plattendeal». Sie unterschrieben einen Knebelvertrag. «Wir waren jung und wurden natürlich gnadenlos über den Tisch gezogen», aber noch heute erhält V.O. Pulver

200-2 Debut. Das erste Album von Carrion, 1986. Es blieb dabei.

Briefe aus Skandinavien, in denen ihm Metal-Fans schreiben, wie wichtig Carrion für sie waren. «Wir sangen über Satan, den Tod und den Weltuntergang. So brutal gemeinter Kinderkram halt», aber zehn Jahre später war dieser «Kinderkram» verbreitetes Thema in der düsteren skandinavischen Metal-Landschaft. «Musikfans sind wie Historiker», weiss Pulver, «sie suchen immer nach den Anfängen, nach den Ersten. So stiess man in Skandinavien auf uns.»

Carrion fanden nach zwei Jahren ein jähes Ende, und aus der Erbmasse entstand die Band Poltergeist. Der Gitarrist Pulver entwickelte dort seine druckvollen, charakteristischen Metal-Riffs. Poltergeist landeten bald bei der deutschen Firma ‹Century Media›, die sich zu einer wegweisenden

Adresse des düsteren Metal entwickeln sollte. Auch in der Schweiz wuchs die Szene langsam. Pulver sprang kurz bei der Innerschweizer Band Messiah ein, in Zürich tauschten die Bands Celtic Frost (früher Hellhammer) und Coroner laufend die Musiker aus, und hinter der Grenze, in Weil am Rhein, gewann das Trio Destruction an internationaler Bedeutung. Es waren die Boomjahre, in denen auch Poltergeist nachhaltigen Einfluss auszuüben schienen: «Ende der 8oer-Jahre spielten wir an einem grossen Festival in Laufen», erinnert sich V.O. Pulver, «da stand das ganze Laufental Kopf, so gut kam das an». Von da an zeigte das Laufental eine konstante Affinität zu den harten Subgenres der Rock-Musik: Jahre später begann durch Bands wie Custommade Noise oder Pornchild der Metal erneut zu blühen und erhielt mit der ehemaligen Futtermittelfabrik Biomill einen eigenen Konzertclub in Laufen, Zentrumsort des ‹Laufentaler Rockwunders›. Lamps Of Delta, Mosaïc, The Big Bang Boogie, Framed Letter und vor allem Navel 199-1 mit ihrem Frontmann Jari Altermatt brachten das etwas abgelegene und dünn besiedelte Tal ab 2004 vollends auf die Schweizer Rock-Landkarte.

«Wir sangen über Satan, den Tod und den Weltuntergang. So brutal gemeinter Kinderkram halt.»
V.O. Pulver

V.O. Pulver ist für einige der jungen Bands, die in seinem Tonstudio im basellandschaftlichen Gelterkinden ihre Songs aufnehmen, die Eminenz der Szene. Dieser Status gründet in seinem langlebigsten Bandprojekt: Gurd.

Gurd formierten sich 1993 aus dem Restbestand von Poltergeist. Pulver stand nun auch am Mikrofon, der Stil wandelte sich, druckvolle Rhythmen traten in den Vordergrund. Die frühen 9oer-Jahre waren die Zeit, in der ein Cross-over aus Rock und Rap an Popularität gewann: Clawfinger, Rage Against The Machine und Such A Surge hiessen die internationalen Referenzbands. Auch in Basel existierte eine kleine Szene, neben Gurd waren Erotic Jesus um Thomas Baumgartner und Fran

201-1 **Pulver gut.** Die Haare sind weg, die Härte ist geblieben: Seit 1994 ist V.O. Pulver Sänger und Gitarrist von Gurd.

202-1 **Kraftrock.** Zamarro: Marco Redolfi (Bass), Michael Hediger (Schlagzeug), Markus Gisin (Gesang, Gitarre) im Salzhaus Winterthur, 2006.

Lorkovic (später Undergod) der bekannteste Name. Gurd profitierten von diesem Schub, ein erneuerter Plattenvertrag und unzählige Konzerte im In- und Ausland zeugen davon. «Ich dachte, wir würden nun vor der ganz grossen Karriere stehen», sagt Pulver. Es kam anders: Viele Besetzungswechsel warfen die Band immer wieder zurück. «Es braucht viel Einsatz, um eine Band am Leben zu halten», weiss Pulver. Aber weil Gurd den ganz grossen Durchbruch nie schafften und ab ihrem dritten Album die Verkaufszahlen stetig zurückgingen, «wurden wir von einer sehr wichtigen zu einer weniger wichtigen Band». Metal fand sich nach der kurzen Cross-over-Welle in seiner Nische wieder.

202-2 **Szenenpost I.**
Konzertflyer der
Laufentaler Bands Matto
und Lamps Of Delta.

Pulver, der in jüngeren Jahren den Erfolg verbissen erarbeiten wollte, sagt heute, dass man aus einem solchen Randgenre heraus die Karriere nicht planen könne. Die jahrelangen Erfahrungen als Rock-Musiker bewogen ihn zu einem Umdenken. «Ich begann mich zu fragen: Will ich das weiterhin, beinahe das halbe Jahr auf Tour sein, und mich die meiste Zeit in Hotels und Tourbussen aufhalten?» Er wollte nicht. 1998 löste er Gurd auf, liess sich zum Programmierer ausbilden und dachte, dass es das gewesen sei mit der Musik. Doch nur ein halbes Jahr später zeigte sich, dass er davon nicht lassen konnte, und er reformierte die Band, allerdings auf einem niedrigeren Aktivitätsniveau. Heute hält sich V.O. Pulver neben Gurd eine zweite Band mit seiner Frau Inga, und auch ihre beiden gemeinsamen Kinder ha-

203-1 **Grenzgänger.** Man weiss nie so genau, was das wird, wenn er auftritt: Marco Papiro, Musiker zwischen den Stilen.

ben unter dem Namen Pulverkids auf der Musikplattform MySpace mit den Eltern bereits ihre ersten Lieder veröffentlicht. 2002 eröffnete Pulver sein Tonstudio, mittlerweile eine finanzielle Stütze der Familie. Über hundert Produktionen hat er bereits abgeschlossen, unter anderem mit den meisten herausragenden überregionalen Metal-Gruppen wie Zatokrev, Phased, Disgroove (die aus Gurd hervorgingen) – und mit Zamarro 202-1, der Band, in der Michael Hediger am Schlagzeug sitzt.

Hediger, ein Aargauer Jahrgang 1967, der jahrelang im Aarauer Konzertlokal Kiff als Veranstalter und Techniker tätig war, zog 1997 nach Basel – in die Wohnung von V.O. Pulver. Zwei Jahre lebten sie zusammen. Hediger begleitete Gurd als Tontechniker und betreute ausserdem noch immer sein kleines Plattenlabel Lux Noise, das seit der Gründung 1985 (zusammen mit Reto Caduff, der heute als Filmemacher in den USA lebt und 2004 der Schweizer Rock-Band Krokus eine Dokumentation widmete) mit Touch El Arab, Steven's Nude Club und den Zürchern Baby Jail einige Erfolge verbuchen konnte. Hediger trat 1997 in Basel in den Kollektivbetrieb des Restaurants Hirscheneck ein, buchte dort Konzerte – Punk und Stoner Rock war sein Geschmack – und gründete 2002 Zorro, seine erste Basler Band, die sich kurz darauf in Zamarro umbenannte. Hediger baute sich ein weitreichendes Netzwerk aus Veranstaltern, Produzenten und Plattenfirmen auf, aus dem die Zusammenarbeit und schliesslich die Freundschaft mit dem

203-2 **Szenenpost II.** Konzertflyer von The Big Bang Boogie aus Laufen.

204-1 **Allein auf weiter Flur.** Arf (Stefan Strittmatter, Christian Specker, Beat Pachlatko, 2004) spielten schon Math-Rock, bevor der Begriff in der Schweiz in Umlauf kam.

amerikanischen Produzenten Jack Endino entstand, der unter anderem das Debütalbum ‹Bleach› von Nirvana auf Platte gebannt hatte. Zeitlebens fühlte sich Hediger der Rock-Musik verpflichtet – «wir spielen überall, sofern wir nicht draufzahlen müssen» –, und als die anderen Bandmitglieder von Zamarro begannen, Beruf und Familie stärker als die Band zu gewichten, gründete er einfach eine Zweitformation: Dogs Bollocks mit den bekannten Basler Musikern Sebastian Hausmann (Fucking Beautiful) und Giuseppe Ariniello (Phébus). Noch heute arbeitet Hediger im Hirscheneck, im Service, «das sichert mir den Lebensunterhalt». Der Rest gehört der Musik.

Das Hirscheneck hat sich in seiner über dreissigjährigen Geschichte als Keimzelle für Nischenmusiker bewährt: Marlon McNeill, Konzertveranstalter im Keller des Restaurants, ist Bassist der Gruppe Speck, die mit ihren Dreissig-Sekunden-Songs seit Jahren Europa kreuz und quer bereist. McNeill führt ausserdem das kleine Plattenlabel

‹A Tree In A Field›, wo unter anderem der Experimental-Musiker Marco Papiro 203-1 (Random Kings, Mir) seine Werke veröffentlicht. Auch das Trio Arf 204-1, stilistisch eine Ausnahmeerscheinung mit kindlich-absurdem Witz und progressiv-verschacheltem Songwriting (Selbstbeschreibung: «Math-Rock») feierte im Frühling 2009 sein zehnjähriges Jubiläum im Keller am Lindenberg 23. Und dann ist da noch eine Band, die in ihrer zwanzigjährigen Geschichte das Hirscheneck unzählige Male besucht hat und ein fast unverzichtbarer Teil der städtischen Musikszene ist: die Lombego Surfers 205-1.

«Nur von der Musik können wir nicht leben.»
Anthony Thomas

Eines ihrer ersten Konzerte gaben sie 1988 in der Alten Stadtgärtnerei. Diesen Ort haben Anthony Thomas, Sänger und Gitarrist der Lombego Surfers, und Bassist Pascal Sandrin überlebt, wie so viele andere alternative Clubs der letzten zwanzig

205-1 **Unkaputtbar.** Seit über zwanzig Jahren auf allen Bühnen, die die Länder hergeben: Anthony Thomas von den Lombego Surfers – hier im Club Zwölfzehn in Stuttgart, 2002.

Jahre auch. Weit über tausend Konzerte haben die Punk-Rock-Surf-Musiker auf dem Buckel. Dass es die Lombego Surfers noch immer gibt, ist auf ihre grosse Spielfreude zurückzuführen – und auf ihre Ausdauer. Sie waren sich lange für kein Konzert zu schade und wurden für ihren Durchhaltewillen belohnt, indem sie sich in Europa einen festen Nischenplatz eroberten. Dennoch: «Nur von der Musik können wir nicht leben», sagt Anthony Thomas mit amerikanischem Akzent. Vor dreissig Jahren verschlug es den Mann aus Boston nach Basel. Hier fand er – nach einem Abstecher in die Mittelalter-Musik – zum Garagenrock seiner Teenage-Tage zurück. Und wie ein Iggy Pop kann auch der Sechsundfünfzigjährige es immer noch nicht lassen. Die Mehrheit ihrer Auftritte führt die Lombegos nach Deutschland. Doch wird nicht mehr jedes Wochenende der Bandbus beladen, «da viele Clubs ums Überleben kämpfen», wie Anthony Thomas feststellt. «Dadurch ist es auch für uns härter geworden. Eine Tour wie vor zehn Jahren, als wir innert sieben Wochen fünfundvierzig Konzerte geben und zwölf Länder bereisen konnten, ist derzeit kaum möglich.» Lockerlassen mag er aber nicht. «Ich kann nicht», sagt er schlicht.

Rock-Musik ist echte, ehrliche Musik, lautet ein etwas angestaubter Claim, aber wahrscheinlich sind es Figuren wie Anthony Thomas und Marlon McNeill, wie V.O. Pulver und Michael Hediger, die diesen altbackenen Satz aus ihren Nischen heraus stets aufs Neue beleben. Ihre Alben tauchen kaum

205-2 **Monsterrock.** Konzertflyer der Gruppen Lombego Surfers und Lamps Of Delta.

206-1 **Aufgelöst.** Shilf, die langsamste Band Basels, ist in der Zeit hängen geblieben (Lucas Mösch, Daniel Herzig, Philip Gallati, Martin Graf, Nadia Leonti, Sämi Schneider).

THE MOONDOG SHOW
MARFA

206-2 **The Moondog Show.**
‹Marfa› (2007), das dritte
Album von Pink Pedrazzi und
Pascal Biedermann.

206-3 **Mojo Swamp.**
Blues und Brass: ihr Album
‹Thanxsing› (2007).

je in den grossen Magazinen auf und ihre Köpfe noch weniger. Ihr Wirken ist jedoch gerade in einer Zeit, in der Musik meist nicht einmal mehr ihren Warenwert behält, sondern als freies Gut durch die Tauschbörsen des Internet geistert, von unschätzbarem Wert – für die Vielfalt einer lokalen Szene, aber auch für die Musik selbst: Leidenschaft ist ein Mehrwert, der Vertrauen generiert. Auch das klingt bereits wieder nach einer Marketingfloskel – es ist aber eine unerschütterlich wahre. Auch der Folk lebt von den ihm zugeschriebenen Attributen Ehrlichkeit und Authentizität. Folk-Music ist als Volksmusik jedoch geografisch auf den angloamerikanischen Raum begrenzt, und so hat sie in Basel kaum Fuss gefasst.

«Wir spielen überall, sofern wir nicht draufzahlen müssen.»
Michael Hediger

Eine traditionsbewusste Ausnahme bildet die Gruppe Mojo Swamp 206-3 um den begnadeten Gitarristen Magor Szilagyi, die tief in den Sümpfen des amerikanischen Blues, Country und Cajun watet und diese mit Einflüssen aus dem Hip-Hop wie aus den verschiedensten Ecken der Weltmusik zu Globalsprachen uminterpretieren will. Ähnlich verankert sind Sänger Pink Pedrazzi und Gitarrist Pascal Biedermann mit ihrer Band The Moondog Show 206-2. Mit Abstrichen gehören auch der Songwriter Christoph Baumgartner alias Baum und die Gruppen 4th Time Around und

207-1 **Gute Karten.** Prekmurski Kavbojci (Ulrich Pletscher, Martin Medimorec, Jaro Milko, Florian Medimorec und Benjamin Brodbeck) setzen auf Balkan-Folk. Es geht ihnen gut dabei.

Shilf 206-1 dazu – vor allem Letztere versuchten bisher zwei Alben lang, die Musik, die unter dem Sammelbegriff der Americana vereint ist, von stilistischen Klischees zu befreien und mit einer betont kargen, entschleunigten Spielweise neu zu erschliessen.

Seit der Eiserne Vorhang zerrissen ist, ist neben dem nordamerikanischen Folk auch die osteuropäische Volksmusik in Basel zu hören. Zu einem grossen Teil ist dies dem gebürtigen Polen Michal Abramski zu verdanken, der als DJ Dawaj seit 2003 im Sudhaus die ‹Red Nights› organisiert – Basels Version der Russendiscos und Balkan-Beat-Partys, die europaweit durch den Autor und DJ Wladimir Kaminer und den Bucovina Club von DJ Shantel bekannt wurden. Der kurze Boom der Pop-Musik osteuropäischer Färbung hat die lokale Bandszene punktuell beeinflusst, davon zeugen die Formationen Balkan Express, Bajanski Bal und Prekmurski Kavbojci 207-1 der Brüder Martin und Florian Medimorec, die stilecht an einer Familienfeier in Slowenien ins Leben gerufen wurde. Breiter ist die Nische nicht geworden, die Balkan- und Gypsy-Einflüsse haben jedoch in anderen Bands Eingang gefunden – namentlich in den Surf-Rock-'n'-Roll von Dirk Dollar (inzwischen aufgelöst) und Denner Clan. Dünn besetzte Nischen, was durchaus auch ein Vorteil sein kann: Gerade die regelmässigen Konzerte von Denner Clan, meist nur von einem marginalen Werbeaufwand begleitet, sind konstant gut besucht.

207-2 **Flugkunst.**
Selbst gemachter Konzertflyer der Gruppe Denner Clan.

Von ‹Arschwil› nach Berlin

Aus dem ‹Kurt Cobain aus dem Laufental› ist ein begnadeter Songwriter geworden. Jari Altermatt (*1984), Kopf der Rock-Band Navel und Aushängeschild des Laufentaler Bandbiotops, hat sich von der exzessiven Bühnenshow verabschiedet. Denn irgendwann will er auch noch den Blues spielen, den er jetzt schon im Herzen trägt.

Jari Altermatt war gerade ins Teenageralter gekommen, als er eines abends im Jahr 1998 von Erschwil, Lüsseltal, Kanton Solothurn, das Postauto runter nach Laufen nahm, ans Gymnasium. Dort hatte er ein Schlüsselerlebnis. Die ‹Gymi Rock-Night› stand auf dem Programm, ein Endresultat des musischen Freifachs ‹Band›, das Musiklehrer Franz Balmer seinen Schülern angeboten hatte, damit sie einmal erfahren sollten, wie es sich anfühlt, einen Song zu spielen oder auf der Bühne zu stehen.

Nun stand Jari Altermatt also in der Halle des Gymnasiums und hörte einer Schülerband zu. Und dann spielten sie diesen Song mit den vier hart geschlagenen Akkorden und einem kreischenden Refrain, und Altermatt fand: geil! Am nächsten Tag ging er zu seinem Vater, der jetzt Specksteinöfen baut, aber früher ein Hippie gewesen sein soll, mit langen Haaren und Holzgitarre, und fragte ihn: Wie spielt man dieses Lied? Und der Vater nahm die Gitarre und zeigte ihm die vier Akkorde, und Jari Altermatt begann zu üben, und so lernte er sein erstes Lied auf der Gitarre: ‹Smells Like Teen Spirit› von Nirvana.

Als seine erste Band The Weeds entstand, im Keller des Gymnasiums Laufen, war er noch ein ruhiger sechzehnjähriger Teenager am Bass, der nicht viel sagte und das Singen und Schreien anderen überliess, aber Musiklehrer Franz Balmer erinnert sich heute noch an den «jungen Altermatt mit der stillen Art und der grossen musikalischen Begabung». Zwei Jahre später verliess er The Weeds und suchte sich «ein paar Typen, die bereit waren, meine eigenen Songs zu spielen». So entstand 2002 im Betonkeller einer Fabrik hinten in Erschwil die Band Navel. Jari Altermatt war stark beeinflusst vom «ehrlichen, erdigen Grundton des Grunge», der damals schon wieder aus der Mode war, «aber ich war ein Rocker, und die Ungeschliffenheit des Grunge sagte mir mehr zu als der Muskelrock, der anfangs 2000 überall zu hören war». So liess sich auch er die rotblonden Haare wachsen, die sein fahles Gesicht und die auffälligen blauen Augen umrankten, trug löchrige Jeans und abgewetzte schwarze Chucks, schrie sich auf der Bühne die Seele aus dem Leib und drosch selbstvergessen auf seine Gitarre ein. Denn das begeisterte ihn am Rock, diese unzähmbare Energie, das und, naja, das Bier und das Kiffen, und so hatte er bald seinen Übernamen ‹Der Kurt Cobain aus dem Laufental›.

← 208-1 **Ausfahrt ‹Arschwil›**. Jari Altermatt von Navel hat den Blues. Deshalb zieht es ihn weg aus dem kleinen Tal – zum Beispiel nach Berlin. Oder Texas.

210-1 **So rockt das Laufental.** Navel in der Biomill Laufen, 2006.

Jari Altermatt machte Ernst und verliess das Gymnasium, und Navel fügten sich in das Schicksal, das jede junge Band aus der Provinz erwartet: Demos verschicken, Mails schreiben, Absagen erhalten, weitermachen. Auch Navel waren sich nicht zu schade, an Bandwettbewerben teilzunehmen, und an einem dieser Musikwettkämpfe, dem ‹Binninger Rockpreis› 2004, lernte er den Juror Chrigel Fisch kennen. Eine folgenschwere Begegnung. «Wir standen zwar auch nach diesem Wettbewerb mit leeren Händen da», erinnert sich Altermatt, «aber dank Chrigel Fisch öffneten sich Türen, die vorher verschlossen waren». Fisch hatte damals bereits einen Namen in der Basler Konzertszene. Jahrelang zeichnete er zusammen mit Frank Fischer für das Musikprogramm der Kaserne Basel verantwortlich, später amtete er als Geschäftsführer des Band- und Clubfestivals ‹Bscene› und heute ist er Mitarbeiter der Geschäftsstelle des Basler ‹Rockfördervereins›. Fisch hörte nun diese jungen Laufentaler Rocker, die zwar nichts gewannen am ‹Binninger Rock-

preis›, aber alles gaben, und er fand: Das hat was. «Ein Jahr lang wollte er uns coachen. Unentgeltlich. Das war die Abmachung», sagt Altermatt. «Daraus ist eine Freundschaft geworden.» Chrigel Fisch stellte den Kontakt zwischen Navel und dem Berliner Plattenlabel ‹Louisville Records› her, eine junge, aber anspruchsvolle Adresse. Dort veröffentlichten Navel 2006 ihre erste Single, später eine zweite. 2007 begleiteten sie die Amerikaner Queens Of The Stone Age, eine der wichtigsten Rock-Bands der Gegenwart, als Vorgruppe auf ihrer Deutschlandtournee, und im März 2008 erschien ihr erstes Album: ‹Frozen Souls›. «Nachdem wir den Plattenvertrag unterzeichnet hatten, gingen wir in Berlin Shrimps essen», lacht Jari Altermatt. «Das war immer ein Teenagertraum von mir: einen Plattenvertrag signieren und dann ab ins Restaurant, Shrimps und Champagner.»

Navel galten nun als die Schweizer Nachwuchsband, die man auf der Rechnung haben sollte, weil sich mit ihnen eine schöne romantische Geschichte erzählen liess: gegründet in ‹Arschwil› in einem abgelegenen Tal irgendwo hinter Laufen, angekommen auf den grossen Festivalbühnen wie dem ‹South by Southwest› in Texas, dem grössten Clubfestival der Welt. Es ging schnell voran, und Schwierigkeiten kamen auf. Um Navel inmitten der unzähligen neuen Rock-Bands ins Blickfeld der Öffentlichkeit zu rücken, veröffentlichte ihr Label ‹Louisville Records› fingierte Frontseiten der britischen Musikzeitschrift ‹New Musical Express› als Werbeplakate, geschmückt mit der Schlagzeile: «Pete Doherty leckt Navel die Stiefel, um eine Lektion in Rock-Musik zu kriegen.» Und im Februar 2008, nachdem die Bemühungen des Labels, Navel für die Deutschlandkonzerte der US-Gruppe Smashing Pumpkins als Vorband ins Spiel zu bringen, keine Früchte getragen hatten, veröffentlichte ‹Louisville›-Chef Patrick Wagner eine Presseerklärung im Namen der Band. Darin hiess es, Navel würden darauf verzichten, mit «abgehalfterten Rock-Opas zu touren». Das sorgte für die erhoffte Publicity, aber auch für einige kritische Kommentare, wie sich Jari Altermatt erinnert. «Mit diesen Promotionsaktionen waren wir nicht einstimmig einverstanden. Doch fand ich es anfangs sehr interessant, wie leicht sich Medien und Öffentlichkeit auf den Arm nehmen lassen. Aber wir haben wohl eher darunter gelitten und galten fortan als arrogante Band mit grosser Klappe.» Genau diesen Ruf zu bekommen, hatten sie immer vermeiden wollen, ergänzt er.

Die Folge waren Besetzungswechsel. Schlagzeuger Andi Steiner, ein Gründungsmitglied, stieg aus, später auch Bassistin Eve Monney. Beide hatten genug vom intensiven Rock-Zirkus. Jari Altermatt selbst wurden die Augen geöffnet, als er an einem Konzert in Leipzig, an dem er, wie er sagt, wieder den «Rock-Clown» spielen wollte, auf der Gitarre den Handstand übte, dabei auf eine Glasflasche fiel und in der Intensivstation des örtlichen Krankenhauses landete. «Das gab zu denken», sagt er, «und seither hat sich mein Antrieb verändert: Ich will möglichst viele meiner musikalischen Ideen verwirklichen, anstatt für Konzertposen meine Gesundheit zu riskieren.» Sein Teenageridol Kurt Cobain will er an Jahren überleben, «noch zwei Jahre, dann habe ich es geschafft», scherzt er, und wenn er einmal alt sei, dann werde er seine Gitarre nur noch hervorholen, um sich seiner heimlichen Leidenschaft zu widmen: dem Country und dem Blues, den er jetzt schon durch seine Venen strömen fühlt, als «Schübe innerer Verlorenheit und tiefer Sentimentalität». Und wie er das so sagt, dieser junge, lokalszenenabwesende und stets etwas zerbrechlich wirkende Mann, überkommt ihn plötzlich ein Anflug von Selbstironie. Den Titel für seinen ersten Country-Song habe er schon, fügt er grinsend hinzu: «If All The Grungies Cut Their Hair, I Don't Care.»

Das erste Album, das Sie sich gekauft haben?
‹Ronnie's Popshow›, ein Sampler mit Disco-Hits. Grausam. Ich war neun.

Ihr erstes Konzert?
An der ‹Rock-Night› am Gymnasium Laufen, im Jahr 2000, mit The Weeds. Vor Schülern und Lehrern.

Ihr grösstes Konzert?
2007 am ‹Greenfield Festival› in Interlaken auf der Zeltbühne, vor fünftausend Leuten.

Die grösste Ernüchterung?
Als bei Navel kurz nacheinander der Schlagzeuger und die Bassistin ausstiegen und ich dachte, dass es in der Schweiz doch nie klappen kann mit einer Rock-Band, weil sich nie die richtigen Leute finden werden.

Ihr peinlichstes Erlebnis?
Am ‹Greenfield Festival› war ich so betrunken, dass ich an den vereinbarten Interviewterminen kein Wort mehr rausbrachte.

Ihre höchste Konzertgage?
3000 Franken für die ganze Band, am ‹Openair St. Gallen› 2008.

«Alle Fäden selber in Händen halten»

Marlon McNeill (*1976) hat als singender Songwriter
unter dem Pseudonym Combineharvester sowie
als Bassist der Grindcore-Band Speck zweihundertfünfzig
Konzerte gegeben. Der Musiker, Veranstalter und
Labelbetreiber lebt den Do-it-yourself-Gedanken der
Punk-Generation nach.

**Marlon McNeill, wann haben Sie sich entschieden,
Ihr Leben ganz der Musik zu widmen?**
Vermutlich, als ich meinen Gärtnerjob nach der Lehre hinschmiss. Die Lehre
hatte ich nur gemacht, weil man ja irgendwas tun muss nach der Schule. Also
schaute ich mich um, nach einer Tätigkeit, die sich mit meinem Musiker-
dasein vereinbaren liess. Taxifahren schien mir da geeignet: Ich hatte fle-
xible Arbeitszeiten, musste wenig denken, verschwendete auch nicht allzu viel Energie – und hatte so reichlich Zeit, meinen Ideen nachzugehen.

Hat ihnen die Musik immer schon so viel bedeutet?
Schon, ja. Als Jugendlicher waren Gitarristen wie Eddie Van Halen Helden
für mich. Aufgewachsen bin ich mit den Beatles und, na ja, dem Mainstream-
Radio der 80er-Jahre. Meine Schulfreunde hielten mich für einen schreck-
lichen Musiker und wollten mich davon abbringen. Ohne Erfolg, mit achtzehn stieg ich bei einer Schülerband ein und spielte ab 1996 bei Speck Bass.

**Speck sind eine faszinierende Band, schwer zu verorten.
Dennoch hats nicht für den internationalen Markt gereicht.
Warum nicht?**
Wir kämpften mit denselben Problemen wie so viele Bands: Nicht alle in
der Band wollten oder konnten gleich viel Zeit und Energie reinstecken.
Die Musik steht zwischen Berufs- und Privatleben, Ausbildungen sorgen
für Unterbrüche. Deshalb gingen wir nie länger als zwei Wochen auf Tour.
Zudem arbeiteten wir sehr langsam.

**Im Kontrast zu ihren Songs, die oft horrend schnell
sind und keine zwei Minuten dauern?**
Ja, genau. Womöglich brauchen wir einfach noch einmal zehn Jahre, bis wir
den grossen Durchbruch schaffen.

Könnte man von so schräger Musik wie die von Speck leben?
Ich denke, es wäre möglich, dafür gibt es im alternativen Bereich Beispiele. Aber wir hätten natürlich viel stärker aufs Ausland zielen müssen. Wir
haben zwar die Grenzen überschritten, auch Tourneen absolviert. Wer jedoch mit solch extremer Musik wirklich überleben will, muss wirklich alles geben und dauernd unterwegs sein, um präsent zu sein. Wir leben zwar
nicht von der Musik, aber der Ruf von Speck reicht weit.

213-1 **Fetter Flyer.**
Speck überzeugen mit
geballter Originalität statt
dicken Werbebudgets.

← 212-1 **Herr im Untergrund.** Marlon McNeill in seinem zweiten
Zuhause, dem Keller des Restaurants Hirscheneck.

Nebst Speck haben Sie noch ein Kontrast-programm auf Lager: Ihr Soloprojekt Combineharvester steht für intime, grüblerische Songs. Was ist der Vorteil, als Einzelmusiker unterwegs zu sein?

Ist man allein, sind die Reisekosten niedriger, man muss weniger Material schleppen und sich nur mit sich selber auseinandersetzen. Wobei Letzteres genauso schwierig sein kann wie sich mit den Macken der Mitmusiker beschäftigen zu müssen.

Sie singen, spielen Bass und Gitarre, organisieren Konzerte und betreiben zudem ein Label, ‹A Tree In A Field Records›. Was führte zu dessen Gründung?

Der Do-it-yourself-Gedanke. Ich wollte die Musik meines Soloprojekts Combineharvester herausbringen. Ich hatte zwar ein paar Labels angefragt, aber wenig Glück gehabt. Ich liess mich nicht entmutigen und war naiv genug, ein eigenes Label zu gründen. Was nicht der einfachste Weg ist, aber es lohnt sich am Ende, alle Fäden selber in Händen zu halten.

Verdienen Sie mit Ihrer Arbeit als Booker, Labelbetreiber und Musiker Geld?

Nicht wirklich. Jeder Franken, der hängen bleibt, wird gleich wieder investiert.

Wie kommt das Geld denn rein?

Tröpfchenweise. Durch Gagen, CDs – und nicht zu unterschätzen ist der Merchandising-Aspekt. Wir haben mehrere Hundert Speck-T-Shirts verkauft.

Was ist demnach der Lohn?

Anerkennung. Bekanntschaften. Und Reisen zum Selbstkostenpreis. Für mich ist ein Konzertwochenende wertvoller als Ferien. Als Tourist betrachte ich eine Stadt immer von aussen, als Musiker kriege ich schneller Einblick in die Lebensweise von Menschen. Musik verbindet und liefert Gesprächsstoff, und am Ende eines Tages landet man immer an irgendwelchen verrückten Orten.

Was war die weiteste Reise?

Im Norden das norwegische Bergen, im Süden Barcelona.

Und wie sieht die Realität auf Tour aus?

Wenn man Glück hat, wird man in einem Hotel untergebracht oder schläft bei jemandem zu Hause. Gut möglich aber auch, dass man im Schlafsack übernachtet, womöglich gar auf, vor oder hinter der Bühne. Das nimmt man in Kauf, weil man froh ist, dass Veranstalter diese spezielle Musik in ihr Programm nehmen.

Die Nischenplayer sollen von der Demo-kratisierung und Globalisierung des Marktes dank dem Internet profitieren, liest man immer wieder. Können Sie das bestätigen?

Im kleinen Rahmen, ja. So hat mich zum Beispiel ein irisches Label via MySpace angefragt, ob sie eines meiner Lieder für eine Compilation haben dürfen. Doch das Business hat auch auf diesen freien Plattformen im Internet längst Einzug gehalten, hinter vermeintlichen Web-Entdeckungen wie Lily Allen stecken grosse Agenturen, viele Leute, die für den Erfolg dieser Künstlerinnen Zeit und Geld investieren. Mag sein, dass es einfacher geworden ist, neue Musik zu entdecken, zu denken, dass sich die Musik von alleine vermarktet, wäre aber leichtgläubig.

Haben Sie schon einmal daran gedacht, aufzugeben?

Immer wieder. Aber dann besinne ich mich jeweils darauf, was der Ursprung ist: die Freude, eine Gitarre in die Hand zu nehmen und Musik zu machen. Hinzu kommen die Erlebnisse, die Reisen. Sie geben mir eine Freiheit, wofür sich die Strapazen und der Verzicht auf Geld lohnen. Man darf sich auch nicht täuschen lassen: Viele der Musiker, deren Fotos in Musikmagazinen abgebildet sind und die im fetten Tourbus beim Hirscheneck vorfahren, müssen zu Hause auch wieder ihrem täglichen Job nachgehen.

Jetzt sprechen Sie aus Ihrer Erfahrung als Veranstalter im Kultur- und Beizenkollektiv Hirscheneck. Mittlerweile ihr zweites Zuhause?

Das kann man so sagen, ja. Ich arbeite hier seit 2002, im Service und im Booking-Team.

→ 215-1 **Schweisstreibend.** Nichts für klaustrophobe Kammermusik-Fans: Speck-Sänger Lars Wenger und Bassist Marlon McNeill im ‹Hirschi›.

Wie viel beträgt der Einheitslohn, den jedes der zwanzig Kollektivmitglieder für seine Arbeit erhält?

1650 Franken im Monat.

Das grenzt an Selbstausbeutung. Warum tun Sie sich das an?

Gute Frage. Vielleicht, weil man im Hirscheneck mehr Platz hat, das zu tun, was man wirklich gerne macht – auch wenn man manchmal dafür kämpfen muss. Hier habe ich die Freiheit, ein Musikprogramm anzubieten, das eine Alternative zum Mainstream ist, kann Bands buchen, auf die ich neugierig bin, ohne dass der wirtschaftliche Gedanke zuvorderst steht.

Was können internationale Veranstalter von der Schweiz lernen?

Gastfreundlichkeit. In der Schweiz erhält man sehr viel, wenn man als Musiker unterwegs ist. In anderen Ländern muss man Bier und Essen vor dem Konzert bezahlen und sich oft selber um die Übernachtung kümmern.

Und umgekehrt, woran könnten sich Schweizer Musiker ein Beispiel nehmen?

An der Entschlossenheit und der Bescheidenheit ausländischer Musiker. Die Ansprüche relativ unbekannter Bands sind zum Teil absurd, da werden 1000 Franken Gage verlangt. Wenn ich bedenke, was eine Band aus Übersee oder dem Fernen Osten auf sich nimmt, um Konzerte spielen zu können: Die zahlen den Flug, tingeln für 300 Franken durch die europäischen Clubs. Diese Schule würde auch einigen Schweizer Bands guttun. Doch dieses Pauschalurteil soll nicht darüber hinwegtäuschen, dass genügend gute Bands viel Energie haben, keinen Aufwand scheuen und trotzdem nicht vom Fleck kommen.

Das erste Album, das Sie sich gekauft haben?

‹To The Extreme› von Vanilla Ice, 1990.

Ihr erstes Konzert?

Mit achtzehn, in der Band BSE. Das war in der Schulhaus-Aula von Arlesheim. Es hatte unglaublich viele Leute, mir war ganz übel vor Nervosität.

Ihr grösstes Konzert?

2006 auf der Zeltbühne am ‹Greenfield Festival› Interlaken, vor rund 3500 Zuschauern. Und, wenn eine Liveübertragung auch zählt: 2004 als Sänger von Trencher, auf BBC Radio 1, im Rahmen einer John-Peel-Gedenkshow.

Die grösste Ernüchterung?

Anfang 2004 war ich mit der Band Fuck auf Tour, die beim renommierten ‹Matador›-Label unter Vertrag war. Mitansehen zu müssen, dass selbst Mitglieder einer angesagten Indie-Band alles selber machen müssen – auf harten Küchenböden schlafen und fürchterliche Soundchecks ausstehen, weil durch alle Mikrofone Strom fliesst –, das war doch eher ernüchternd.

Ihr peinlichstes Erlebnis?

Als ich achtzehn war und an einem jämmerlichen Wettbewerb im Allschwiler ZicZac auftrat, der zu allem Übel noch vom Komiker Almi moderiert wurde.

Ihre höchste Konzertgage?

1000 Franken mit Speck. Als Solomusiker warens 500 Franken, wobei davon nochmals 200 Franken an meinen Tontechniker gingen.

→ 217 -1 **Geschliffenes Mundwerk gegen geplantes Kraftwerk.**
Aernschd Born singt 1975 Protestlieder auf dem besetzten AKW-Gelände in Kaiseraugst.

14 – 1 Pop und Politik

Wie sich die Basler Rock-Szene zu organisieren begann und der ‹Rockförderverein› entstand. Wie Pop im Grossen Rat Einzug hielt. Welches ‹Sprengkonzept› das Dreispartenhaus Kaserne ins Wanken brachte. Und warum sich die Förderung bis heute nicht überflüssig gemacht hat.

Pop und Politik haben einander in Basel jahrzehntelang kaum die Hand gereicht. Ausnahmen bestätigen die Regel. So sammelten 1967 Basler Beat-Bands mit Benefizkonzerten Geld, um den Ankauf zweier Werke von Pablo Picasso zu unterstützen. Und als am 1. April 1975 in Kaiseraugst das Gelände für ein geplantes AKW besetzt wurde, war mit Aernschd Born 217-1 ein Mundartsänger an vorderster Front dabei. Er erhob seine Stimme und wurde zur Symbolfigur einer Bewegung, die dafür sorgte, dass heute kein Kühlturm das Fricktaler Dorf verschandelt. Politisch ist er auch dreissig Jahre später noch aktiv. So gehörte Aernschd Born 2005 zu den Mitbegründern der ‹LiederLobby›, die sich «für das aktuelle Schweizer Lied» starkmacht.

Selbsthilfe, das hatten sich Basler Rock-Musiker schon in den 80er-Jahren auf die Fahne geschrieben. In der Alten Stadtgärtnerei vermischte sich 1986 die etablierte Rock-Szene erstmals mit jener des Untergrunds, Freaks aus dem Umfeld des Hirscheneck trafen auf Pop-Musiker, die im Atlantis Stammgäste waren. Gemeinsam wollte man für Freiräume kämpfen. «Das Bedürfnis wuchs, sich stärker zu organisieren», erinnert sich Francis Etique 221-1, Sänger der Trashcats. Eine Gruppe von rund zwanzig Musikern gründete die ‹IG Rock›. «Aber nicht alle waren bereit, ihre Freizeit zu opfern», erzählt Poto Wegener 221-1. Etique und er riefen die Konzertreihe ‹Wasteland 90› ins Leben, die regionalen Gruppen Auftritte im Vorprogramm von nationalen und internationalen Künstlern ermöglichte, vorwiegend im Sommercasino. Das hatte Sinn, nutzte das Jugendhaus mit seiner Bühne doch schon viele Jahre die Möglichkeit, regionale Musik zu fördern.

Die Idee kam auf, die Aktionsfelder zu bündeln, zu institutionalisieren. Namentlich Niggi Ullrich, der Baselbieter Kulturbeauftragte, unterstützte den Gedanken, einen ‹Rockförderverein› ins Leben zu rufen. Finanziell getragen von einem Beitrag aus der basellandschaftlichen Kulturpauschale nahm der ‹Rockförderverein der Region Basel› (RFV) 1994 seine Arbeit auf. Zuvor war die freie Pop-Szene, die Gegenkultur, – wenn überhaupt – im Rahmen der ‹Jugendarbeit› unterstützt worden.

Anfänglich primär als Konzertveranstalter und Beratungsstelle aktiv, hat der RFV seine Förderung im Laufe der Jahre kontinuierlich ausgebaut. Er vertritt die Interessen von Hip-Hoppern wie auch von Elektro-Musikern, führt jährlich Nachwuchswettbewerbe durch und vergibt regelmässig Beiträge an Tourneen, Veranstaltungen sowie an Videoclip- und Tonträgerproduktionen. Hinzu kommen die Organisation von Workshops und das Angebot von Beratungen. Nach einer Budgeterhöhung führte der RFV 2009 zwei weitere Module ein: den mit 15 000 Franken dotierten ‹Basler Poppreis› sowie einen ‹Business Support› in Höhe von 12 000 Franken, der jeweils einer Firma oder Einzelperson verliehen wird. Damit erhofft sich der RFV eine Motivationsspritze für regionale Agenten und Manager – denn obschon sich die Musik- und Clubszene professionalisiert hat, herrscht noch immer ein grosser Mangel an ökonomischen Idealisten.

Das von staatlicher Hand finanzierte Paket von Fördermodulen sucht im Ausland seinesgleichen, wie Linus Volkmann, Redaktor des Musikmagazins ‹Intro›, bestätigt. So wird die Nachwuchsförderung in Deutschland mehrheitlich von Unternehmen betrieben, die sich dadurch einen Imagegewinn versprechen. Volkmann nennt als Beispiele die ‹VW Soundfoundation›, ‹Jägermeisterrockliga› oder ‹Coca Cola Soundwave›. «Sicher wertige Projekte, die dem einen oder anderen einen Schub gaben, aber dennoch schäbig, dass es kaum mehr Bewusstsein für nicht kommerzielle Förderung gibt. Für einen Konzern das Image aufbessern und dafür einen Bus kriegen, wird immer noch was anderes sein, als so etwas wie euer ‹Rockförderverein›.»

«Der Rockförderverein hat Mick Jaggers Politik,
sich mit Rockmusik auch in gehobenen Kreisen zu etablieren,
erfolgreich aufgegriffen.»
Michael Koechlin

Ein Kompliment, das darüber hinwegtäuscht, dass der RFV noch nicht alle Ziele erreicht hat. Seit seiner Gründung vor fünfzehn Jahren fordert er mehr Proberäume für Basler Musiker. Doch sowohl Pläne für Räume beim Sommercasino als auch beim Voltaplatz scheiterten, sei es aus politischen oder akustischen Gründen. «Woran es uns sicher nicht mangelt, sind mühsame Nachbarschaften», hält Michael Koechlin, Leiter der basel-städtischen Abteilung Kultur fest. Geradezu beneidenswert, wie unkompliziert sich das Proberaumprojekt ‹Rockfact› auf dem umgenutzten Walzwerk-Areal in Münchenstein realisieren liess. Was macht Baselland richtig? Niggi Ullrich streicht die wichtige Rolle der subsidiären, aber aktiven Förderung von Amateuren und Laien in der Baselbieter Kulturförderung heraus und erwähnt, dass der Initiant von ‹Rockfact› Münchenstein, der Musiker Christian Plösser, einen ausgesprochen guten Riecher für Prioritäten und Augenmass bewiesen habe. «Er packte mit nachhaltiger Eigeninitiative die Gelegenheit, an einem wenig nachbarschaftssensiblen, bezahlbaren Standort mit verlässlichen und engagierten Vermietern ins Geschäft zu kommen.»

Ins Geschäft gekommen ist auch der RFV. Ins politische Geschäft. Die zunehmende (Laut-)Stärke der Pop-Lobby machte sich zu Beginn des neuen Jahrtausends bemerkbar. Als das ‹Kulturfloss›, das seit dem Jahr 2000 jeweils im

220-1 **Dauerbrennpunkt Kaserne.** Die ‹Stadtgärtner› besetzten 1989 für kurze Zeit das Areal, bis die Polizei einschritt. Avancen für eine Übernahme der Kaserne durch die Pop-Szene wurden 2006 am runden Tisch zerschlagen.

Sommer am Kleinbasler Ufer vor Anker liegt und eine schwimmende Bühne für Pop-Musik bietet, wegen Lärmklagen heftig unter Beschuss geriet, wurde 2002 von zahlreichen Personen und Institutionen die Interessengemeinschaft ‹Kulturstadt Jetzt!› ins Leben gerufen. Dem Basler Parlament konnte sie eine Petition ‹für eine lebendige städtische Kulturlandschaft› mit 14 810 Unterschriften überreichen.

Portiert vom Verein ‹Kulturstadt Jetzt!› wurden Tobit Schäfer (RFV, ‹Jugendkulturfestival›) und Tino Krattiger (Festival ‹Im Fluss›) 2005 in den Grossen Rat gewählt. Fortan forcierten sie Diskussionen über den öffentlichen Raum und die Kulturförderung. 2006 lancierte Schäfer eine überfällige Debatte zur Nutzung des Dreispartenhauses Kaserne. Auslöser war ein ‹Sprengkonzept›, das er zusammen mit Christian Moesch öffentlich präsentierte: die Kaserne als Zentrum für Populär-Musik. Ein Aufschrei ging durch die Stadt: Die einen befürworteten den radikalen Gedanken,

dem von einer finanziellen Krise in die nächste schlitternden Haus einen Richtungswechsel aufzuzwingen und dabei Tanz und Theater zurückzustufen. Andere klammerten sich an die alte Formel (Tanz, Theater und Musik). Einig waren sich alle darin, dass die Strukturprobleme des Dreispartenhauses gelöst werden sollten. Trotz runder Tische ist eine Lösung noch immer nicht in Sicht. Dennoch blieb Schäfers Forderung nicht ohne Wirkung: 2008 taxierte der Grosse Rat die «Populärmusik-Szene» als zunehmend unterstützungsbedürftig und versprach dem RFV jährlich über 300 000 Franken, zusätzlich zu den 220 000 Franken von Baselland.

«Dem ‹Rockförderverein› ist es mit viel Einsatz und Geschick gelungen, dass fortan mehr Mittel in die Förderung von Pop-Musik fliessen», freut sich Philipp Schnyder von Wartensee, Projektleiter Pop und Neue Medien beim ‹Migros Kulturprozent›. «Damit wird ein Kulturschaffen gestärkt, das viele Menschen in seinen Bann zieht und den-

221-1 Von Veranstaltern zu Förderern. Francis Etique und Poto Wegener vor dem Sommercasino, zur Gründungszeit des RFV, 1994.

noch lokal einen schweren Stand hat. Die hiesige Pop-Kreativindustrie muss sich nämlich in einer globalisierten Welt mit einer traditionell starken angelsächsischen Industrie messen. Unterstützung und vorteilhafte Rahmenbedingungen sind da wichtig – hier sollten Medien, Förderer und Politiker einen Beitrag leisten.»

Dass der RFV mit einem jährlichen Budget von rund einer halben Million Franken nicht einfach nur jubilieren kann, weiss auch Niggi Ullrich: «Finanzpolitisch gesehen muss sich die Szene im Vergleich zu anderen Kultursparten als Habenichts vorkommen, zu ungleich sind die Mittel verteilt.» Doch betont Ullrich, dass der RFV eine einzigartige Instanz sei, die «im Gewühl der Gremien und Förderstellen auffällt. Er hat einen maximalen Output und ist daher sehr ökonomisch oder könnte es zumindest werden.» Tatsächlich wird die erfolgreiche Lobbyarbeit des RFV von Anlaufstellen anderer freier Szenen, namentlich etwa im Bereich Tanz, mit Neid verfolgt. Dabei

musste der RFV lange Jahre selbst in Musikerkreisen um Akzeptanz kämpfen, weil er anfänglich den Nachwuchs unterstützte und sich darum ältere Musiker benachteiligt fühlten. Aber auch, weil manche Musiker der Ansicht sind, die einstige Gegenkultur solle sich nicht vom Staat subventionieren lassen.

«Der RFV hat Rock politik- und salonfähig gemacht und ihm beachtliche öffentliche Fördergelder verschafft», bilanziert Michael Koechlin. «Er hat damit Mick Jaggers Politik, sich mit Rock-Musik auch in gehobenen Kreisen zu etablieren, erfolgreich aufgegriffen.» Die kritische Note ist unüberhörbar. «Wo bleibt die Kultur, die vom Staat nichts (wissen) will? Die wilde Party an der Wiese?», fragt sich Koechlin. «Ich hoffe, die Rock-Musik schafft es, alle Annehmlichkeiten der heutigen Akzeptanz und Förderung zu nutzen, ohne ihre Seele zu verkaufen.»

Vom Partygänger zum Pop-Politiker

Mit zweiundzwanzig Jahren wurde er Geschäftsführer des RFV, mit dreiundzwanzig verantwortete er ein 650 000-Franken-Budget als Leiter des ‹Jugendkulturfestivals Basel›. Tobit Schäfer (*1980) ist der wichtigste Pop-Lobbyist der Stadt Basel.

Tobit Schäfer hat noch nie ein Instrument gespielt, war nie in einem Jugendchor. Er bezeichnet sich auch nicht als musikalischen Typ. Dennoch ist er wichtigster Lobbyist in Sachen Pop- und Jugendkultur. Die Politik hat ihn zur Musik geführt. Im Basler Jugendparlament stellte er fest, dass viel über Kultur geredet aber wenig gemacht wurde. «Also gründete ich mit meinem Schulfreund die Firma ‹Die Organisation GmbH›, mit dem Ziel, Partys zu organisieren. Allerdings wussten wir gar nicht so recht wie und was.» In der Kaserne stiessen sie mit ihrem jugendlichen Überschwang auf offene Ohren, das DJ-Team LTJ Warriors brachte sie auf die Idee einer Drum'n'Bass-Reihe: Die ‹Wardance›-Partys waren geboren – und Tobit Schäfers Karriere lanciert. Er brach das Humanistische Gymnasium, Typus A, ein Jahr vor der Matur ab, «weil ich auf einmal einfach zu viel um die Ohren hatte». Seine Eltern mussten ihn gewähren lassen. «Ich zog von zu Hause aus, fest entschlossen, mein Ding durchzuziehen.» Den Schulabbruch bereut er nicht, wenn er auch einräumt, dass er das Gymnasium heute durchziehen würde, «weil ich Aufgaben eigentlich immer zu Ende bringen möchte».

Kaum zu glauben, wenn man ihn heute trifft, aber Schäfer trug damals Doc-Martens-Schuhe, Malerhosen und T-Shirts von Rage Against The Machine oder Nirvana. «Mittlerweile höre ich mir eher die wahren Outlaws an, Leute wie Johnny Cash», sagt er lachend. Erstes Geld verdiente er mit Studentenpartys. «Wenig Niveau, endlos Kohle», sagt er rückblickend selbstironisch. Was er lernte, war mit Budgets umzugehen, Inhalte zu delegieren – und er lernte das Nachtleben kennen. «Wir waren in einer Endlosschlaufe unterwegs», erinnert er sich. «Wenn wir nicht selber eine Party machten, dann schauten wir uns andere Anlässe an.»

In die Rock-Szene rutschte er hinein, nachdem er mit der Firma ‹Die Organisation GmbH› in eine Bürogemeinschaft eingezogen war. Dort arbeitete Stevie Fiedler, Gitarrist der Band Whysome, Grafiker vieler Clubs und Festivals. Hier an der Austrasse gingen regionale Musiker und Veranstalter ein und aus, Schäfer knüpfte Kontakte, erhielt Einblick in die Pop-Szene, wurde Mitglied im Vorstand des Clubfestivals ‹Bscene› und 2001, mit einundzwanzig Jahren, bei der Geschäftsstelle des RFV Nachfolger von Felix Graf, der sich ganz seinem Klavierstudium an der Jazzschule widmete.

Später erhielt er von den beiden Halbkantonen den Auftrag, ein neues Konzept für das ‹Jugendkulturfestival Basel› zu entwickeln – und 2003 sollte er es auch gleich umsetzen. «Eine unverhältnismässig grosse Kiste, wir waren

← 222-1 **Grosse Tat im Grossen Rat.** Tobit Schäfer ist der erste regionale Politiker, der mit vollem Engagement für die Pop-Szene lobbyiert.

224-1 Jungspund. Der neunzehnjährige Partyveranstalter Tobit Schäfer, 1999.

224-2 Jugendkultur. Das JKF lockt jeweils fünfzigtausend Besucher in die Basler Innenstadt.

dreiundzwanzig und hatten ein 650 000-Franken-Budget zu verantworten», erinnert er sich. Und er rechnet es Niggi Ullrich und Hedy Graber, den damaligen Kulturchefs der Halbkantone noch heute hoch an, dass sie den Jungspunden so viel Vertrauen schenkten. Seither gilt der gross gewachsene Vespafahrer mit dem starken Händedruck als Sprachrohr der Basler Jugend. Eine Bezeichnung, die er von sich weist. Auch, weil diese Jugend manchmal auch bei ihm auf Unverständnis stösst: «Wenn am ‹Jugendkulturfestival› einer ans Organisationsauto pinkelt oder die Hip-Hopper den Garderobencontainer mit Tags vollstreichen, regt mich das auf, denn ich muss am Montag nach dem Festival vor die Medien stehen und sagen, wie toll die Jugend doch die Innenstadt in Beschlag genommen habe. Da wünsche ich mir jeweils ein bisschen mehr Feingefühl, ein stärkeres Bewusstsein jener jungen Menschen, für die ich lobbyiere.» Sagts, nippt an seiner Latte macchiato und ergänzt milde: «Wobei ich mich auch wieder selber an der Nase nehmen muss: Es ist womöglich nicht die Aufgabe der kreativen Kräfte, auch an die politische Ebene zu denken.»

Was reizte ihn, den Aussenstehenden, sich für die Interessen dieser Szene so zu engagieren? «Die Vernetzung. Und die Organisation», sagt er. Aber diese Ziele könne er doch ebenso gut bei den Hobbyfischern verfolgen? «Ja, aber das wäre bedeutend weniger sexy.» Sein Interesse an Kulturellem verknüpfte er mit seinem Talent als Organisator. «Der Rahmen hat mich immer interessiert, und ich bin bis heute dankbar, dass ich die Inhalte delegieren kann.»

Einen neuen Rahmen heckte er auch für die krisengeschüttelte Kaserne aus: Als er 2006 gemeinsam mit Christian Moesch ein ‹Sprengkonzept› zu deren Nutzung präsentierte – weg mit dem Dreispartenhaus, her mit dem ‹Zentrum für Populärmusik› –, löste er einen kleinen Wirbel in der harmoniesüchtigen Kulturszene aus und eine überfällige Diskussion über die Strukturprobleme der Kaserne. «Der Druck auf meine Person wurde brutal gross», erinnert sich Schäfer, der damals als frisch gewählter SP-Grossrat für Schlagzeilen sorgte. «Ein Kommunikationsberater sagte mir kürzlich, dass ich mich mit diesem Konzept sehr weit aus dem Fenster gelehnt habe und politisch hätte abstürzen können. Das war mir so nicht bewusst.» Dass ihm der polarisierende Vorstoss nicht geschadet hat, zeigte sich bei den Parlamentswahlen 2008, bei denen er das beste Resultat aller Kandidierenden erreichte. Was sich nicht geändert hat, ist die Kasernenstruktur. Hat er sein Konzept eines

Pop-Tempels zu früh ins Spiel gebracht? «Nein, vielleicht bin ich eher zu früh einen Kompromiss eingegangen», sagt er rückblickend.

Dass er mit seinen sachorientierten Vorschlägen manchmal auch bei den Genossinnen und Genossen aneckt, ist ihm klar. Im Gegenzug hat er sich Respekt bei politischen Gegnern verschafft. «Tobit scheut den Kontakt zu den anderen Lagern überhaupt nicht», lobt ihn Daniel Stolz, Präsident der Basler FDP. «Er erarbeitet Brücken und schafft Allianzen, ist ein konstruktiver Politiker, der etwas bewegen kann und will.»

Sieht Daniel Stolz keine Schwächen in seiner profilierten, pragmatischen Sachpolitik, so lässt er aber durchblicken, dass Schäfer als Parteipolitiker zumindest nach aussen nicht wahrnehmbar sei.

Tatsächlich prägten nicht ideologische Parteiprogramme Schäfers bisherige Karriere, sondern das Interesse an der Kulturpolitik und der Stadtentwicklung. «Ich bin der Macher, der Sach- und nicht der Ideologiepolitiker.» Als er mit gerade mal achtundzwanzig Jahren Präsident der Basler SP hätte werden können, lehnte er deshalb dankend ab. «Meine Tochter Nora war gerade zur Welt gekommen, mir fehlte es an den Kapazitäten», sagt Schäfer, der sich mit seiner Lebenspartnerin Anita Heer, Juristin und ebenfalls SP-Grossrätin, die Kinderbetreuung teilt. «Zudem war mir klar, dass ich als Parteipräsident weniger bewegen kann.»

Wer angesichts seiner zahlreichen Engagements – er ist auch noch im Vorstand der Basler Casinogesellschaft – denkt, Schäfer habe einen ausgeprägten Hang zur Machtkonzentration, der sah sich 2009 eines Besseren belehrt: Überraschend gab er seinen Rücktritt als Leiter des ‹Jugendkulturfestivals Basel› bekannt, «um jüngeren Kräften Platz zu machen». Und das sagte einer, der noch keine dreissig Jahre auf dem Buckel hat.

Was will er noch erreichen? «Die Pop-Szene ist heute eigentlich gut bedient, muss ich ehrlicherweise sagen. Aber damit Basel eine liberale, urbane und lebendige Stadt wird, muss sich noch einiges ändern.» So möchte er dem Basler Regulie-

rungswahn einen Riegel vorschieben. «Lebensqualität heisst für mich auch, am Rheinufer oder auf einer Kasernenmatte sitzen und mich mit Menschen austauschen können. Es fehlt an Orten der Begegnung, zudem ist es tragisch, dass in den letzten Jahren immer mehr Leute aus der Kreativwirtschaft abwanderten. Um die Stadt attraktiver zu machen, müssen Bau-, Bildungs-, Wirtschafts- und Kulturpolitik zusammenspielen.» Heisst das, dass er es sich vorstellen kann, dereinst Baudirektor oder Regierungspräsident zu werden? «Nein, in dieser Funktion muss man zu vielen Ansprüchen und Bedingungen gerecht werden», sagt Schäfer, und es flackert leicht in seinen Augen, als er anfügt: «Zumindest im Moment reizt mich das nicht.»

Das erste Album, das Sie sich gekauft haben?
The Beastie Boys, ‹Ill Communication›, 1994.

Ihr erstes Konzert?
Als Besucher: Green Day im Volkshaus Zürich, Mitte der 90er-Jahre. Als Veranstalter: eine Bühne am ‹Legalize it›-Festival auf dem Basler Barfüsserplatz, 1997.

Ihr grösstes Konzert?
Als Besucher: ein Konzert einer Rolling-Stones-Tour, mit rund fünfzigtausend Besuchern. Als Veranstalter: die Basler ‹Jugendkulturfestivals›, mit rund fünfzigtausend Besuchern.

Die grösste Ernüchterung?
Dass es den Musikern und Jugendlichen manchmal an Eigeninitiative und Selbstverantwortung fehlt.

Ihr peinlichstes Erlebnis?
Hat nichts mit Pop-Musik oder Politik zu tun.

Die höchste Konzertgage, die Sie ausbezahlt haben?
Für das Engagement einer amerikanischen Rock-Band am ‹Jugendkulturfestival›: 10 000 Euro. Den grössten Betrag habe ich aber nicht für Pop, sondern bei meiner Arbeit für den ‹Europäischen Musikmonat› an ein Ensemble für Neue Musik überwiesen.

«Die Akzeptanz hat enorm zugenommen»
Dänu Siegrist (*1954) tritt seit der Gründung des RFV
als Beobachter der Schweizer Musikszene und überzeugter
Lobbyist auf.

Dänu Siegrist, Sie kamen 1981 nach Basel. Was führte einen erfolgreichen Berner Mundartrocker von der Aare an den Rhein?
Ich kannte Basel relativ gut, da ich damals mit Span und Polo Hofer mehrmals pro Jahr mehrere Nächte im Atlantis gespielt hatte. Dieses bedeutendste Konzertlokal der Schweiz hatte eine grosse Anziehungskraft. Und dann war da neben dem ‹-tis› auch noch die Liebe zu einer Baslerin.

Liebe kommt und Liebe geht, Dänu Siegrist blieb. Warum?
Die Frage des Wohnortes war für mich als Musiker zweitrangig, die meiste Zeit verbrachte ich ohnehin in Proberäumen, unterwegs oder auf der Bühne. Trotzdem schätzte ich das in jeder Hinsicht gute Klima Basels. Die Offenheit der Stadt und ihrer Bewohner, die kulturelle Vielfalt der Region, die Möglichkeit nach intensiver Nachtarbeit in das toskaneske Markgräflerland, das idyllische Elsass oder die abwechslungsreiche Basler Landschaft auszufliegen.

Als Berner in Basler, kamen Sie sich da wie ein Exot vor?
Ein bisschen, denn die Berner Szene funktionierte in den 70er- und 80er-Jahren ganz anders: Wir Musiker trafen uns mit Künstlern und Lebensphilosophen in den Kellern der Altstadt, diskutierten, tauschten uns aus. In Basel waren Kommunikation und Informationsfluss unter den Musikern dürftig, das Konkurrenzdenken zu gross.

Das hatten Sie in Bern so nicht erlebt?
Nein. In Bern haben wir nächtelang miteinander gejammt, spartenübergreifend: Da trafen südamerikanische Musiker auf Folkies und Rock-Musiker. Berührungsängste gab es bedeutend weniger als in Basel. Ich erinnere mich etwa, dass wir mit Span eine Woche lang im ‹-tis› spielten. Dominique Alioth kam an jedes Konzert. Ich glaube nicht wegen unserer Musik, sondern weil er spürte, dass wir etwas Spezielles verkörperten.

Was denn?
Den Zusammenhalt, den Rock'n'Roll. Mit Span lebten wir jahrelang als WG in einem Bauernhaus auf dem Land. Wir waren gewillt, für ein freies Leben als Musiker alle Strapazen auf uns zu nehmen, von der kalten Dusche bis zum Auftritt im Shoppingcenter. Wir machten alles, um überleben zu können. Ich denke, unsere gruppendynamische Hingabe faszinierte ihn.

← 226-1 **Ein Berner in Basel.** Dänu Siegrist, von
Polos Bandmitglied zum Pop-Berater.

228-1 ‹**The Times They Are A-Changin'**›. «Ich musste noch raus, in die Stadt, in die Clubs, um als Autodidakt Gitarrenlicks abzuschauen», erzählt Dänu Siegrist. Heute reiche ein Klick auf YouTube oder rfv.ch.

Eine Hingabe, die man bei Schweizer Musikern oft vermisst?

Sagen wirs so: Der Erfolg stellt sich nicht von alleine ein. In einem Fachgeschäft, wo die eigene CD verkauft wird, zu spielen, ist keine Schande. Wenn sich junge Musiker dafür zu gut sind, werden sie den wirklichen Herausforderungen des Musikgeschäfts kaum standhalten können. Aber auch wenn sie genug Willen und Leidenschaft haben: Zu beneiden sind sie trotzdem nicht.

Warum beneiden Sie den Nachwuchs nicht?

Weil sich der Markt grundlegend verändert hat. Er ist viel komplexer und undurchsichtiger geworden. Und weil es ein Vielfaches an Bands gibt im Vergleich zu den 80er-Jahren.

Wie erklären Sie sich die Zunahme an Bands?

Pop ist stilistisch breiter und das Equipment günstiger geworden. Eine E-Gitarre kann man heute für 300 Franken kaufen, in den 70ern kostete selbst ein günstiges Modell 3000 Franken. Zudem kommen musikinteressierte Jugendliche rascher an Informationen heran. Ich musste noch raus, in die Stadt, in die Clubs, um als Autodidakt Gitarrenlicks abzuschauen. Heute reicht ein Klick auf YouTube oder rfv.ch.

Wie viele Leute in der Region Basel machen engagiert Musik?

Das ist schwer statistisch zu erfassen. Es gibt sicher vierhundert Formationen, die das Schülerbandlevel hinter sich haben. Wir rechnen mit über zweitausend aktiven Musikern.

Wir, das heisst der ‹Rockförderverein der Region Basel›?

Ja. Als dieser 1994 gegründet wurde, half ich im Vorstand ehrenamtlich mit. Zwei Jahre später nahm ich einen Vierzig-Prozent-Job bei der Geschäftsstelle an.

229-1 **Aufrüstung? Nein, danke!** Dänu Siegrist auf der Bühne des ‹Open Air St. Gallen›, 1978.

Und Sie vermitteln bis heute zwischen Musikern und Behörden. Vom Hippie-Vertreter der Gegenkultur zum amtlichen Pop-Förderer: Ist das kein Bruch mit Ihren Idealen?

Nein. Unsere Jugendbewegung hat damals das Establishment kritisiert, es dann aber – manchmal mit Mitteln an der Grenze der Legalität – auch geschafft, gesellschaftspolitisch etwas zu bewirken. Als die Möglichkeit geschaffen war, mit der Gesellschaft zu arbeiten, floss die Energie in die Umsetzung von Ideen. Heute ist Pop-Kultur ein Teil der Gesellschaft und spielt in vielen Lebensbereichen eine wichtige Rolle. Unsere Erfahrungen erlauben uns sicher einen differenzierteren Umgang mit Gegenkulturen als das früher der Fall war. Ich muss mich also nicht verbiegen.

Sind die Vorurteile des Establishments gegenüber der Populär-Kultur noch immer gross?

Nein, selbst in den Kreisen der Hochkultur nimmt man die Förderung von Pop-Musik heute ernst.

Früher der aufmüpfigen Subkultur abgeneigt, haben sie eine Affinität zu Pop entwickelt und dabei entdeckt, dass Klasse nicht immer auch Klassik heissen muss. Dass das konservative Bürgertum es geschafft hat, über seinen Schatten zu springen, rechne ich ihm hoch an.

‹Rockförderverein› klingt ein wenig altbacken. Weshalb wurde der Name nie geändert?

Wir stellten es 2009 zur Diskussion, aber die Mitglieder lehnten eine Namensänderung mit grossem Mehr ab. Der Tenor lautete, dass der Name mittlerweile ein Label, ein etablierter Brand sei.

Aber Elektronik- oder Rap-Musiker dürften sich ausgeschlossen fühlen.

Ja, nur sollte man den Namen ‹Rockförderverein› nicht als stilistische Eingrenzung verstehen. Wir nahmen von Beginn weg mit Leuten aus der Hip-Hop-Szene Kontakt auf, mittlerweile ist allen klar, dass wir uns für Pop-Kultur im weitesten Sinn starkmachen, politisch und finanziell.

Doch ist es kein Geheimnis, dass sich die Rap-Szene anfänglich schwer tat mit der Zusammenarbeit. Obwohl sich die RFV-Anlaufstelle im Sommercasino quasi Tür an Tür mit Hip-Hop-Veranstaltern befand, harzte der Austausch.

Das stimmt, aber das musste so sein. Ob Hip-Hop oder Punk: Jede Szene, die sich kritisch mit der Gesellschaft auseinandersetzt, tut sich schwer mit der Vorstellung, von ebendieser Gesellschaft etwas anzunehmen. Daher bestand damals wie heute eine Verantwortung unsererseits. Neues entsteht in kleinen Zellen, es ist unsere Aufgabe, uns darum zu bemühen, diesen ein grosses Netzwerk zu vermitteln. Die Rapper konnten wir schliesslich von den Vorteilen der Förderung überzeugen, wir tauchten immer wieder in ihren Büros auf und fragten sie, warum sie an den Nachwuchswettbewerben nicht teilnahmen.

Das hat sich geändert?

Ja, die Skepsis hat enorm ab-, die Akzeptanz zugenommen. Wir haben einen guten Draht zueinander. Heute gehören die Hip-Hopper zu jenen

Vertretern, die die überzeugendsten Eingaben machen. Die wissen sehr gut, wie sie sich um Fördergelder bewerben müssen.

Warum braucht es einen ‹Rockförderverein› überhaupt noch?

Weil der RFV ein funktionierendes Navigationssystem durch die Wirren des Musikgeschäfts ist, und weil die Musikszene aufgrund der extrem veränderten Marktsituation Unterstützung braucht. Die Ökonomie hat an Bedeutung gewonnen: Die meisten semiprofessionellen Musiker generieren heute weniger Einnahmen als früher, die Musikverkäufe übers Internet vermögen die Einbussen des eingebrochenen CD-Marktes nicht zu kompensieren, man wird pro Song bezahlt, nicht mehr pro Album. Auch der Nachwuchs hats schwer, es mangelt an Plattformen. Früher engagierten Veranstalter in Clubs und Jugendtreffpunkten einfach mal Bands, die gefielen. Heute ist alles professioneller und kostspieliger. Deshalb unterstützen wir nicht nur Musiker sondern auch einzelne Konzertreihen, wie die ‹Singer- & Songdays› im Parterre oder ‹Homegrown› in der Kuppel.

Dennoch gab und gibt es in der Musikszene bis heute Leute, die der Förderung durch die öffentliche Hand kritisch gegenüberstehen.

Ja, und ich hoffe, dass das nie aufhört. Denn wir können unsere Tätigkeit nur anhand der Szenenfeedbacks überprüfen. Konstruktive Kritik hilft, über die Bücher zu gehen, Bedürfnisse zu erfahren und neue Modelle auszuarbeiten.

Das erste Album, das Sie sich gekauft haben?
‹Led Zeppelin›, 1969, von der gleichnamigen Band.

Ihr erstes Konzert?
1967 im Säli, einer Beiz im Kandertal. Ich spielte ein Lied der Beatles, ‹You've Got To Hide Your Love Away›.

Ihr grösstes Konzert?
Am ‹Open Air St. Gallen›, 1977, mit Span.

Die grösste Ernüchterung?
Der Schock, dass man viele Platten verkaufen kann und doch kein Geld verdient damit.

Ihr peinlichstes Erlebnis?
Mit Span traten wir in den frühen 8oern in der TV-Sendung ‹Kafi Stift› auf. Ein Play-back-Auftritt, weshalb wir fanden, dass wir den Zuschauern etwas Zusätzliches bieten sollten. Also gingen wir in Kleiderläden Aerobic-Outfits kaufen und turnten zum Lied ‹Gump doch› in Jane-Fonda-Klamotten. Ein finsterer Augenblick in der Geschichte des Schweizer Fernsehens!

Ihre höchste Konzertgage?
5000 Franken, mit einem Schweizer All-Star-Projekt.

→ 231-1 **Fürs Volk.** Das Antirassismus-Festival ‹Imagine› auf dem Barfüsserplatz.

15 Festivallücken und Stadiontücken

15–1 Festivallücken und Stadiontücken

Wie Festivalveranstalter in Basel mit Behörden und Anwohnern zu kämpfen haben. Und warum sich im Sommer manchmal der Gang über die Kantonsgrenze hinaus lohnt.

Die Schweiz, dieses kleine Land mitten in Europa, gehört zu den Ländern mit der höchsten Dichte an Pop-Festivals. Schätzungen gehen von rund tausend Veranstaltungen aus, einige wenige gross und traditionell, die meisten klein und mit einem kürzeren Atem. Für die Grossanlässe gilt das Prinzip der geografischen Ausgewogenheit: In der Westschweiz sind neben Montreux das Festival ‹Paléo› in Nyon und ‹Rock Oz’Arènes› Institutionen, im Süden lockt das ‹Openair Gampel› in die Walliser Alpen und ‹Moon And Stars› auf die Piazza in Locarno, das Mittelland teilen sich das ‹Gurtenfestival› bei Bern und das ‹Heitere› in Zofingen, die Ostschweiz die Open Airs St. Gallen und Frauenfeld. In den letzten Jahren, als man den Markt längst gesättigt glaubte, erschienen mit dem ‹Greenfield› in Interlaken und dem ‹Festi’Neuch› in Neuchâtel zwei neue Schwergewichte auf der Landkarte. Und in der Nordwestschweiz?

Rund um Basel gruppiert sich das von Helmut Bürgel ins Leben gerufene Festival ‹Stimmen›; Stammsitz ist die südbadische Nachbarstadt Lörrach, die peripheren Bühnen befinden sich im Elsass, in der Gemeinde Riehen und im Kanton Basel-Landschaft. ‹Stimmen› ist das grösste Sommerfestival der Region, doch im Vergleich mit den Grossveranstaltungen von St. Gallen bis Nyon nur ein Nebenschauplatz. Basel und seine Pop-Festivals, das ist eine Geschichte, in der Nischenplayer, Behörden und Anwohner die Hauptrollen spielen.

Beispiel ‹Jugendkulturfestival› (JKF): Im Sommer 2009 fand die sechste Ausgabe statt, verteilt auf elf Bühnen in der Basler Innenstadt, mit dem Epizentrum Barfüsserplatz. Eine zweitägige Veranstaltung mit hundertachtzig regionalen Musik-, Tanz- und Theaterformationen, aktiv unterstützt von 1400 Jugendlichen. Eine erfolgreiche lokale Veranstaltung, die jedoch nicht immer goutiert wurde: Nach der vierten Ausgabe 2005 forderten Anwohner und der Wirteverband eine Kürzung des Festivals oder eine Verlegung an die städtische Peripherie, wegen Lärmbelästigung und weil Hotels und Restaurants in der Nähe der Bühnen hohe Umsatzeinbussen zu verkraften hatten. Der Kanton stellte sich nach Anhörung der betroffenen Parteien schliesslich auf die Seite der Jugendlichen: «Es ist ein legitimes Bedürfnis der Jugend, sich und ihr musikalisches Potenzial alle zwei Jahre im Herzen der Stadt darstellen zu dürfen», sagte der zuständige Departementssprecher der ‹Basler Zeitung›. Seither ist das Thema vom Tisch und das JKF jedes zweite Jahr im Bespielungsplan der Innenstadt verankert.

«Es herrscht offensichtlich eine Verhinderungsmentalität in der Stadt.»
Tino Krattiger

Eine ähnlich grosse Plattform für die regionale Bandszene bieten daneben nur das Festival ‹Imagine›, ein seit 2002 von der Kinderhilfsorganisation ‹Terre des Hommes Schweiz› durchgeführtes Konzertwochenende mit zwei Bühnen auf dem Barfüsserplatz, und die ‹Bscene›, die jährliche Nabelschau der Basler Bands und Clubs.

Auch das ‹Kulturfloss› auf dem Rhein hat seine Erfahrungen mit den Anwohnern gemacht: Der Kapitän des Festivals ‹Im Fluss›, Tino Krattiger, ankert dort seit dem Jahr 2000 für mehrere Wochen und lässt regionale wie nationale Musiker den Sommerabend bespielen. Das Publikum sitzt am Ufer oder steht auf der Brücke und hört zu.

233-1 **Stadionrock.** Herbert Grönemeyer im St. Jakob-Park im Jahr 2004, eines der bisher letzten Stadionkonzerte in Basel.

Das gefiel nicht allen: Krattiger hatte wegen des Geräuschpegels seiner Veranstaltungen beinahe seit den Anfängen eine Anwohnerklage am Hals, die erst 2004 vom Bundesgericht endgültig abgelehnt wurde, nachdem die Spielzeiten reduziert worden waren. «Es ist demotivierend», sagt Krattiger. «Es herrscht offensichtlich eine Verhinderungsmentalität in der Stadt.»

Von den öffentlichen Plätzen der Stadt hat sich Thomas Dürr gegenwärtig ganz verabschiedet. Der Chef der Eventfirma ‹Act Entertainment› ist Partner von ‹Stimmen› und hat in Interlaken das ‹Greenfield-Festival› auf die Beine gestellt. «Basel hat kein passendes Gelände für grosse Konzertveranstaltungen oder gar ein Festival», sagt Dürr, der regelmässig in die Agglomeration ausweicht: Im St. Margarethenpark auf Binninger Boden hat er schon Patent Ochsner auftreten lassen, im Münchensteiner Park Im Grünen Züri West oder Van Morrison – oder aber er geht gleich nach Zürich, «das ist wirtschaftlicher».

Dabei hat auch Basel wie Zürich ein grosses Fussballstadion, den St. Jakob-Park, in dem in den 8oer- und 9oer-Jahren Weltstars wie Michael Jackson, U2 oder Guns'n'Roses auftraten. Tempi passati: 2004 fand mit Simon & Garfunkel das letzte Stadionkonzert statt, veranstaltet von der schweizweit grössten Konzertagentur ‹Good News›. Ihr damaliger Geschäftsführer André Béchir erhielt danach eine Rechnung von der Kantonspolizei Basel-Stadt über 56 000 Franken: 2 Franken und 40 Rappen mussten pro Konzertbesucher für den Sicherheitsaufwand bezahlt werden – doppelt so viel wie an Hochrisiko-Fussballspielen. Das Basler Sicherheitsdepartement begründete die Summe damit, dass Konzerte später am Abend zu Ende gingen als ein Fussballmatch, und wies Béchirs Antrag auf Reduktion zurück. «Das sind keine optimalen Rahmenbedingungen», so drückt es Thomas Dürr diplomatisch aus. Den Standort Basel-Stadt hat er jedoch nicht ganz aufgegeben: Wie in Lörrach könnte auch in Basel der Marktplatz als Spielort für Pop-Konzerte während des

234-1 **Electronic Arts.** Birdy Nam Nam aus Frankreich am Festival für elektronische Künste ‹Shift› auf dem Dreispitz-Areal, 2008.

‹Stimmen›-Festivals genutzt werden. «Aber das ist bisher nicht mehr als ein Gedankenspiel», betont Dürr.

Dennoch gibt es sie, die basel-städtischen Pop-Festivals, die überregional wahrgenommen werden. Sie finden jedoch nicht unter freiem Himmel statt. Im Frühling führt Urs Blindenbacher das viel beachtete ‹Jazzfestival› durch, nachdem die Festivalsaison durch das ‹Blues Festival Basel› eingeläutet wurde. Im Herbst präsentiert die ‹AVO Session Basel› im Messe-Festsaal Pop-Stars bei Kerzenlichtatmosphäre. Und im Bereich der elektronischen Musik belebt seit 2007 das Festival ‹Shift› als Schnittstelle zwischen Techno und Multimediakunst das erwachende Dreispitz-Areal.

Für die klassische Open-Air-Kultur, mit Gaskocher, Kinderecke und Bierzelt des Fussballvereins aber lohnt sich der Gang an die Grenzen der Stadt oder über sie hinaus: Am Riehener ‹HillChill› stellt sich immer im Juni die Basler Bandszene aus, die

Kleinstädte und Dörfer der Region wie Laufen, Liestal, Nunningen, Bottmingen, Gipf-Oberfrick, Waldenburg oder Schupfart geben ihre Bühnen her für lokale Nachwuchspunks und Teenage-Rapper, aber auch für national anerkannte Headliner zwischen Lovebugs, Krokus und Philipp Fankhauser. Diese kleinen Open Airs trumpfen nicht mit exklusiven Namen oder ausgefallenen Liebhaberprojekten auf, sie stehen auf dem Fundament der Schweizer Vereinskultur: der unbezahlten Ehrenarbeit. Sie machen so den Schweizer Sommer, der manchmal nur einen gefühlten Samstagnachmittag zu dauern scheint, ein kleines Stück erträglicher.

→ 235-1 **Im Fluss.** Das Kulturfloss auf dem Rhein gehört fest zum Basler Sommer – die damit verbundenen Lärmklagen auch.

Vom Kommunenmitglied zum Kulturdezernenten, von Singen zu Stimmen: Helmut Bürgel (*1951) baut seit 1994 in und um Lörrach stilistische und geografische Grenzen ab.

Helmut Bürgel liebt die warme Jahreszeit. Reisestress oder den Stau am Gotthard überlässt er anderen. Wenn die Sommerferien nahen, blüht er auf. Nicht, weil er verreisen wird. Sondern weil ihn die Ferne besuchen kommt, zu Hause in Lörrach, wo er seit 1994 das ‹Stimmen›-Festival veranstaltet, die grösste Konzertreihe im Dreiländereck. Hier begrüsste er schon Legenden wie Bob Dylan, Neil Young, Paul Simon oder Leonard Cohen auf dem Marktplatz. Von den Zuschauerzahlen her den grössten Coup landete er 2004, als er mit seiner Partneragentur Herbert Grönemeyer engagieren konnte und damit Basel eines der selten gewordenen Konzerterlebnisse im neu gebauten ‹Joggeli›, dem Fussballstadion St. Jakob-Park, bescherte.

Derweil andere Festivals im neuen Jahrtausend aufrüsteten und sich bei Stadionacts überboten, behielt Bürgel immer den Blick fürs Wesentliche: die Kraft der Stimmen, seien sie noch so unbekannt. Hauptsache, sie berühren. «Ich bin überzeugt, dass Gesang in uns Saiten zum Schwingen bringt, selbst wenn wir die Sprache nicht verstehen, etwas, das uns mehr rührt als Sprache und Instrumentalmusik», sagte er in einem Interview mit der ‹Basler Zeitung› im Juni 2002. So einfach erklärt er sich auch den Erfolg: «Bei ‹Stimmen› weiss jeder, dass das kein Feld-Wald-und-Wiesen-Festival ist, sondern dass man hier herausragende Sängerinnen und Sänger aus der ganzen Welt hören kann. Das braucht man nicht lange zu erklären, das ist eine sehr einfache Idee.»

Eine einfache Idee, die er gerne weiterdenkt. Bürgel liegt die Vernetzung am Herzen. Clever verknüpft er Genres, schafft Verbindungen, fordert die Musiker, Zuschauer und sich selbst heraus. Etwa, indem er fünf türkische Liederabende im Münchensteiner Walzwerk präsentiert. Hier hatten früher türkische Gastarbeiter Aluminium verarbeitet. Hier schwitzten im Jahr 2006 türkische Gastmusiker wie etwa der Perkussionist Burhan Öcal.

Der Spagat zwischen Grossveranstaltungen und Nischenkonzerten ist in der Schweiz mit dem Konzept des ‹Paléo-Festivals› vergleichbar. Mit dem Unterschied, dass das Open Air in Nyon stets ausverkauft ist. ‹Stimmen› hingegen musste Rückschläge hinnehmen. Die stete Expansion erhielt 2006 einen Dämpfer, als sich die Konzertserie erstmals über fünf Wochen erstreckte, mit 31 000 Besuchern aber deutlich weniger Leute anlockte als im Vorjahr. Das wechselhafte Wetter und mangelnde Konsumlust nach der Fussball-Weltmeisterschaft nannte Bürgel als Gründe. Die wachsende Konkurrenz auf dem Open-Air-Markt und die steigenden Künstler-

← 236-1 **Konzertgeschichte.** ‹Stimmen›, das grösste Festival der Region Basel, hat seinen Sitz im badischen Lörrach, doch Festivaldirektor Helmut Bürgel schaut jedes Jahr gerne über die Grenze.

238-1 **Altmeister.** Leonard Cohen 2008 am Festival ‹Stimmen› auf dem Marktplatz Lörrach.

gagen trugen zusätzlich zur Entscheidung bei, das Festival wieder auf fünfundzwanzig Tage gesundzuschrumpfen. Unglücklicherweise folgte 2008 ein weiterer Rückschlag: Nach der Fussball-Europameisterschaft machte sich in der Region Basel eine Eventmüdigkeit bemerkbar. Der Publikumsaufmarsch sank nochmals signifikant. Dabei hätte es ein Fest werden sollen, gerade auch auf der Schweizer Seite des Rheins: Bürgel wollte in engem Austausch mit dem Baselbieter Kulturbeauftragten Niggi Ullrich dem restaurierten Amphitheater in Augusta Raurica wieder Leben einhauchen. Eine dreitägige italienische ‹Taranta Festa› war geplant. Stürmisches Wetter verhinderte stürmischen Applaus, die Festa ging baden.

Schlechte Witterung kann dem Festivalveranstalter aufs Gemüt schlagen, die Lust auf Experimente ist ihm aber nicht vergangen. Verweigert sich das Publikum einem Event wie dem ‹Stimmband›, in dessen Rahmen namentlich junge Künstler an Orten wie dem alten Wasserwerk auftraten,

dann nimmt Helmut Bürgel das zur Kenntnis und heckt eine neue Idee aus: Sei es, indem er ausgewählte ‹Artists in Residence› ins Programm integriert, Länderschwerpunkte bildet oder einen Bobby McFerrin auf zwanzig professionelle Musiker – darunter die französische Vokalartistin Camille oder den Basler Rapper Black Tiger – treffen lässt. Was immer bleibt, ist die Mischung, die vom Festivalnamen zusammengehalten wird: ‹Stimmen›. Kann es da Zufall sein, dass Bürgel ausgerechnet in einer Stadt namens Singen aufwuchs? Dort gründete der Literatur- und Medienwissenschaftler 1978 mit Freunden ein selbstverwaltetes Kulturhaus. Die Kommune führte eine Gemeinschaftskasse, lebte für ihr Programm. «Wir erhielten keine Subventionen, steckten jede Mark ins Programm. Das führte an die Grenze zur Selbstausbeutung», erzählt Bürgel. «Dafür hatten wir Narrenfreiheit und machten nur, was uns gefiel.»

Als ein Fernsehteam des Südwestfunks auftauchte, um über das Projekt zu berichten, eröffnete sich ihm ein neues Netzwerk und eine neue berufliche Perspektive. Bürgel stieg aus der Kommune aus, in den Journalismus ein und arbeitete ab 1983 für den Südwestfunk und andere Sender. Bis er 1993 in Lörrach – «immerhin so gross wie Luzern», wie er sagt – die Leitung des Kulturamtes übernehmen konnte. Hier gründete er das ‹Stimmen›-Festival, hier eröffnete er das Mehrspartenhaus Burghof. Eine hohe Machtkonzentration. Darin sieht er aber kein Problem. «Ums Tagesgeschäft muss ich mich nicht kümmern, ich habe kompetente und engagierte Mitarbeiterinnen und Mitarbeiter.»

Auch wenn er heute zum Kulturestablishment der Post-68er gezählt werden darf: Die Kommunenvergangenheit dringt durch. Etwa wenn der Verantwortliche für ein 1,5-Millionen-Euro-Budget in Mokassins, Leinenhosen und einem leichten Sommerhemd unprätentiös über die Bühne schreitet. Was nicht heissen soll, dass er seine Rolle als Gastgeber nicht ebenso geniesst wie Claude Nobs (‹Montreux Jazz Festival›) oder Matthias Müller (‹AVO Session›). Auch Bürgel gehört zu jenen Veranstaltern, die es sich nicht nehmen lassen, stolz ins Scheinwerferlicht zu treten und die von Ihnen verpflichteten Musiker anzukündigen.

Zwei- bis dreimal im Jahr geht Bürgel auf Dienstreise, besucht mal Musiker in Korsika, mal Künstler in Ramallah. Nach dem Festival ist vor dem Festival. Denkt er schon an seine Nachfolge? «Ich glaube, man merkt, dass ich nicht müde bin», antwortet er leicht empört. An Energie mangle es ihm nicht, ebenso wenig an unerfüllten Wünschen. Björk und Sigur Ros möchte er gerne verpflichten. Überhaupt, ein isländischer Schwerpunkt, das wäre etwas, so viele tolle Stimmen, so eigenständige Gesänge. Seine Augen funkeln. Nicht, weil er eine Dienstreise nach Island plant. Da war er schon. Aber die Musik dieses Landes nach Lörrach zu bringen, das steht noch aus.

Das erste Album, das Sie sich gekauft haben?
‹The Freewheelin'› von Bob Dylan – muss um 1966 gewesen sein.

Ihr erstes Konzert als Veranstalter?
In Gymnasium in Radolfzell – ein wildes Ding. Punk gabs damals noch nicht, aber es gab die Doors, die liefen rauf und runter. Und die Pretty Things.

Ihr grösstes Konzert als Veranstalter?
Leonard Cohen auf dem Marktplatz Lörrach, 2008.

Die grösste Ernüchterung?
Die grosse Jahrtausendparty, die wir auf dem Tüllinger Hügel mit Blick über Basel und das Rheinknie für mehrere Tausend Besucher in drei Zirkuszelten organisieren wollten. Im Sturm ‹Lothar› ist alles, was wir aufgebaut hatten, ein paar Tage vorher weggeflogen. Zurück blieb ein Berg Schrott, aber glücklicherweise keine Verletzten.

Ihr peinlichstes Erlebnis?
Als die schlecht gelaunte Ricky Lee Jones im wunderschönen Rosenfelspark nach fünfundvierzig Minuten die Bühne verliess mit den Worten: «I have to get out of here» – und das nur, weil eine Fliege sie offensichtlich nervte.

Die höchste Konzertgage, die sie ausbezahlt haben?
… haben wir Leonard Cohen überwiesen. Und er hatte sie verdient.

«Es braucht mehr als grosse Gagen, um Stars anzulocken»
Matthias Müller (*1964) und Beatrice Stirnimann
(*1969) holen als Präsident beziehungsweise CEO der
‹AVO Session Basel› internationale Pop-Stars in die Stadt.
Dass das 1986 gegründete Festival auch international
bekannt wurde, ist nicht zuletzt auf die Idee
zurückzuführen, TV-Mitschnitte weltweit zu verkaufen.

**Matthias Müller, Sie führten dreizehn Jahre lang das Festival
unter dem Namen ‹Rheinknie Session› durch. Was führte 1998 zur
Umbenennung der Konzertreihe in ‹AVO Session Basel›?**
MÜLLER: Die ‹Rheinknie Session› fand in verschiedenen Basler Lokalen
statt und konzentrierte sich auf Jazz, Blues und Gospel. Im Laufe der Jahre wurde das Programm zu gross, um das Risiko überschaubar zu halten.
Und doch war der Anlass zu klein, um grosse Sponsoren anzulocken. Die
Eventmarketing-Agentur, die die Konzerte quersubventionierte, verbrannte
zunehmend Geld. Daher stellte sich uns die Frage: Stellen wir das Festival
ein, werden wir kleiner oder bauen wir aus und wagen einen Neubeginn?
Die Antwort lieferte der Zigarrenhersteller AVO Uvezian, ein Musikfan.
Er erwies sich als potenter Sponsor, im Gegenzug übernahmen wir seinen
Namen. Das hat bis heute Bestand.

Verlief der Übergang problemlos?
MÜLLER: Nein, keineswegs. Wir entschieden uns für den Festsaal der Messe
als Festivalzentrum, mit einer Kapazität von 1500 Besuchern. Wir öffneten
das Spektrum und verloren so viele Jazz- und Gospel-Fans. Zugleich war es
alles andere als einfach, Stars aus anderen Genres zu verpflichten, da unser Festival bei den internationalen Agenten anfänglich ein unbeschriebenes Blatt war. Engagements von Chris de Burgh oder Ray Charles hatten
für uns eine wichtige Türöffnerfunktion. Ein Künstler wie James Brown
diente als Referenz, um Die Fantastischen Vier von einem Auftritt bei uns
überzeugen zu können.

**Präsentierten Sie anfänglich noch eher etablierte, gesetztere
Musiker, so treten vermehrt aktuelle Pop-Stars wie Pink oder Amy
Macdonald auf. Was führte zum Wandel?**
STIRNIMANN: Zum einen wurde uns das stilistische Korsett aus Jazz, Blues
und Gospel zu eng. Zudem wollten wir auch für uns selber neuen Schwung
hereinbringen, den Draht zur Jugend nicht verlieren. Doch mussten wir behutsam vorgehen, um unser Stammpublikum nicht von einem auf den andern Tag vor den Kopf zu stossen. 2002 verpflichteten wir etwa den jungen
Singer-Songwriter Ryan Adams. Eine Zitterpartie, das Konzert war nicht
ausverkauft, dennoch magisch, kam bei Presse und Publikum sehr gut an.
Das bestätigte uns darin, dass wir auf dem richtigen Weg waren.

← 240-1 **An exklusiven Pforten.** Beatrice Stirnimann und
Matthias Müller, die Macher der ‹AVO Session Basel›.

Montreux pflegt den Aufbau, indem es jüngere aufstrebende Künstler im Rahmen von Gratiskonzerten oder in der kleineren Miles Davis Hall präsentiert. Sie beschränken sich auf einen Saal. Hätten Sie keine Lust, daneben ein experimentelleres ‹Planschbecken› zu installieren?

MÜLLER: Der Wunsch ist vorhanden, klar. Aber es ist fraglich, ob die aktuelle Situation eine solche Expansion zulassen würde. Der Festivalmarkt ist ziemlich gesättigt, wir müssen wachsam sein. Und wir versuchen, Überraschungen im regulären Festivalprogramm zu präsentieren. Amy Macdonald engagierten wir zu einem frühen Zeitpunkt, als sie bei uns noch nicht ein dermassen grosser Hitparaden-Star war. Wir sahen ein Konzert von ihr in London, waren begeistert wie alle im Publikum, kehrten nach Basel zurück und verdoppelten die Gage, um sie hierher holen zu können. Die Rechnung ging auf.

Apropos Rechnung: Steht die Gage über allem, wenn man sich auf dem Festivalmarkt behaupten will?

MÜLLER: Nicht nur. Es braucht mehr als grosse Gagen, um Stars anzulocken. Aber Geld hat leider klar an Bedeutung gewonnen. Als wir begannen, wurden vertraglich noch Gewinnbeteiligungen vereinbart. Heute zahlen wir Fixpreise, das Risiko liegt allein bei uns. Hinzu kommt, dass wir Veranstalter viel tiefer in die Tasche greifen müssen, da die Künstler den Einbruch des CD-Marktes mit Konzertgagen kompensieren wollen. Den Satz «Make it a million» bekommen wir von Agenten immer öfter zu hören. Dass unsere Konzerte nicht in einem Stadion, sondern in einem Saal mit einer Kapazität von 1500 Besuchern stattfinden, interessiert die nicht.

Was auch die Ticketpreise erklärt, die bei solchen Konzerten nur noch knapp unter hundert Franken betragen.

STIRNIMANN: Ja, die Gagen haben sich zum Nachteil der Konzertgänger entwickelt. Aber sie wären in unserem Fall noch viel höher, wenn wir ohne Sponsoren auskommen müssten. Diese und die Gönner decken drei Viertel der Kosten und beanspruchen im Gegenzug nur ein Viertel der Tickets.

Viele Leute haben aber den Eindruck, dass der Anlass primär von Sponsoren besucht wird.

STIRNIMANN: Dieser Eindruck täuscht. Über zwei Drittel der Tickets gelangen ganz normal in den Vorverkauf. Dass die Konzerte jeweils so rasch ausverkauft sind, hat mit der hohen Nachfrage zu tun und nicht mit Sponsorendeals.

Im Unterschied zu anderen Grosskonzerten sitzen die Sponsoren und geladenen Gäste bei Ihnen in den ersten Reihen. Für Hardcorefans eine Spassbremse. Wird sich das mit dem Neubau des Messe-Festsaals ändern?

STIRNIMANN: Voraussichtlich nicht. Unser Publikum sitzt an Tischchen, das gehört zum Konzept. Daher können wir die Sponsoren auch nicht einfach auf den Balkon verbannen.

MÜLLER: Natürlich gäbe es Wünsche zur Verbesserung der Infrastruktur, aber die Realität verlangt, dass wir aus den gegebenen Voraussetzungen das Beste herausholen.

Ihr Festival trägt den Namen des Presenting Sponsors. Ist Ihnen nicht bang vor der Einführung des Rauchverbots in Gaststätten?

MÜLLER: Nein, zum Glück hat unser Sponsor im Wissen, dass in Basel ab 2010 das Rauchverbot in Kraft tritt, den Vertrag verlängert.

Und wie sieht es bei den TV-Ausstrahlungen aus – wird diese Art von Schleichwerbung künftig noch toleriert?

MÜLLER: Diese Frage wurde schon mehrfach diskutiert: Und stets kamen die Juristen zum Schluss: ‹AVO Session Basel› ist eine Marke wie die UBS auch. Daher ist es aus rechtlicher Sicht auch kein Problem, wenn Fernsehsender unsere Konzerte ausstrahlen und dabei der Schriftzug des Sponsors im Bild ist. Wir zeigen ja keine brennenden Zigarren.

→ 243-1 **Gala mit Cüpli.** An der Konzertreihe im Festsaal der Messe Basel erlebt man grosse Namen im kleinen Rahmen.

‹International Live Music Conference› in London, wo sich über tausend Manager, Agenten und Veranstalter treffen. Als wir vermehrt im Pop-Bereich tätig wurden, kannte uns noch niemand, also gingen wir mit Videos und Präsentationen hin und versuchten den Agenten klarzumachen, dass wir ihren Künstlern einen Mehrwert bieten können: TV-Übertragungen in vierzig Ländern, von China bis Bulgarien. Das ist für Künstler, die eine Platte promoten, überaus attraktiv. Und für uns auch, da die TV-Rechte fünf Jahre lang bei uns sind.

Mit den TV-Rechten verdienen Sie sich einen saftigen Bonus?

STIRNIMANN: Nein, so ist es nicht. Kultur wird von den TV-Sendern noch immer stiefmütterlich behandelt, Konzerte werden meist nachts ausgestrahlt und nicht in der Primetime. Der Vorteil für uns liegt vielmehr im Werbeeffekt. Unser Festival liegt in Basel, im europäischen Vergleich eine kleine Stadt. Dank den Fernsehübertragungen können wir aber die ganze Welt erreichen.
MÜLLER: Genau. Unser Wirkungskreis ist mit 1500 Zuschauern im Grunde beschränkt. Dass Mark Knopfler, Kopf der Dire Straits, bei seinen fünf Showcases 2008 ausser in Berlin und London auch in Basel auftrat, lag daran, dass wir mit der TV-Übertragung auftrumpfen konnten. Damit vermögen wir die Schwäche des Standorts wettzumachen. Wenn Agenten abwinken und Zürich bevorzugen oder gleich eine Stadt ausserhalb der Schweiz, dann fragen wir sie: «Schön und gut, aber wo ist da die Werbewirkung für euch und euren Künstler?» Wir schnüren ihnen ein unwiderstehliches Päcklein. Das ist unser Vorteil.
STIRNIMANN: Ein Vorteil ist auch, dass bei uns die Musik im Vordergrund steht. Alles spielt sich in einem Saal ab, ums Festival herum findet ja im Unterschied zu ‹Blue Balls Luzern› oder dem ‹Montreux Jazz Festival› kein Rummel statt. Das wollen wir auch nicht. Selbst das ‹AVO Village› der Sponsoren wird während der Konzerte geschlossen, damit niemand davon abgehalten wird, sich auch die Vorgruppen anzuhören. Diese Konzentration auf die Musik schätzen auch die Musiker.

Gab es auch Künstler, die Sie trotz des Lockmittels TV-Übertragung nicht bekommen konnten?

STIRNIMANN: Ja, Bob Dylan und Tom Waits wollen keine TV-Übertragung. Leider. Wir hoffen, dass sich das ändert.
MÜLLER: Was dafür spricht, ist, dass es mit sehr viel Engagement und Aufwand verbunden war, die Eurovision- und Agenturen-Bastion zu knacken. Als wir einem Agenten erstmals sagten: «No TV, no show», da winkte er noch ab. Jetzt kennt man uns in der Branche und erkennt auch die Vorteile.

Sie haben auch eine erste DVD veröffentlicht, das Livekonzert von Soulsänger Solomon Burke. Eine zusätzliche Einnahmequelle?

MÜLLER: Es ist kein wirtschaftliches Standbein. Eine solche DVD verkauft sich fünftausendmal, die Gebühren, die wir entrichten müssen, sind erheblich. Für uns ist es vielmehr ein Marketinginstrument und vor allem: eine schöne Erinnerung.

← 244-1 **Lautstark.** Dave Gahan, Sänger von Depeche Mode, an seinem Soloauftritt an der ‹AVO Session Basel›, 2003.

Das erste Album, das Sie sich gekauft haben?
MATTHIAS MÜLLER: Das war ‹Tokyo Tapes› von den Scorpions, 1978.

Ihr erstes Konzert als Veranstalter?
1981 im Keller des Hirscheneck, ein Konzert der Basler Broom Dusters Blues Band.

Ihr grösstes Konzert als Veranstalter?
Nazareth, Polo Hofer und Fiction Factory, 1984 im Wenkenpark Riehen. Vor rund 3500 Zuschauern.

Die grösste Ernüchterung?
Die Diskrepanz zwischen Abbild und Realität. Unsere Arbeit ist weitaus weniger glamourös als angenommen wird. Wir erleben weit mehr Enttäuschungen als Freuden, beim Verhandeln aber auch hinter den Kulissen. Als Veranstalter muss man viele Frustrationen überstehen, Launen von Künstlern und ihrer Entourage ertragen.

Ihr peinlichstes Erlebnis?
Als der Manager von BAP, ein Mann namens Thomas, hinter dem Vorhang grosse Hektik verbreitete, worauf ich zerstreut die Bühne betrat und den BAP-Sänger Thomas Niedeken ankündigte. Thomas statt Wolfgang. Ich realisierte es noch auf der Bühne und wäre am liebsten im Boden versunken.

Die höchste Konzertgage, die Sie ausbezahlt haben?
Vertraglich wird darüber Stillschweigen vereinbart. Aber es ist klar, dass Elton John oder Pink zu den Teuersten gehörten.

Das erste Album, das Sie sich gekauft haben?
BEATRICE STIRNIMANN: ‹Gone To Earth› von Barclay James Harvest, das war vermutlich in den frühen 80ern.

Ihr erstes Konzert als Veranstalterin?
Nina Simone, an der ‹AVO Session Basel› 1998.

Ihr grösstes Konzert als Veranstalterin?
Als wir die Reunion von Rumpelstilz durchführten, 2002, auf der ‹Expo-Arteplage› in Biel mit rund fünftausend Personen.

Die grösste Ernüchterung?
Ich war ein riesiger Fan von Simply Red – und so enttäuscht, als ich Mick Hucknall traf. Er hatte eine negative Ausstrahlung und verhielt sich wie eine Diva. Für mich wie ein kleiner Schock – seither habe ich nie mehr eine seiner CDs in meinen Player gelegt.

Ihr peinlichstes Erlebnis?
Ich schlug eine Garderobentür zu und brach Stephan Eicher beinahe die Finger. Er war enorm sauer, fluchte, und ich fürchtete, dass er das Konzert absagen würde. Was er zum Glück nicht tat.

Die höchste Konzertgage, die Sie ausbezahlt haben?
Siehe die Antwort von Matthias Müller.

→ 247-1 **Retro.** Die Soulsängerinnen The Kitchenettes wachsen über sich hinaus.

16 Die Kunst des Coverns

Warum die Basler beim Police-Song ‹Walking On The Moon› an Ferien in Sedrun denken. Inwiefern Jimi Hendrix und Bon Scott weiterleben. Und wie ein schöner Hank mit seinen einsamen Cowboys Pop-Klassiker dem Bluegrass zuführt.

‹Coverbands›, ein Begriff mit schalem Beigeschmack. Puristen sind der Ansicht: Wer etwas auf sich hält, schreibt eigene Songs, kreiert Neues, Eigenständiges. «Das ist schlicht heuchlerisch», entgegnet der Basler Sänger und Gitarrist Dave Muscheidt und fragt provokativ: «Welche der Schweizer Britpop-Bands hat schon einen eigenen Sound hinbekommen? Es ist doch eine Tatsache, dass 95 Prozent der Musiker in ihren Kellern werkeln und ihr Schaffen nie das Tageslicht erreicht, geschweige denn ein grösseres Publikum. Warum also nicht mit Coverversionen auftreten?» Gute Frage. Und was ist im postmodernen Rock- und Rap-Zeitalter schon wirklich neu? Ist es ehrlicher, Songs zu covern, als sie unter eigenem Copyright zu imitieren? «Mir ist dieser Dünkel suspekt», sagt Dave Muscheidt. Mit seiner aktuellen Coverband Fido Plays Zappa erhielt er eine Absage des Zürcher Konzertlokals ‹Moods› mit der Begründung, sie würden keine Coverbands verpflichten. Tags darauf stand dort ein ‹Tribute To John Coltrane› auf dem Programm. «Wo ist da der Unterschied?», fragt Muscheidt rhetorisch.

Tatsächlich spielen Klassik-Musiker seit Jahrhunderten Stücke nach, auch im Jazz ist es gang und gäbe, Nummern aus dem ‹Great American Songbook› zu interpretieren. Und in den frühen 60er-Jahren waren sich die Stones und die Beatles nicht zu schade, ihre Karriere mit Coverversionen anzukurbeln. Erst später sorgte das Streben nach Originalität dafür, dass Coverbands als uncool galten – nicht nur in England, auch hierzulande. «Wir pflegen einen verkrampften Umgang damit», meint Muscheidt. In der Schweiz würden selbst Jamsessions geprobt, anstatt dass die Musiker einfach auf die Bühnen springen, Spass haben und verbreiten würden. «Das habe ich in den USA ganz anders erlebt. Da spielen Bands Covers aus purer Freude und Lust, nicht nur aus finanziellen Gründen.»

«Welche der Schweizer Britpop-Bands hat schon einen eigenen Sound hinbekommen?»
Dave Muscheidt

Beim Publikum beliebt, sind Coverbands unter Hipstern verpönt, da Assoziationen mit Hochzeitskapellen und Grümpelturnier-Animationen geweckt werden. Selbstverständlich gibt es auch in der Nordwestschweiz solche Stimmungskanonen, die Mundart-Band Dief-Flieger sei stellvertretend genannt. Doch ‹Plausch-Bands› wie diesen bleibt der Aufstieg in die renommierte Clubszene meist verwehrt. Ein aussergewöhnliches Konzept macht den Unterschied: Muscheidt etwa sammelte vor der Frank-Zappa-Hommage Fido Plays Zappa bereits Erfahrungen mit der Band D'Schmiir. Diese kombiniert seit den frühen 90er-Jahren Police-Songs mit Mundarttexten: Aus ‹Walking On The Moon› wurde ‹Ferie in Sedrun› und aus ‹De Doo Doo Doo De Da Da Da› die ironische Botschaft ‹Du Studi Du, Di bla bla bla›.

Auffällig ist, dass Musiker mit zunehmendem Alter (im Pop-Geschäft heisst das: Ü 28) in fremden Songarchiven forschen. Jüngstes Beispiel aus Basel: Union Soul Underground, eine Band, die der Sänger und Gitarrist Thommy Baumgartner und Bassist Patrik Aellig 2008 mit befreundeten Musikern (Bettina Schelker, Fran Lorkovic, Martin Buess) ins Leben riefen. Die Band bedient sich im Rock-, Country- und Folk-Fundus nach dem Motto: «Die guten Songs sind geschrieben, jetzt gilt es, sie umzuarrangieren.»

Zuvor hatten Aellig und Baumgartner schon mit ‹And The Song Remains The Same› eine Led-Zeppelin-Tributformation auf die Beine gestellt und zwischenzeitlich ihre Industrial-Band Undergod, mit der sie seit den späten 90er-Jahren international aktiv waren, auf Eis gelegt. Auf die Vorzüge einer Coverband angesprochen erklärt Patrik Aellig, dass man «nicht grosse Ausrichtungsdiskussionen führen muss. Und der Draht zum Publikum ist einfacher hergestellt.» Der Bassist lässt durchblicken, dass es auch durchaus frustrierend sein kann, wenn man nach jahrelangem Beackern des Marktes mit eigenem Material erkennen muss, wie viel dankbarer Veranstalter und Publikum auf eine Coverband reagieren. «Böse Zungen sagen, Basler schaffen es nicht mit eigenen Songs», so Aellig, «weshalb ich selber auch immer ein gespaltenes Verhältnis dazu hatte». In seiner eigenen Musikerbiografie nehmen Coverbands aber einen festen Platz ein. 1989 nahm er mit Freunden im Hirscheneck an einem Wettbewerb teil, bei dem die beste AC/DC-Coverband gesucht wurde. Bon's Angels (benannt in Anlehnung an den 1980 verstorbenen AC/DC-Sänger Bon Scott) gewannen nicht nur den Wettbewerb – sie waren die einzige Band –, sondern auch die Herzen des Publikums. Die Band wurde zum Selbstläufer.

249-1 Hefel und die Dampfnudeln.
Die partygestählte Band war zu ihrer Blütezeit der Kostümierung nicht abgeneigt. Hans ‹Hefel› Bütikofer (Akkordeon, Gesang), Rolf ‹Vanny› van Roon (Saxophon), Michi Motter (Gesang), Pascal Honegger (Show, Gesang) auf der Bühne des Atlantis, 1997.

249-2 The Disco Experience. Reflektierten die goldenen Sounds der 70er-Jahre. Drei von dreizehn: die Sängerinnen Bea Tobler, Steffi Klär, Sarah Cooper.

1993 fanden eigene Songs Einzug ins Repertoire – das war der Anfang vom Ende. Als DRS 3 ein ‹Live uff dr Gass› ausstrahlte, waren die Reaktionen auf die AC/DC-Covers beachtlich, jene auf die selbst komponierten Songs durchzogen. Der Konsens ging verloren, Bon's Angels lösten sich in ihre Einzelteile auf. Aellig stieg bei Daddy Long Legs ein, einer Band, die mit Soul- und Rock-Covers begann und später vom selben Schicksal ereilt wurde wie Bon's Angels. Mit live/wire, einem Quintett, das aus den Coverbands Riff Raff und Jailbreak hervorging, würdigt seit 2002 eine andere regionale Band die Musik von AC/DC. Noch in den 90er-Jahren begannen auch die retro-orientierten Goldfinger, die dem Ulk verpflichteten Hefel und die Dampfnudeln 249-1 sowie die bis heute unbeirrt aktive Hendrix-Tributformation More Experience überregional von sich reden zu machen.

Manchmal ist die Coverband auch Ausdruck der Liebe zu einer Musik, die nicht zwingend dem Genre entspricht, dem sich eine Band mit den eigenen Songs verschrieben hat. Das war etwa bei

250-1 **The Kitchenettes.** Die Sängerinnen der Urformation: Janine Wagner, Nicole Schlachter und Vanessa Jenzer.

Taïno der Fall. Für einen Spezialabend im Jahr 2000 erteilte das Sommercasino der Spacerock-Band eine Carte blanche, unter der Bedingung, dass sie nicht ihr eigenes Material spiele. Die Neugierde auf den Funk- und Disco-Sound der 70er-Jahre führte dazu, dass das Quintett mit Musikern aus Formationen wie Coxless, Soulful Desert, Slimboy, Popmonster und Mosso die Grossformation The Disco Experience 249-2 ins Leben rief. Ihre Songs flossen DJ-like ineinander. Nach sechs Jahren war die Luft bei der perückten Grossformation draussen, die Plateauschuhe wurden an den Nagel gehängt.

«Böse Zungen sagen, Basler schaffen es nicht mit eigenen Songs.»
Patrick Aellig

Die Geschichte zeigt, dass es auch umgekehrt geschehen kann: 2003 begaben sich Basler Musiker, unter ihnen Schlagzeuger Pat Annen (vormals Outland) und Sängerin Nicole Schlachter, auf eine längere Reise in die Mitte des letzten Jahrhunderts. Soul-Klassiker wurden ausgegraben, The Basement Brothers feat. The Kitchenettes 247-1/ 250-1 aus der Taufe gehoben. Anfänglich Covers verpflichtet, setzt die Grossformation mittlerweile auf Eigenkompositionen in Northern-Soul-Tradition. Die Bandmitglieder selbst sprechen «vom Wunsch, sich mit eigenen Federn zu schmücken», und erinnern daran, dass es vor dem DJ-Zeitalter Livebands waren, die das Publikum zum Tanzen brachten. Eine Tradition, die in den Südstaaten der USA noch immer gepflegt wird. Apropos Südstaaten: «Im Alter beginnt man, sich für Country-Musik zu interessieren», sinnierte einst der Ostschweizer Aeronauten-Sänger Olifr M. Guz. Davon kann Sämi Schneider mehrere Liedchen singen. Der leidenschaftliche Gitarrist und Banjospieler ist unter dem Pseudonym Handsome Hank über die Landesgrenzen hinaus bekannt geworden. Der Erfolg führte die Band bis zum Deal mit ‹Warner Deutschland› – ungewöhnlich für eine Coverband. Ungewöhnlich auch ihr Konzept: Klassiker der Pop-Geschichte werden seit den späten 90er-Jahren durch den Bluegrass-Fleischwolf gedreht und dem begeis-

251-1 Handsome Hank & His Lonesome Boys. Die klassische Besetzung der Bluegrass-Spezialisten: Martin Buess, Beat Lüthi, Sämi Schneider (Handsome Hank), Marcel Zimmermann und François Terrapon. Vorne sitzend: Saddam Hussein (Mandoline) und Jürg Werber.

tert-baffen Publikum ins Gesicht geknallt: Ob ‹Paradise City› von Guns'n'Roses oder ‹Daddy Cool› von Boney M. – Handsome Hank & His Lonesome Boys 251-1 demonstrieren, dass in jedem wirklichen Hit ein Kern steckt, der nicht an ein Genre gebunden ist. Eine nachhaltige Leistung. Das Konzept, das mittlerweile auch von der deutschen Band The BossHoss erfolgreich umgesetzt wird, ist nicht nur auf Schneiders Sinn für Humor – mit dem er schon in den deutschsprachigen Projekten Schmalhans und Congaking auftrumpfte – zurückzuführen. «Im Bluegrass tummeln sich unzählige Virtuosen, also stellte sich mir die Frage: Wo können wir uns profilieren?» Er legte sich einen Yankee-Akzent zu und alle Berührungsängste ab, persiflierte die reaktionären Tendenzen des ‹Bible Belt› und führte den teuflischen Rock 'n' Roll mit Songs wie ‹I'm A Believer› zu seinen Wurzeln zurück. Zum richtigen Zeitpunkt: Durch Johnny Cashs posthume Popularität in der Indie-Szene ist die US-amerikanische Wurzel-Musik nicht mehr länger Musik für alternde Konsu-

menten. Der Ehrgeiz lässt Schneider nicht mehr los. Um der Gefahr zu entgehen, einen Witz allzu oft auszuspielen, baut er nun, nach einem Besetzungswechsel, vermehrt Eigenkompositionen ins Repertoire ein. Dass Handsome Hank & His Lonesome Boys erfolgreicher hätten sein können, das warf ihnen ihr ehemaliger Manager Clemens Baschong in Buchform vor: ‹Blindenhund für Wohlstandskinder› hiess die Abrechnung, die Baschong 2005 unter dem Pseudonym Frank Miller veröffentlichte. Einsichten aus dem Alltag eines Schweizer Musikmanagers hätten eigentlich interessant sein können, leider aber mangelte es Baschong – in den 90er-Jahren als EGO-N für seine schrägen Musikperformances bekannt – an selbstkritischer Reflexion und würziger Schreibe. «Ich regte mich zunächst auf, als das Buch erschien», erzählt Sämi Schneider alias Handsome Hank. «Mittlerweile sehe ich es aber als lustige Fussnote in meiner Musikerbiografie. Denn welcher Schweizer Musiker kann schon darauf verweisen, dass er zentrales Thema eines ganzen Buches ist?»

Sein grosser Bruder Jimi Hendrix

1970 kam Jimi Hendrix ums Leben. Dank Bewunderern wie Marcel ‹Jimi› Aeby (*1956) gerät seine Musik nicht in Vergessenheit. Der Sänger und Gitarrist von More Experience gilt weltweit als einer der profundesten Hendrix-Kenner und -Könner.

Wer Umfrageresultate in Gitarrenzeitschriften liest, dem wird klar: Es gibt viele grosse E-Gitarristen, aber es gibt nur einen Gott – Jimi Hendrix. Am 18. September 1970 schlief er in London im Alter von siebenundzwanzig Jahren für immer ein. Um Leben und Tod kursieren viele Gerüchte. Einer der weiss, wie es wirklich war, lebt in Bellinzona: Marcel Aeby.

Sein Zuhause teilt der Basler mit Frau Morena und seinem grossen Bruder, wie er Jimi Hendrix nennt. Dieser ist allgegenwärtig. Plakate und Gitarren zieren die Wände, Platten und Bücher die Regale. Im Büro stehen zig DIN-A4-Ordner, worin der Sammler Aeby Fotos und Dokumente aufbewahrt. Sein Spezialgebiet sind die beiden ‹Monsterkonzerte› 1968 im Hallenstadion Zürich, wo Hendrix und andere Rock-Künstler die Betonwände erzittern und das Schweizer Publikum erschauern liessen. Seine jahrelangen Recherchen hat Aeby der Öffentlichkeit zugänglich gemacht (www.monsterkonzert.ch).

«Als Kind wollte ich Archäologe werden», erklärt er seinen Forscherdrang. Heute arbeitet er als Teilzeitarchivar in der Schweizer Nationalphonothek und widmet sich daneben seinen Passionen: Jimi Hendrix und Gitarren. Aeby gilt als einer der weltweit profundesten Kenner und Könner von Hendrix' Werk.

Vom Hendrix-Fieber angesteckt wurde er 1971. Marcel Aeby war vierzehn Jahre alt, ging in Binningen zur Schule, als ihm sein Schulfreund Bruno Muff auf dem Pausenplatz eine Kassette in die Hand drückte: «Hör dir das mal an.» Zu Hause schob er die Kassette, ‹Cry Of Love›, ein. «Dass es mich nicht vom Bett geblasen hat, wundert mich nachträglich», erzählt Aeby. «Aber elektrisiert hat es mich schon. Ich habe mir die Kassette immer und immer wieder angehört.» Seinem Schulfreund sagte er am nächsten Tag, dass man diesen Hendrix unbedingt mal live hören sollte. «Du bisch jo biireweich», entgegnete ihm dieser. Hendrix war seit einem halben Jahr tot.

Marcel Aebys Leben änderte sich von diesem Zeitpunkt an. Er nannte sich fortan ‹Jimi›, kaufte sich eine Gitarre und begann die Lieder nachzusingen, nachzuspielen – ein Autodidakt wie Hendrix auch. Nicht nur das: Aeby kaufte in den frühen 70er-Jahren gar einen von Hendrix' ‹Marshall›-Verstärkern. «Ich wollte musikalisch umsetzen, was er uns geschenkt hat. Er war ein riesiges Idol, aber als ich ihn besser kennenlernte, stieg er vom Sockel, wurde mein grosser Bruder und ich Teil seiner Familie.»

← 252-1 **Greetings from Swiss California.** Marcel ‹Jimi› Aeby schwingt die Axt in seiner Wahlheimat Bellinzona.

254-1 Hey Joe. More Experience live in der Galery Pratteln, 2007.

254-2 Magischer Moment. Henry Imboden, Marco Brander und Jimi Aeby hielten 1997 auf dem Londoner Camden Market nach Bühnenklamotten Ausschau, als ihnen Al Hendrix über den Weg lief, Jimi Hendrix' Vater.

1983 erschien der Name More Experience im Rahmen eines Partygags erstmals am Basler Szenenfirmament. Zuvor schon hatte Aeby in diversen regionalen Formationen gespielt, am erfolgreichsten waren Limit (unter anderem mit Sänger Richie Seeger, Bassist Thomas Willi und Schlagzeuger Beat Frei). «Unterschiedliche Vorstellungen von Stil und Ziel sorgten dafür, dass ich aus meiner eigenen Band rausflog», erzählt Jimi Aeby amüsiert. «Eine Coverband zu gründen, hatte dagegen Vorteile: Allen war klar, in welche Richtung es gehen würde.» So entwickelte sich aus dem Partygag eine Formation, die heute in ganz Europa als Garant für schweisstreibende Darbietungen von Nummern gilt, die Jimi Hendrix dereinst geschrieben oder interpretiert hatte. Über achthundert Auftritte haben Aeby (Gitarre und Gesang), Bassist Henry Imboden und Schlagzeuger Marco ‹Caco› Brander gegeben. Sie blicken auf Tourneen mit Noel Redding (Jimi Hendrix' Bassist), Buddy Miles (Hendrix' Drummer), Alvin Lee (Ten Years After) und Steve Lukather (Toto) zurück. Zu ihren Freunden und Fans gehört auch Kathy Etchingham – Hendrix hatte ihr, seiner einstigen Muse, den Song ‹The Wind Cries Mary› gewidmet.

Ihr Fankreis reicht von Südspanien bis Skandinavien. Der Grund für die anhaltende Popularität von More Experience liegt in der gesunden Mischung aus Perfektionismus und Spontaneität. Das Trio bleibt bei seinem Grundsatz, das Werk Hendrix originalgetreu wiederzugeben, lässt aber genügend Raum für eigene Improvisationen. «Sie machen mehr, als Hendrix zu imitieren, sie lassen ihn komplett auferstehen!», lobte die französische Zeitung ‹Eure Inter›. «Dass die Kritiken stets so positiv waren, ist wohl der Grund dafür, dass es uns heute noch gibt», resümiert Aeby. «Hätte es nicht von Beginn weg wohlwollende Resonanz gegeben, wäre es beim Party-Gag geblieben.» Tatsächlich beschränken sich negative Kritiken meist auf die Meinung, dass sich die Band musikalisch zu sehr am Original orientieren würde. Was man auch als Kompliment auslegen kann. Wer das Werk von Hendrix kennt, weiss, wie waghalsig es ist, sich als Coverband dem Vergleich mit dem Original auszusetzen. Wer aber den Leadsänger und Gitarristen Marcel Aeby schon live gehört hat, der weiss, dass dessen eigene Soloeinlagen so klingen, als ob der Gitarrengott in seinen Fingerballen weiterleben würde.

Wie erklärt er sich, dass sich auch nach über zwanzig Jahren noch keine Langeweile eingestellt hat? «Ein Geheimrezept gibt es nicht. Wir sind gerne zusammen unterwegs, mit Henry mache ich bereits seit über dreissig Jahren Musik, da verbindet einen einiges, das schweisst zusammen. Zudem haben wir immer wieder Neuerungen ins Repertoire geschmuggelt, Songs, die Hendrix selber nie live gespielt hat, was für uns besonders interessant ist.»

Dennoch geht er es inzwischen etwas ruhiger an. «I paid my dues», erklärt Aeby, «ich möchte nicht mehr jedes Wochenende unterwegs sein, ich werde ja nicht jünger. Und ich muss auch nicht mehr in jedem Club spielen.» Hinzu komme, dass jahrelang Familie und Freunde hintanstehen mussten. «Es ist nicht einfach, wenn man so oft unterwegs ist. Meine erste Frau verliess mich mit den Worten: Ich habe fünfzehn Jahre Dein Leben gelebt, jetzt muss ich für mich schauen.»

Das Phänomen Hendrix auf den Punkt zu bringen, ist eine fiese Bitte. Aeby ringt nach Worten, zieht einen Vergleich. «Höre ich mir eine LP von Ingwy Malmsteen an, dann bin ich nach zwanzig Minuten erschlagen, unfähig, die B-Seite aufzulegen. Ich meine, 1230 Noten in einer Minute, wen berührt das schon? B. B. King oder Hendrix sagen mit einer Note, einem Ton mehr, als ein Malmsteen in zwanzig Minuten – obschon er ihnen technisch überlegen ist.»

Tatsächlich ist es die explosive Mischung aus Musikalität, Gefühl, Technik, Innovation und Show, die Jimi Hendrix unsterblich werden liess. «Ich bin mir heute sicher, dass er nur für diese eine Aufgabe auf unserem Planeten landete: uns die schiere Musikalität nahezubringen.»

Das erste Album, das Sie sich gekauft haben?
Das Triple-Album ‹Woodstock›, 1970. Für die 50 Franken hatte ich monatelang gespart.

Ihr erstes Konzert?
In Hofstetten, im Treppenhaus eines Freundes. Wir spielten A- und E-Blues-Improvisationen – und als Zugabe ‹Hey Joe› von Hendrix.

Ihr grösstes Konzert?
1995, beim 24-Stunden-Motorradrennen von Le Mans, Frankreich. Mit More Experience spielten wir vor rund zwanzigtausend Leuten.

Die grösste Ernüchterung?
Dass sich bei Bandprojekten wie etwa Limit in den frühen 8oern mit der Zeit die Ideen und Ziele in verschiedene Richtungen bewegten und nicht mehr alle am gleichen Strick zogen.

Ihr peinlichstes Erlebnis?
Bei einem Konzert mit Limit war mein Gitarrenkabel mit Gaffa-Tape am Boden festgeklebt worden. Ich betrat die Bühne im Dunkeln, und mit jeder Bewegung riss während des Konzert-Intros lautstark ein Stück des Klebers weg. Das war lustig, aber auch peinlich, wollten wir doch wie Rock-Stars auftreten.

Ihre höchste Konzertgage?
Rund 7000 Franken für ein More-Experience-Konzert, an einem Hendrix-Festival in Frankreich.

‹D'Schmiir isch illegal›

Dave Muscheidt (*1960) ist als Sänger, Gitarrist und Toningenieur seit über dreissig Jahren ein grosser Aktivposten in der Basler Rock-Szene. In Coverbands mitzuwirken, gehört für ihn zum guten Ton.

Dave Muscheidt, Ihren ersten Auftritt hatten Sie im Kindesalter mit einem Pink-Floyd-Stück. Fast vierzig Jahre danach singen Sie in Bands wie Fido Plays Zappa, The Strummers (The Clash-Coverband) und D'Schmiir. Ist Ihnen die Lust am Covern nicht vergangen?
Nein. Heikel an Coverbands ist einzig, wenn es nicht alle Musiker gleich toll finden. Dann verkommt die Band zur Hochzeitskapelle. Das habe ich stets vermieden. Bei Fido Plays Zappa sind wir alle mit Leib und Seele dabei, weil wir die Musik irrsinnig gut finden. Frank Zappa war ein genialer Komponist, eine musikalische Herausforderung, jenseits von Standard-Jazz und Pop und Rock.

Liegt der Reiz von Coverbands nicht auch im finanziellen Bereich? Viele Besucher zahlen lieber Eintritt für Konzerte, bei denen sie Vertrautes zu hören bekommen?
Das mag sein. Geld ist für mich aber kein Antrieb. Fido Plays Zappa besteht aus einer Zehn-Mann-Truppe, da verdient niemand wirklich etwas am Ende eines Abends, auch wenn wir gelegentlich von Stiftungen unterstützt werden.

Mit Fido Plays Zappa schliesst sich ein Kreis in Ihrer Musiker-biografie. Sie begannen Mitte der 70er-Jahre in einer Prog-Rock-Band.
Genau. Ephesus war zwar eine Schülerband, wir meinten es aber sehr ernst mit der Musik. Danach begab ich mich ein Jahr lang auf Reisen, in den USA und Mexiko. Ende der 70er-Jahre kam ich blank zurück in die Schweiz, nachdem mich die Hippiestrand-Szenen massiv genervt hatten. Jeder wollte der grössere Hippie sein, Gespräche drehten sich darum, wer schon länger unterwegs war als der andere, Kinderkram also. Daraufhin sagte ich mir, dass ich künftig als Musiker reisen wolle.

Und hats geklappt?
Ich bin in den letzten dreissig Jahren ordentlich herumgekommen, ja. Aber nach meiner Rückkehr aus den USA musste ich mich anfänglich durchschlagen. Ich erinnere mich, wie ich mir mit einem allerletzten Cannabis-Deal eine Gesangsanlage kaufte und mir dann sagte: Ab jetzt spielt die Musik.

← 256-1 **Ton-Meister.** Dave Muscheidt, Basels vielseitiger Coverband-Spezialist, in seinem Kleinbasler Studio.

d'Schmiir

v.l.n.r. / v.r.n.l. ÄNTLIG SUMMER, STEPHAN COOPLAND, OBERSTINGG, STINGG

258-1 **D'Schmiir.** Gern versandtes Pressefoto: Äntlig Summer, Stephan Coopland, Oberstingg und Stingg.

Wie konnten Sie sich nachher als Musiker über Wasser halten?
Es gab damals noch so ein Ding, das hiess ‹Gage›. Ich sprang in einer Pop-Band namens Mr. Smith ein, zwar eine Amateurband, die aber Gagen in Höhe von 1500 Franken verdiente. Aus dem einfachen Grund: Es gab noch keine Inflation an Musik. Heute ist die Wertschätzung weg, Musiker, die gratis spielen, haben in meinen Augen den Markt kaputt gemacht.

Aber die wenigsten Schweizer Bands können auf diesem kleinen Markt von der Musik leben.
Das stimmt. Wenn man hier bleibt, kommt man nirgends hin. Das war schon in den 80ern so, als ich mit dem Bassisten Claus Rüttner und Schlagzeuger Oliver Senn die Band Tea For Two gründete und später mit amerikanischen Musikern weiterführte. Wir gingen jährlich für ein, zwei Monate nach New York, mit einem Monsterrepertoire von über hundert Songs, eigenen und fremden. Denn es war nicht unüblich, dass wir an einem Abend mehrere Sets spielen mussten. Es existieren sogar noch Liveaufnahmen von einem Gig im legendären CBGBs. Die Konzerte zahlten sich aus, wir verdienten bis 2500 Franken pro Gig. Leider fehlte es aber an der letzten Konsequenz.

Wie meinen Sie das?
Bei einem Konzert 1991 in New York lernten wir eine bedeutende Veranstalterin kennen, deren Mann die Kette der damals landesweit bekannten China-Clubs betrieb. Als unsignierte Band hätten wir eine dreimonatige US-Tour machen können, das wäre eine riesige Chance gewesen. Aber unser Bassist versiebte es am selben Abend mit seinem störrischen Gehabe bei den lokalen Veranstaltern; er wollte die beliebte Vorgruppe von der Bühne schieben. Unser Image sank innert Stunden ins Bodenlose, das Tour-Angebot löste sich in Luft auf. Aus Frust trank ich für 200 Dollar Jack Daniel's.

259-1 **Fido plays Zappa.** Oli Friedli (Keyboards), Martin Medimorec (Percussion), Dave Blaser (Trompete), Ueli Pletscher (Saxofon), Alex Hilbe (Saxofon), Christof Huber (Posaune), Pascal Grünenfelder (Bass), Stefan Strittmatter (Gitarre), Dave Muscheidt (Gesang) und Rémy Sträuli (Schlagzeug).

Und Sie gründeten daraufhin D'Schmiir, mit der Sie Police-Songs auf Baseldeutsch singen.
D'Schmiir war eine Suff-Idee. Ich mischte im Basler Atlantis, Bassist Emmi Lichtenhahn arbeitete an der Bar. Spätnachts heckten wir dieses Projekt aus und spielten später am Steinenvorstadt-Fest. Das Konzert war katastrophal, wir waren uns sicher: Das machen wir nie mehr. Dann klingelte aber ständig das Telefon, Gig-Anfragen purzelten rein. Die Leute wollten offenbar mehr.

Und dann?
Wir spielten weiter, nahmen in einer einzigen Nacht eine Platte auf und hatten einen Bandübernahmevertrag mit dem Schweizer Label ‹Lakeside›. Was wir nicht wussten: Das Label meldete das Album nicht an, klärte die rechtliche Situation nicht ab. Als wir eine zweite Platte rausbringen wollten, diesmal bei der ‹Musikvertrieb AG› in Zürich, erfuhren wir, dass es Probleme gebe. Im gleichen Haus war der ‹Mondo Verlag› untergebracht, der sich um Stings Rechte kümmerte. Und dieser warnte ‹Musikvertrieb› davor, das Album zu veröffentlichen. Auf einmal schickte mir Peter Vosseler, Anwalt des Plattenfirmen-Verbands IFPI, einen Unterlassungsvertrag. Ich sollte mich dazu verpflichten, 120 000 Franken zu zahlen, falls ich je wieder etwas von The Police rausbringen würde.

Eine astronomische Summe.
Ein klassischer Knebelvertrag, ich hätte gar versprechen sollen, niemandem davon zu erzählen. Ich weigerte mich natürlich. Stattdessen versuchten wir, Sting davon zu überzeugen, dass wir es nur gut meinten mit unseren Mundartadaptionen. Der Basler Danny Fury spielte damals bei der britischen Band Lords Of The New Church. Deren Manager war Miles Copeland, der Bruder des Police-Schlagzeugers Stewart Copeland. Wir übersetzten unsere Texte, schickten sie ihm, mit der Bitte, er solle diese doch an Sting weiterleiten.

Wie hat Sting reagiert?

Er blieb stur. Uns gings darum, aufzuzeigen, dass es sich bei unseren Adaptionen nicht um einen Affront handelte. Aber beim ganzen Brimborium gings um Stings Eitelkeit und um Geld. So wollte er etwa wissen, wie viel wir verkaufen würden. Das waren keine zehntausend Stück. Daraufhin folgte das definitive Nein – ohne Begründung. Wir hätten eigentlich insistieren und uns auf das Recht auf Parodie berufen sollen. Aber das war uns zu blöd. Uns ging es ja nie darum, die Platte illegal herauszubringen.

Sie stampften die zweite CD ein?

Ja, wir hatten 15 000 Franken in die Produktion investiert und verlocht.

Eine Tragödie.

Nicht ganz. Die Medien griffen die Geschichte auf, einen besseren Werbeslogan als ‹D'Schmiir isch illegal› hätten wir uns gar nicht ausmalen können. Wir waren in aller Munde, erhielten so viele Konzertanfragen wie nie zuvor, und holten das Geld wieder rein. Dass es in den letzten Jahren ruhiger um D'Schmiir wurde, hat damit zu tun, dass es mir beim dreihundertsten Mal ‹Salami› (die Adaption von ‹So Lonely›) allmählich langweilig wurde. Deshalb treten wir nur noch selten auf.

Gutmensch Sting, im Grunde ein knallharter Kapitalist?

Absolut. Später war ich als Tontechniker für Alvin Lee auf Europatour. Dessen Manager kannte Sting gut und sagte zu mir: «Well, you know, Sting is a bloody arsehole. Nobody wants to work with him anyway, but they have to, because of the money.»

Frank Zappa mokierte sich einst über solches Gebaren mit dem Albumtitel ‹In It For The Money›. Doch selbst seine Nachlassverwalter achten aufs Geld, wie Sie mit Fido plays Zappa feststellen mussten.

Leider ja. Die Zappa-Familie beschäftigt Anwälte, die das Internet durchpflügen. Dabei stiessen diese auf unsere Webseite. Wir hatten Songtexte aufgeschaltet und mussten diese vom Netz nehmen, da wir Verlagsrechte verletzten. Das leuchtete uns ein. Allerdings verlangten sie dann auch noch, dass wir den Namen änderten, da dieser zu ähnlich klinge wie ‹Zappa plays Zappa›. Wir nahmen uns ebenfalls einen Rechtsanwalt und machten ihnen klar, dass wir unsere DVD-Veröffentlichung angemeldet hatten und sich der Name Zappa bei uns nicht schützen lässt. Das hat funktioniert.

Das erste Album, das Sie sich gekauft haben?
‹Some Time In New York› von John Lennon und Yoko Ono.

Ihr erstes Konzert?
Erstes erlebtes Konzert: die Beatles, im Bauch meiner Mutter. Erstes gegebenes Konzert: 1970, am bunten Abend des Kinderheims Castelmont in Davos. Ich sang ‹If› von Pink Floyd.

Ihr grösstes Konzert?
‹Fiesta de la Merce› in Barcelona, 1985, mit Tea For Two. Vor 150 000 Zuschauern.

Die grösste Ernüchterung?
Als mir 1991 mein damaliger Bassist mit seinem Verhalten eine amerikanische Club-Tour vermasselte.

Ihr peinlichstes Erlebnis?
Als mir mein eigener Schlagzeuger im Atlantis während einer Jamsession eine Zitrone in die Fresse schmiss.

Ihre höchste Konzertgage?
9500 Franken.

* Proberäume:
Innen- und
Aussenansichten

263-1/2
Makale, Hip-Hopper.
Birsigstrasse, Basel.

264-1 / 2
Raffael Dörig, Elektronik-
Tüftler. Metzerstrasse, Basel.

267-1/2
Hula Hawaiians,
Unterhaltungsband.
Sperrstrasse, Basel.

268-1/2
Pure Inc., Heavy Metaller.
Kägenstrasse, Reinach.

271-1/2
Jana Kouril, Singer-Songwriterin. Gärtnerstrasse, Basel**.**

Zugaben

⊙ Liner Notes: Die CD zum Buch

01 | Hula Hawaiians | ‹The Chimpanzee Rock› | 1957

Walter Roost Steel-Gitarre
Werner Kunz E-Gitarre
Ruedi Kunz Ukulele
Robert Felix Bass
Max Zimmerli Ukulele
Unbekannt Schlagzeug

Die Hula Hawaiians waren eine gefragte Showband für bunte Abende. In der Welt der Hawaii- und Schlagermusik zu Hause, brachen die Basler 1957 mit ihrem üblichen Klangmuster, nachdem Gitarrist Werner Kunz im Kino Royal Bill Haleys ‹Rock Around The Clock› gehört und – völlig elektrisiert – ein Rockabilly-Instrumental geschrieben hatte: ‹The Chimpanzee Rock›, die erste Rock 'n' Roll-Nummer made in Switzerland, die auf Schallplatte verewigt wurde. Es blieb bei diesem einen Ausflug in die Welt der Rockmusik. «Wir waren eine Hawaii-Band und wollten dies auch bleiben, ungeachtet der neuen Trends», sagt Songwriter Werner Kunz. Der in vielen Ohren beste Schweizer E-Gitarrist der 50er-Jahre wurde später Basler Gerichtspräsident. Noch heute tritt der Rentner regelmässig im Kleinbasler Hula-Club auf. Den ‹Chimpanzee Rock› aber spielt er nicht mehr. Kunz: «Meine Finger mögen mit diesem horrenden Tempo einfach nicht mehr mithalten.»

02 | The Dynamites | ‹Too Late› | 1965

Robert Wittner Gesang, Gitarre
Rolf Antener Gitarre
Peter Rietmann Bass
Peter Schäfer Schlagzeug
Robert Sulzer Tambourin

Songwriter und Bandleader Robert Wittner erinnert sich noch, dass die Plattenfirma Columbia die Dynamites frühmorgens in einen Hotelsaal nach Schlieren bestellte: «Die Aufnahme war eine Sache von einer halben Stunde», sagt Wittner. Obschon Columbia anfänglich den zweiten Song der Single, ‹Tell Me Yes Or No›, als A-Seite betrachtete, setzte sich der Garagen-Shuffle ‹Too Late› durch. Als das Lied den Sprung in die Verkaufshitparade geschafft hatte, ging Wittner mit dem Charts-Plakat bei seinem einstigen Arbeitgeber Musik Ammann vorbei und hängte es voller Stolz auf.

03 | The Sevens | ‹Be My Loving Baby› | 1965

Pierre Aebischer Gesang, Rhythmusgitarre
Pino Gasparini Leadgitarre
Michel Bovay Bass
Markus Hungerbühler Orgel
Nando Gasparini Schlagzeug

‹Be My Loving Baby› war das erfolgreichste Lied von The Sevens, in der nationalen Singlehitparade kletterte es bis auf Platz 10. Aufgenommen wurde das Lied wie der Rest des Albums ‹The Sevens› an einem einzigen Tag, im Landgasthof Riehen am 1. August 1965. Geschrieben wurde es von Sänger Pierre Aebischer, eine private Geschichte steht jedoch nicht dahinter: «Unsere britischen Vorbilder, die Beatles und die Rolling Stones, schrieben damals meist Liebeslieder. Also taten wir das auch.»

04 | Brainticket | ‹Black Sand | 1971

Joel Vandroogenbroeck Orgel, Gesang
Ron Bryer Gitarre
Cosimo Lampis Schlagzeug
Werner Fröhlich Bass

Als der belgische Jazzpianist Joel Vandroogenbroeck 17-jährig war, erhielt er ein exotisches Engagement, das er zum Schrecken seiner Eltern annahm: Weihnachtskonzerte für die Kolonialisten im afrikanischen Kongo. «Zu dieser Zeit, 1955, war der Kontakt mit den Schwarzen verboten», erzählt er. «Wir hielten uns nicht daran und gingen am ersten Abend raus. Ich erinnere mich, wie wir zu diesem gewaltigen Fluss vorstiessen: Das dunkle, wilde Wasser, der schwarze Sand und die kleinen Giftschlangen, beeindruckten mich mächtig.» Als Vandroogenbroeck fünfzehn Jahre später in Basel Brainticket formierte, schrieb er «Black Sand», eine trance-artige, psychedelische Vertonung seiner Kongo-Eindrücke. Zu Dschungel-Grooves und schneidenden Hammond- sowie Gitarrenklängen spricht er Wörter wie «Purple Snake» oder «Black Sand» durch einen vibrierenden Leslie-Verstärker. «Der schwarze Sand verfolgt mich seither», erzählt er lachend. In seiner Wahlheimat Mexiko lebt er unweit eines Vulkans, der einen Strandabschnitt dunkel eingefärbt hat. «Magisch», sagt Vandroogenbroeck. Magisch auch sein Song.

05 | Circus | ‹The Bandsman› | 1977

Roli Frei Gesang, Gitarre, Saxofon
Marco Cerletti Bass
Andras Grieder Flöte
Fritz Hauser Schlagzeug

Die Musik von Circus definierte sich stark über die Protagonisten. «Wir probten bis zu acht Stunden täglich und arbeiteten an einem eigenen Klangkörper», erinnert sich Bassist Marco Cerletti. Die Hingabe wurde belohnt: Hatten die Profis ihr Debüt noch für bescheidene 2000 Franken eingespielt, so nahm sie ‹Zytglogge› für ‹Movin' On› unter Vertrag und finanzierte ihnen Aufnahmen im Berner Sinus Studio, wo sie ihre Stärken entsprechend ausspielen konnten. Als komprimierte Ouvertüre diente ‹The Bandsman›, einer der wenigen kurzen Circus-Songs, zugleich so vielschichtig wie manche frühe Genesis-Stücke.

06 | Lazy Poker Blues Band | ‹Paranoia Lover› | 1980

Roli Frei Gesang
Cla Nett Gitarre, Gesang
Jakob Künzel Saxofon, Keyboards, Gesang
Ueli Hofmann Rhythmus-Gitarre
Sam Jenzer Bass
Marco Piazzalonga Schlagzeug
Dani Schneider Tenorsaxofon
Lukas Nüesch Trompete
Willi Ester Altsaxofon

Ihre zweite LP nahm die Lazy Poker Blues Band während ihrer Deutschlandtournee im Oktober 1980 auf. «In einem Hexenhäuschen in der Nähe von Bielefeld», erzählt Cla Nett. Vier Wochen lang reiste die Grossformation zwischen den Konzerten hierhin, spielte die Songs ein und schlief in Schlafsäcken auf dem Studioboden. Zu einem erstaunlich discolastigen Groove und knackigen Bläserarrangements gab Roli Frei seinen Einstand bei Lazy Poker. Der Titel ‹Paranoia Lover› verdeutlicht, dass es ihm weniger um verschlungene Traumwelten wie noch zu Circus-Zeiten ging. Das Schweizer Fernsehen wollte den Song präsentieren und plante eine Inszenierung, bei der die Band Zigarren rauchend Poker spielte und ihr Bassist in einem Brautkleid mit Brautstrauss durchs Bild wanderte. «Wir weigerten uns – ohne Erfolg», resümiert Roli Frei lachend.

07 | Bo Katzman Gang | ‹I'm In Love With My Typewriter› | 1980

Bo Katzman Gesang, Klavier
Felix Hohl Gitarre
Christian Plösser Bass
Philippe Hohl Schlagzeug, Schreibmaschine
Jakob Künzel Saxofon

Ende der 70er-Jahre gewann die Visualisierung von Pop an Bedeutung, Extravaganz gehörte zum guten Ton. Da kam dem Sänger und Songwriter Jakob Künzel die Idee, dass man viel eher auffalle, wenn man grau statt verwegen wirken würde. Ihm schwebte eine parodistische Band vor, die sich wie ‹Bürogummis› verkleidete, Mr Smith hiess und sich an Schreibmaschinen ergötzte. Als das Projekt spruchreif war, stieg Künzel aus, das Lied ‹I'm In Love With My Typewriter› nahm er mit. Den Text dazu schrieb Bo Katzman: «Ich hatte ihm eines Abends im Atlantis die Melodie vorgesungen und ihn um passende ‹Lyrics› gebeten», erzählt Künzel. Katzman nahm das Lied mit seiner Gang und mit Künzel als Gastsaxofonist bei Tonmeister Harald Blobel in Bottmingen auf. «Nachdem ich mein Solo eingespielt hatte, sagte der Tonmeister zu Bo, er wüsste da noch einen guten Saxofonisten …», erzählt Künzel lachend. Katzman klärte Bobel daraufhin auf, dass das Solo absichtlich simpel klingen soll. Es verfehlte seine Wirkung nicht: Das Lied schaffte den Einzug in die Hitparade.

08 | Dominique & The Wondertoys | ‹Irene› | 1988

Dominique Alioth Gesang, Rhythmusgitarre, Piano
Freddy Fawcett-Majors Keyboards, Gesang
Casey Gisler Gitarre
Tony Saraceno Bass
Oliver Senn Schlagzeug
Penthouse Saxofon

«‹Irene› ist zum Dauerbrenner der heimischen Radiostationen geworden. Trotzdem scheinen viele Hörer nicht zu wissen, dass dahinter eine Basler Band steckt», hielt die Zeitung ‹Luzerner Neuste Nachrichten› 1989 fest. Tatsächlich klangen die Wondertoys erfrischend unschweizerisch, was an ihrer professionellen Einstellung und an der ausgeprägt-anglophilen Ader des Bandleaders Dominique Alioth lag. Ihr zweites Album ‹Stolen Kisses› nahmen sie während fünf Konzerten im Basler Atlantis auf. Der Club hatte eine direkte Leitung ins angrenzende Tonstudio Blackwood, wo Thomas Strebel am Schaltpult sass. Nur wenige Overdubs (Gesang, Soli) wurden hinzugefügt, Alioth wollte die Energie und Spielfreude einer Live-Band in die Produktion «herüberretten» und sich zugleich ans Popformat halten, wie er erklärte: «Denn was man nicht in drei Minuten sagen kann, das schafft man auch in fünfzehn nicht.» Es dürfte an der dramatischen Geschichte (‹Irene, Irene – you destroyed my dream›) gelegen haben, dass er das Zeitlimit mit diesem Song dennoch überschritt.

09 Schaltkreis Wassermann ‹Zeit und Raum› 1982

PJ Wassermann Synthesizer und Programmierung
Stella Wassermann Gesang

Das Ehepaar Stella und PJ Wassermann nahm sein Debüt im eigenen Space-Sound-Studio in Binningen auf. Co-Produzent Martin Biland vom Zürcher Off-Course-Label, der damals auch ‹Eisbär› von Grauzone betreute, wünschte sich fürs Debütalbum ‹Psychotron› einen tanzbaren Song. Mit dem Einsatz der ersten Ausgabe der legendären Schlagzeugmaschine ‹Dr. Rhythm› sowie dem Roland Micro-Composer MC44 als Steuerzentrale von vier Synthies gelang das dem Duo hervorragend: ‹Zeit und Raum› könnte auch einem Kraftwerk-Album entsprungen sein. Zur Live-Umsetzung kam es nie. «Das einzige, was ich mir vorstellen konnte, war ein elektronisches Backing mit Sequencer, Gitarre und Gesang», sagt PJ Wassermann. Doch Stella bevorzugte zu dieser Zeit «den vollen elektronischen Sound», wie sie erklärt. «Das von uns angedachte Live-Konzept setzte dann Stephan Eicher um – merkwürdige Koinzidenz», fügt PJ Wassermann an.

10 Touch El Arab ‹Muhammar› 1987

Philippe Alioth Synthesizer und Programmierung
Christoph H. Müller Synthesizer und Programmierung
Kathrin Nemeth Gesang
Bea Wiggli Gesang

Die Maturanden Philippe Alioth und Christoph H. Müller speisten im Therwiler Jugendhaus Güggel einen Sampler mit exotischem Material: «Ich hatte eine Platte für Diavorträge rumliegen», erinnert sich Alioth. «Darauf war ein Liebeslied eines tunesischen Kameltreibers zu hören.» Die arabischen «Hälä-Hälä»-Rufe vereinten sie mit kühlen Beats, Synthieklängen und warmen Frauengesängen. «Wir hatten uns bereits von den Sängerinnen getrennt, als wir unser Lied auf DRS 3 hörten», sagt Alioth. Im Nu waren die 300 Startexemplare von ‹Muhammar› weg, es wurde nachgepresst und Tausende Singles verkauft.

11 Rondeau ‹Early Plane› 1988

Matthias Erb Gesang, Gitarre
Stephan Grieder Keyboards, Bass, Gesang
Roli Fischer Schlagzeug

Das Basler Trio Rondeau liess 1987 seine Maxi-Single ‹Look› in Deutschland mastern, worauf der Studiobesitzer Günter Pauler Interesse an einer Produktion anmeldete. «Wir schickten ihm eine Demo-Kassette unserer neusten Songs» erinnert sich Matthias Erb. «Pauler pickte sich ‹Early Plane› heraus, bastelte eigenmächtig einen Backing Track à la Depeche Mode und teilte uns mit, ich brauche nur noch vorbeizukommen und das Lied einzusingen.» Das war natürlich nicht im Sinn der Band, die sich am intelligenten Pop der holländischen Nits orientierte. Das Trio setzte seinen Willen durch und konnte bei Göttingen den Song auf Kosten des Studiobesitzers einspielen. «Wir haben uns zum ersten Mal wie Popmusiker gefühlt», sagt Erb, «wir mussten für die Aufnahmen nichts bezahlen und landeten damit erst noch einen kleinen Hit.»

12 Popmonster ‹I Am The Dew› 2000

Jakob Künzel Gitarren, Keyboards, Programmierung
Nadia Leonti Gesang, Bass, Keyboards
Dino Tereh Schlagzeug

Es ist im Grunde eine kleine Tragödie, dass dieser Band der Durchbruch verwehrt blieb. Ende der 90er-Jahre aus Bartrek hervorgegangen, gehört das gleichnamige Debüt von Popmonster zu den cleversten Pop-Alben der jüngeren Schweizer Musikgeschichte. Die Platte war im Grunde bereits im Kasten, als Nadia Leonti mit dem Text zu ‹I Am The Dew› im Kleinbasler Proberaum erschien. «Die Zeilen haben für mich sofort geklungen», erzählt Jakob Künzel. Ohne ihn vor Publikum ausprobiert zu haben, nahmen Popmonster das Stück auf und platzierten es auf dem Album. Ein weiser Entscheid.

13 **Les Reines Prochaines** ‹Aline, j'ai crié› **1994**

Gabi Streiff Trompete, Gesang
Muda Mathis Klarinette, Gesang
Pipilotti Rist Bass, Gesang
Fränzi Madörin Akkordeon, Gesang

Der Liedtitel erinnert an Adamos Hit-Chanson aus den 6oer-Jahren. Kein Zufall, wie Muda Mathis bestätigt: «Aline ist an der Freude am Zitieren, Aneignen und Umdeuten entstanden.» Das amüsante Kunstpopstück entstand für die zweite CD, ‹Lob Ehre Ruhm Dank›. Aufgenommen und abgemischt haben es Les Reines Prochaines (damals noch mit Pipilotti Rist und Gabi Streiff) im eigenen Studio in ihrer Genossenschaft, die sie seit 1988 mit anderen Videokünstlerinnen und -Künstlern betreiben. Als Technikerin waltete Katrin Brändli, die Produktion übernahm das Quartett selber. «Wir wollten das einfach mal alleine machen, weil wir es unnötig fanden, dass jemand von aussen mitredete», erzählt Fränzi Madörin. «Aus der Distanz hört man das dem Album zwar an, dennoch war es unsere erfolgreichste Scheibe.» Tatsächlich schaffte es das prächtige ‹Aline, j'ai crié› in die Heavy Rotation von DRS 3.

14 **Bettina Schelker** ‹Polarstern› **2007**

Bettina Schelker Gesang, Gitarren
Neil Ferguson Keyboards, Bass
David Dreyer Schlagzeug

Bettina Schelker schrieb dieses Lied für «meine Liebe des Lebens», wie sie erzählt. Die Singer-Songwriterin nahm ‹Polarstern› in ihrem eigenen Heimstudio auf. Doch die befreundeten Produzenten Boff Whalley und Neil Ferguson der britischen Chumbawamba überzeugten sie, das Lied einen Ton höher in deren Shabby Road Studio in Armley Leeds nochmals einzusingen. ‹Polarstern› schaffte es, passend zur Inspiration, in die deutsche TV-Soap ‹Alles was zählt›, wo es als Tonspur für eine Liebesszene verwendet wurde.

15 **Lovebugs** ‹Everybody Knows I Love You› **2004**

Adrian Sieber Gesang, Gitarre
Thomas Rechberger Gitarre, Gesang
Florian Senn Bass
Stefan Wagner Flügel, Gesang
Simon Ramseier Schlagzeug
Hendrix Ackle Hammond-Orgel
David Stauffacher Perkussion

Zehn Jahre nach ihrer Gründung waren die Lovebugs reif fürs Theater. Unter der Ägide des Co-Produzenten Chris von Rohr zogen die Basler die Stecker raus und erarbeiteten ein Unplugged-Repertoire, das am 15. August 2004 im ausverkauften Opernsaal des Theater Basel uraufgeführt wurde. Dem Schritt vorausgegangen war die Erkenntnis, dass «ich nach der letzten Tour die Nase voll hatte von der ganzen Technik», wie Sänger Adrian Sieber erklärte. «Wir merkten, dass wir unsere Musik gar nicht mehr reproduzieren konnten ohne die ganzen Anlagen und Lightshows.» Die Reduktion aufs Wesentliche zeigte Wirkung, die Lovebugs boten einen grossen Auftritt auf der Grossen Bühne – ein Konzert für die Ewigkeit: 2005 wurde der Mitschnitt unter dem Albumtitel ‹Naked› veröffentlicht und schoss sogleich an die Spitze der Schweizer Album-Charts, flankiert von der balladesken Liebeserklärung ‹Everybody Knows I Love You›.

16 **The bianca Story** ‹Paper Piano› **2006**

Elia Rediger Gesang, Gitarre
Anna Waibel Gesang
Fabian Chiquet Keyboards
Romano Streit Bass
Sebastian Bürgi Schlagzeug

Nicht nur mit ihrem eigenwilligen Namen, sondern auch mit ihrer ersten Single liessen The bianca Story bereits 2006 landesweit aufhorchen. ‹Paper Piano›, gemäss Sänger Elia Rediger im bandeigenen «Bastel- und Musikraum» aufgenommen, trifft den Nerv der Zeit. Das zugleich eingängige, interessante und clever arrangierte Stück vereint drei Basler Traditionen, ohne dass sich das junge Quintett dessen bewusst gewesen sein dürfte: Britpop, New Wave und Kunstrock. Zufall, dass das Lied vom Klauen und Kopieren handelt? Absolut. The bianca Story basteln an einer eigenen Identität, sei es mit ihren Clips oder ihrer Performance – was auch im Ausland wohlwollend zur Kenntnis genommen wird. Und worum geht's in ‹Paper Piano›? «Um die Frage, was du machst, wenn dir deine Liebe mit deinem eigenen Gedicht ausgespannt wird», erläutert Frontmann Elia Rediger.

17 P-27 feat. Black Tiger ‹Murder By Dialect›, Fatcap Edit 2007

Pascal De Sapio Produzent
Tron Musik, Rap, Scratches
Black Tiger Rap
Feminine Professor Rap
Scen Rap
DJ Radikkal (Vasi) Scratches

Eigentlich wäre dieses Lied nie entstanden, hätten P-27 nicht kurzfristig noch einen zweiten Track zur Schweizer Rap-Compilation ‹Fresh Stuff 2› beisteuern dürfen. Sie luden Black Tiger als Gast dazu ein, der im Studio einen Schweizerdeutschen Text vorschlug. «Zunächst waren nicht alle von meiner Idee ganz überzeugt, doch die anfängliche Skepsis verflog und schliesslich trug dieser Rap-Teil sogar zur Namensgebung des Liedes bei», erzählt Black Tiger. Seinen Part – ein Manifest pro Graffiti – hatte der Basler Rapper in einem einzigen Take im Kasten. Der Rest ist Geschichte. In Kapitel 8 dokumentiert: ‹Murder By Dialect› gilt zurecht als Pionierleistung im Schweizer Mundart-Rap. Die hier vorliegende Version erschien 2007 zum 15-Jahr-Jubiläum von P-27 auf deren EP «Pumpin' Daze» und ist eine musikalisch und klanglich aufgefrischte Version der Originalaufnahme.

18 TAFS feat. The Scrucialists ‹Zit Für Chli Etschgen› 2004

Taz Rap
Aman Rap
DJ Flink Schallplatten und Drumcomputer
Luc Montini Gitarre
Matthias Tobler Bass
Simon Hänggi Keyboards
Eric Gut Schlagzeug

Grabenhalle St. Gallen, im Januar 2004: Drinnen rund sechshundert Hip-Hop-Fans, draussen Dutzende, die noch rein wollen – einige Schlaumeier klettern sogar durchs WC-Fenster in den Club. So viel Einsatz für ein Konzert? Da muss es sich um etwas Besonderes handeln: Die Baselbieter TAFS, mit den Scrucialists als funky Backing Band seit Wochen auf Tour, wollen den Abend mitschneiden und veröffentlichen. Ein Zeitdokument, auf dem auch das Publikum verewigt ist. Zu den Konzert-Highlights gehört ‹Zit Für Chli Etschgen›, ein Wortspiel, das auf Rapper Aman zurückzuführen ist: «Er hat tausend Übernamen, darunter auch Action oder Etschgen», erklärt Rapper Taz. ‹44Live!›, das Album, steht wie der vorliegende Track für eine grosse Party in einer grossen Phase des Baselbieter Hip-Hop.

19 Navel ‹Frozen Souls› 2007

Jari Altermatt Gitarre, Gesang
Eve Monney Bass
Steve Valentin Schlagzeug

Die Laufentaler Navel hatten noch kein Debütalbum auf dem Markt, als sie 2007 im Vorprogramm der göttlichen ‹Queens Of The Stone Age› auftreten konnten. Direkt im Anschluss an die kurze Tour reiste das Trio nach Noyant La Gravoyere. In der französischen Provinz liegt das Blackbox Studio von Iain Burgess und Peter Deimel. Scheunenromantik und Analogstudio in einem. Peter Deimel überwachte die analogen Aufnahmen, Jari Altermatt produzierte: Sieben Tage, 12 bis 14 Stunden. Schlafen, essen, aufnehmen, Hühner füttern. Noch vor Weihnachten war die Platte im Trockenen, Manager Chrigel Fisch erhielt mit der Rechnung ein E-Mail von Iain Burgess: «Hope to work with you again in the future!!!!!!!!!!!!» – «So viele Ausrufezeichen waren noch nie», erklärt Fisch. Der Titelsong des Albums, ‹Frozen Souls›, macht klar, warum Navel von den Medien gerne als Kurt Cobains Erben bezeichnet werden.

© Bildnachweis

ALIOTH, BÉATRICE (SAMMLUNG)	57-1, 59-1
ALIOTH, PHILIPPE (SAMMLUNG)	93-2, 99-1
ALLENSPACH, MARC	63-4
ARMBRUSTER, PETER	224-1
BERTSCHI, RUEDI (SAMMLUNG NANDO GASPARINI)	11-1, 15-1, 16-1, 16-2, 18-1
BRINER, TINO	78-2, 79-1, 89-1, 107-1, 110-1, 112-1, 158-1, 169-1, 220-1, 221-1, 238-1
CAMENISCH, RETO	228-1
COVINO, PINO	96-1, 183-1
FISCH, CHRIGEL	125-2, 210-1
FLIERL, CHRISTIAN	185-1
FORNARO, PETER	109-1
FRIEDLI, MARTIN	144-1
GIGER, CLAUDE	75-1, 77-1, 77-2, 78-1
HÄBERLI, XENIA	111-1, 249-2
HIDBER, ANDREAS	186-1, 204-1
HOLENSTEIN, STEFAN	234-1
KEYSTONE	174-1
KOLIBÁL, VIKTOR	161-1
KREIENBÜHL, ANDREAS (SAMMLUNG)	41-1, 43-1, 45-3, 46-1, 47-1
LABHARDT, DOMINIK	160-2
LOUIS, JEROME (SAMMLUNG)	46-2/3/4
LÜDIN, TIM (TIMAGE.CH)	131-1, 134-1
MADÖRIN, TOBIAS	157-1
MALZKORN, STEFAN	UMSCHLAG, 199-1
MCNEILL, MARLON (SAMMLUNG)	215-1
NETT, CLA (SAMMLUNG)	38-1, 39-1
OUALI, HASSAN	146-1
PFIRTER, ESTHER	217-1
PLÜSS, DOMINIK	68-1, 80-1, 89-2, 95-1, 95-2, 97-1, 105-1, 126-1, 179-1, 233-1, 235-1, 243-1, 244-1
PULVER, INGA	201-1
RIEBEN, ROLF (SAMMLUNG)	10-2, 13-1, 22-1, 22-2
SCHAUFELBERGER, STEFAN	202-2
SCHMID, ROLAND	91-1
SIEBER, SAMUEL	231-1
SIEGRIST, DÄNU (SAMMLUNG)	229-1
TÖNGI, MARTIN	142-1, 158-3
TORRICELLI, BRUNO	9-1
TRUAN, OLIVIER (SAMMLUNG)	29-1, 29-2
VITAMINE, CHARLIE	28-1
VON FRANKENBERG, NICK (SAMMLUNG)	121-1
WEGENER, POTO (SAMMLUNG)	60-1, 158-2, 192-1
WENGER, STEFAN (SAMMLUNG ROLI FREI)	25-1, 30-1, 34-1
WETTACH, RETO	187-1
WILDE, MATTHIAS (SAMMLUNG)	72-1, 73-1
WILLI, MATTHIAS	14-1, 20-1, 32-1, 36-1, 48-1, 52-1, 64-1, 70-1, 82-1, 86-1, 98-1, 102-1, 114-1, 118-1, 132-1, 136-1, 148-1, 152-1, 155-1, 162-1, 166-1, 176-1, 180-1, 190-1, 194-1, 208-1, 212-1, 222-1, 226-1, 236-1, 240-1, 252-1, 256-1, 261-1, 263-1/2, 264-1/2, 267-1/2, 268-1/2, 271-1/2, 272-1/2, 274
WUHRMANN, MARIO (FOTOMONTAGE)	251-1
WWW.THEBMAG.CH	247-1
ZACHMANN, NICOLE	55-1
ZVG	10-1, 12-1, 45-1, 45-2, 45-3, 46-5, 50-1, 51-1, 58-1, 58-2, 61-1, 63-1, 63-2, 63-3, 67-1, 93-1, 123-1, 124-1, 127-1, 127-2, 128-1, 129-2, 139-1, 141-1, 142-1, 143-1, 143-2, 145-1, 151-1, 154-1, 159-1, 160-1, 160-3, 164-1, 171-1, 172-1, 174-2, 175-1, 182-1, 188-1, 200-1, 203-1, 205-1, 206-1, 207-1, 224-2, 228-1, 229-1, 249-1, 250-1, 254-1, 254-2, 259-1, 259-2

Glossar

Heavy Rotation

Ausdruck beim Radio und Fernsehen, ‹Massangabe› für einen Titel, der sehr häufig gespielt wird (rund zwanzigmal pro Woche oder mehr).

Technischer Rider

Dokument, das die Anforderungen eines Künstlers für seinen Auftritt beschreibt. Beinhaltet sowohl ton- und lichttechnische Angaben als auch Verpflegungswünsche.

Homie

Verkürzung von ‹Homeboy›, ein Begriff aus dem afroamerikanischen Slang zur Zeit der inneramerikanischen Migrationsbewegungen des 20. Jahrhunderts, ein Mann, der aus derselben Stadt kommt wie der Erzähler. In Europa hat sich der Begriff im Hip-Hop-Jargon etabliert, wo er neben der ursprünglichen Bedeutung einen nahen Freund oder ein Mitglied der eigenen Gang bezeichnet.

Sugar

Englisches Wort (‹Zucker›), das weltweit als Synonym für Heroin verwendet wird.

Posse

Begriff mit lateinischen Wurzeln, der im amerikanischen Hip-Hop-Jargon verbreitet ist. Bezeichnete ursprünglich eine Gruppe von Bürgern, die Gesetzeshütern bei ihrer Amtsausübung unterstellt waren, meint heute jedoch generell eine Gruppe/Gang, die ein gemeinsames Ziel verfolgt.

B-Boying

Synonym für Breakdance. Diese ursprünglich auf der Strasse praktizierte Tanzform wurde als Teil der Hip-Hop-Bewegung in den frühen 8oer-Jahren in New York populär.

Turntablist

Vom englischen Wort ‹Turntable›, deutsch ‹Plattenspieler›. Turntablism steht für die Verfeinerung der Kunst des DJ-Scratchings im Hip-Hop, für den rhythmusorientierten Einsatz eines Plattenspielers.

Tag

Aus dem Hip-Hop-Jargon: die Signatur eines Graffiti-Künstlers.

Sell Out

Ausverkauf. Ist meist als Vorwurf gedacht und meint die Aufgabe der Szenen-Glaubwürdigkeit zugunsten des kommerziellen Erfolgs.

Liner Notes

Das Editorial einer Albumveröffentlichung. Dient der Danksagung oder als Interpretationshilfe für den Albuminhalt.

Click-Track

Bezeichnet eine Folge von akustischen Signalen auf einer Extratonspur, um spätere Tonaufnahmen mit einem Film zu synchronisieren. Bei Liveauftritten dient der Click Track – als per Kopfhörer empfangenes Audiosignal (oft ist es ein elektrisches Metronom-Ticken) – dazu, das Zusammenspiel der Musiker zu optimieren.

Major-Deal

Veröffentlichungsvertrag mit einer international agierenden Plattenfirma.

CBGB

Ein legendärer New Yorker Underground-Club, der von 1973 bis 2006 existierte. Der volle Name des Lokals lautete CBGB OMFUG, ein Akronym für ‹Country, Bluegrass, Blues and other Music for uplifting Gormandizers›. Das CBGC gilt als Geburtsstätte des Punk.

Goa

Subgenre der elektronischen Musik mit hohem Tempo, harten Beats und experimenteller Melodik. Entstand in den späten 8oer- und frühen 9oer-Jahren an Outdoorpartys im indischen Bundesstaat Goa und ist stark von der Hippie-Kultur geprägt.

Trance

Subgenre der elektronischen Musik, entwickelte sich in den 9oer-Jahren vom härter werdenden Techno weg. Charakteristisch sind das eher niedrige Tempo und die fanfarengleichen Synthesizer-melodien, durch deren stete Wiederholung der Hörer tanzend in einen Trancezustand geraten kann. Hat seit dem Jahrtausendwechsel stark an Zugkraft verloren.

Gabber

Subgenre der elektronischen Musik, auch ‹Hardcore Techno› genannt. Gabber entstand in der Technoszene Rotterdams und ist von sehr harten, schnellen und roh produzierten Beats dominiert. Prägend war die holländische Rave-Reihe ‹Thunderdome› mit der dazugehörigen CD-Compilation. Gabber geriet ab dem Jahr 2000 mehrmals in die Schlagzeilen, weil in der Szene rechtsextreme Splittergruppen auftauchten. Heute marginalisiert.

Ambient

Subgenre der elektronischen Musik. Ambient findet kaum auf dem Dancefloor statt, Rhythmus und Tempo spielen eine untergeordnete Rolle. Ambient experimentiert mit einem räumlichen Musikverständnis, mit Geräuscheffekten, Atonalität und Klangkunst. Als erste Ambient-Platte gilt ‹Ambient 1: Music for Airports› von Brian Eno aus dem Jahr 1978, die tatsächlich als Klangkulisse für Flughäfen konzipiert war.

Booker

Englisches Wort (deutsch ‹Bucher›) für einen Konzertveranstalter.

Showcase

Ein Werbekonzert vor einem kleinen, ausgewählten Publikum, meistens bestehend aus Journalisten, Vertretern der Musikindustrie, Konzertveranstaltern und einer Handvoll Fans.

Backing Band

Die Begleitband eines Sängers oder eines sonstigen Solointerpreten. Backing Bands sind feste Formationen, die ihr Material dem Repertoire ihrer wechselnden Frontfiguren anpassen. Sehr verbreitet in der Reggae-Musik, wo kaum eine Band einen fixen Sänger oder Rapper vor sich hat.

Personen- und Bandregister

Das erste Album, das Sie sich gekauft haben?
War ein Kassettli: Depeche Mode, ‹The Singles 81–85›. Grossartig.

Ihr erstes Konzert?
Auf dem Bauernhof meines Grossvaters bei Bern, 1979. Die Hühner gackern heute noch darüber.

Ihr grösstes Konzert?
Lässt sich nicht in Zahlen ausdrücken, sondern in Gefühlen: Die Erfüllung eines Kindheitstraums, als Schlagzeuger mit dem Singer-Songwriter Andy White auf England- und Schottland-Tour, 2007. Höhepunkt: The Luminaire Club in London.

Die grösste Ernüchterung?
Nach dem Londoner Konzert. «Beer?» fragte die Barkeeperin. Ich nickte. «Here you go! Four pounds, please!» Für ein Butterbrot spielen, für ein Bier zahlen – die Realität im Heimatland des Pop.

Ihr peinlichstes Erlebnis?
Mit der Spacerock Band Taïno im Atlantis, 1997. Performancekunst zu einem Zwanzig-Minuten-Stück. Ich zündete Kerzen an, blies sie aus, immer wieder. Bis ein Kessel Wasser den Trancezustand beendete – meine Haare hatten Feuer gefangen.

Ihre höchste Konzertgage?
10 000 Franken mit The Disco Experience. Dreizehn Musiker und ein Tontechniker. Silvesterparty für die Zürcher Schickeria, 2004. Wir waren nicht mehr jung, brauchten dennoch das Geld.

Das erste Album, das Sie sich gekauft haben?
‹Metal Rendez-Vous› von Krokus. Das macht man so, wenn man aus Solothurn kommt.

Ihr erstes Konzert?
Krokus im Restaurant Chutz in Solothurn, 1993. Siehe oben.

Ihr grösstes Konzert?
Im Sommer 2009: Oasis im Stadtpark von Manchester. Das war wirklich gross. Als Musiker immerhin mal im Vorprogramm der Lovebugs im Volkshaus Basel vor rund tausend Leuten, obwohl nur als Bassist einer Countryband.

Die grösste Ernüchterung?
Dass man Musiker sein will und schliesslich über Musiker schreibt.

Ihr peinlichstes Erlebnis?
Mit einer Schülerband trat ich einmal an einem Klassenfest auf, nachdem ich erst vier Monate Gitarrenunterricht genommen hatte und die Band gerade mal zwei Wochen existierte. Ich wurde gezwungen, ein Solo zu spielen. Alles nicht so schlimm, wenn es davon nicht ein Video gäbe, das sich meiner Kontrolle entzog.

Ihre höchste Konzertgage?
1600 Franken an einem Konzert in Hinterrüti, Kanton Zürich. Für die ganze Band.

Das erste Album, das Sie sich gekauft haben?
Ich will nichts schönreden. Das war ‹New Jersey›
von Bon Jovi!

Ihr erstes Konzert?
Als Sänger in einer Vorläuferband der Punk-
Rocker Toxic Guineapigs anlässlich des Ab-
schlussfestes des Progymnasiums in Allschwil.
Obwohl vom Rektor so vorgeschlagen, mussten
wir zur Verstärkung des Gesangs dann doch nicht
die Pausengong-Anlage benutzen.

Ihr grösstes Konzert?
Wahrscheinlich die Plattentaufe der ersten Toxic-
Guineapigs-Scheibe, 1997. Wir spielten in der aus-
verkauften Reithalle der Kaserne.

Die grösste Ernüchterung?
Kann ich nicht sagen. Ich habe meine Zeit als Musiker genossen, und irgendwann wars dann vorbei. Seither fotografiere ich Musiker.

Ihr peinlichstes Erlebnis?
Als wir als Ort für ein Interview mit ‹Tele Basel›
die Whirlpoollandschaft eines Fitnesscenters gewählt hatten. Leider waren wir alle voll betrunken,
und der Beitrag wurde die ganzen Sommerferien
über wiederholt, bis ihn auch der Hinterletzte
gesehen hatte.

Ihre höchste Konzertgage?
Keine Ahnung, ist lange her, kaum gigantisch
hoch ...

Das erste Album, das Sie sich gekauft haben?
Das Debutalbum von Modern Talking, 1985.

Ihr erstes Konzert?
1987 mit der Schülerband The Spice in einem
Vereinskeller in Aesch.

Ihr grösstes Konzert?
Als Gitarrist der Art-Rock-Band Sapphire am
‹Montreux Jazz Festival›, 2002.

Die grösste Ernüchterung?
Dass nie BHs auf die Bühne flogen. Damals dachten wir, unsere Musik sei die Beste, weil sie kom-
plex und vertrackt war, weil wir 13/8-Takte spielen konnten und Jazz-Akkorde griffen. Heute
weiss ich: Genau das interessierte die Mädels
natürlich nicht.

Ihr peinlichstes Erlebnis?
Ein Fernsehauftritt mit Sapphire in der Sendung
‹Bsuech in ...› aus Mariastein. Da musste auch
eine junge Rockband her, nebst Chören, Jodlern
und Altbundesräten. Die Mutter des Bassisten
hatte Kontakte zum Abt, und so waren wir dabei
und spielten live (kein Playback), kamen perfekt
bis zum Synthiesolo, plötzlich totale Dissonanz,
Zwölfton und Stockhausen. Der Synthie hatte sich
verstimmt. Hunderttausende waren Zeugen.

Ihre höchste Konzertgage?
2000 Franken für ein Konzert mit Sapphire an
einer Jungbürgerfeier in Münchenstein.

Impressum

Bibliografische Information der Deutschen Nationalbibliothek:
Die Deutsche Nationalbibliothek verzeichnet diese Publikation in der Deutschen Nationalbibliografie;
detaillierte bibliografische Daten sind im Internet über http://dnb.ddb.de abrufbar.

ISBN 978-3-85616-477-5

Ein Unternehmen der Christoph Merian Stiftung

Herausgeber Rockförderverein der Region Basel
Idee, Konzept und Text Marc Krebs, Basel
Koautor Andreas Schneitter, Basel
Gestaltung Andreas Hidber, accent graphe, Basel
Fotoporträts Matthias Willi, Basel
Lithografie accent graphe, Basel
Druck Druckerei Odermatt AG, Dallenwil
Bindung Schumacher AG, Schmitten
Schriften Lexicon, Akzidenz Grotesk Buch
Papier Dominant natural 100 g/m², Galerie Image 285 g/m²

www.merianverlag.ch

Herausgeber und Autor danken folgenden Institutionen, ohne deren finanzielle
Unterstützung dieses Buch nicht hätte realisiert werden können:

Der Autor dankt zahlreichen Menschen, die Zeitdokumente, Musik und Anekdoten
beigesteuert haben. Ohne eure Mithilfe wäre aus einer Idee nicht auch eine
kleine Popchronik entstanden.

Herzlich danken möchte ich ausserdem Angelika Schori und Anna Kappeler
für die Hilfe bei Transkriptionen in hektischen Phasen, Max Küng für
den prächtigen Auftakt sowie Freunden und Familie für die Nachsicht in einem
umtriebigen Jahr 2009.